KB164215

당신이 모르는 자유주의

LEAVE ME ALONE AND I'LL MAKE YOU RICH

—— 어떻게 자유주의는 ——

당신이

—— 풍요로운 세상을 ——

모르는

—— 만들었는가 ——

자유주의

디드러 낸슨 매클로스키·아트 카든 지음

임경은 옮김

한국경제신문

지속적으로 대화에 참여해 상대방의 말을 들음으로써 서로를 시험하고, 자신의 숨은 선입견을 발견하고, 생각을 바꾸는 능력은 그만큼 다른 사람의 의견을 경청했다는 점에서 중요하다. 미치광이들도 생각이 바뀌지만 이는 달의 기울기에 따른 변덕일 뿐, 상대방의 질문과 반론에 귀 기울였기 때문은 아니다.

아멜리 옥센버그 로티 Amélie Oksenberg Rorty[1]

당파를 막론하고 모든 사회주의자들에게 고한다.

프리드리히 하이에크 Friedrich Hayek

인류의 문명이 아닌, 그 문명의 가능성을 책임지고 있는 경제학과 경제학자의 노고에 찬사를 보내는 바다.

존 메이너드 케인스 John Maynard Keynes

서문

이 책은 단순한 진실을 다룬다. 그러나 이 진실엔 논란이 있다. 1800년부터 현재까지 대풍요Great Enrichment에 기여한 것은 공권력이나 투자, 심지어 과학 자체도 아닌 바로 인간의 자유다. 인류는 1인당 무려 3,000%에 달하는 정말 상상을 초월하는 '거대한' 풍요를 일궈냈다. 사람들은 자유를 획득한 1800년부터 현재까지 새로운 기술과 제도를 고안해 놀라운 업적을 달성해왔고 앞으로도 멈추지 않을 것이다. 자유가 전 세계에 풍요를 가져다줄 것이다. 그러나 이 풍요가 인간의 영혼을 타락시키지는 않을 것이다. 한마디로 아주 좋은 소식이 아닐 수 없다.

정부 개입은 대개 전염병이나 외부의 침략 등에 대처할 때 외에는 비생산적이라는 점에서 정부의 공권력은 대풍요의 주된 공로자가 아니었다. 그렇다고 오롯이 과학의 발전 덕분이라고 볼 수도 없다. 노예 착취, 통상적인 자본 축적, 역사의 심오한 정반합, 유럽인들

당신이 모르는 자유주의

의 뿌리 깊은 특수성으로도 설명되지 않는다. 대신 18세기 유럽 북서부 국가들에 시험적으로 도입된 오로지 자유주의만이 대풍요의 필요조건이자, 그에 못지않은 충분조건이었다. 사람들에게 자유를 주고 자발적인 상업 활동으로 협력하도록 놔두면 그들은 심신이 완숙한 성인이 된다.

이 말이 의심스럽고 비관적으로 들릴 수도 있다. 포퓰리즘이나 환경, 규범의 타락이 걱정되는 것도 당연하다. 그러나 우리 두 필자는 낙관적인 예측을 내놓고 이에 대한 충분한 근거를 제시하고자 한다. 만약 사람들이 자유, 그리고 그 바탕이 되는 자유주의 사상(2세기 전에 탄생한 고전적인 의미의 '자유주의liberalism'를 말한다)을 열린 마음으로 받아들이고 옳은 방향으로 나아간다면 세계는 굉장히 번영할 것이다.

우리는 이 책의 부제를 포함해 본문 전반에 걸쳐, 약간의 장난기가 섞인 '부르주아 딜Bourgeois Deal'이라는 단어를 언급한다. '부르주아'란 도시에 사는 사업 친화적인 중산층 계급을 의미한다. 1820년 런던의 커피하우스 사교 모임에 참석한 부르주아 남성이나 2020년 전미여성경영인협회National Association of Women Business Owners에서 연설하는 (매클로스키 같은) 부르주아 여성의 발언에서 분명히 드러나는, 이 책의 핵심 주장을 짐작해보길 바란다.

— 우리 같은 부르주아 사업가들은 어려서부터 어머니 품에서 자연스레 터득한 윤리 의식과 공공선을 위한 몇몇 적절한 법규, 효과적인 사회 안전망 정도만 있으면 가만히 내버려둬도 됩니다. 한마디로

나와 우리 동료 시민들에게 자유를 줘야 합니다. 내가 혁신적인 제품을 개발하고 판매해 보상을 얻었다고 해서 부러워할 필요가 없습니다. 그건 소비자의 구매 의지라는 시험대에 오른 대가이니까요. 내 제품이 소비자들의 선택을 받지 못해 실패하더라도 나는 소비자가 내 물건을 구매하게 해 달라고 정부에 부탁하지 않을 겁니다. 결국에는 모든 사람이 혁신을 통해 과거 가난했던 우리 조상들보다 3,000%까지 잘살게 되는 해피 엔딩이 될 테니까요.

2008년 대침체 이후로 우울한 소식이 많이 들렸다. '자본주의의 마지막 위기'라는 꼬리표가 붙었던 일련의 위기들 중 가장 최근 위기도 이제 과거의 일이 된 지금, 임금 근로자의 주당 실질 소득 중위값은 통계 발표 때마다 사상 최고치를 경신하고 있으며, 이는 코로나19에 따른 일시적 경기 하강을 제외하고 2008년 대침체의 저점 대비로는 약 10% 높고, 최근의 최저점에 해당했던 2014년 2분기 대비로는 훨씬 높은 수치임을 기억해야 한다.[1]

우리가 축복받은 시대에 살고 있다는 주장에 반감이 드는 사람도 있을 것이다. 실제로 전 세계 수억 명의 인구가 여전히 극심한 빈곤에 시달리고 있기 때문이다. 미국 정부는 경제적으로 어리석고 도덕적으로 꺼림칙한 기조를 좇아 이민자 자녀를 부모와 떼어놓는 방법으로 어떻게든 위대한 미국을 재현하려 하고 있다. 우리도 이 문제의 심각성을 인정한다. 그래도 이전에 비하면 세상은 좋아졌고, 지금도 좋아지고 있으며, 나아가 우리 스스로 윤리 의식을 잃지 않고 진정한 자유주의를 추구하는 한 앞으로 세상은 대다수 인류, 그리고 몇 세대 내로는 지구상의 전 인류에게까지 더 이로운 방향으로 계속 나아갈 것이다.

신문과 인터넷 뉴스, 소셜 미디어 타임라인을 끊임없이 가득 메우는 우울한 뉴스들이 이야기의 전말을 온전히 전달하지 못할 수 있다는 점을 알아야 한다. 예를 들어 플로리다주의 허술한 공문서 관리법이 발단이 되어 인기를 얻기 시작한 인터넷 밈, '플로리다 맨Florida Man' 헤드라인 시리즈가 걷잡을 수 없는 파장으로 이어졌다는 점을 경계해야 한다(2013년부터 플로리다에서 발생한 특이하거나 이상한 범죄 등이 "플로리다 맨"이 포함된 헤드라인을 달고 밈으로 널리 퍼지기 시작했다-옮긴이). 이후 "플로리다 남성, 출소 길에 교도소 주차장에서 차량 절도하려다 덜미", "맥도날드 할인받으려 공무원 사칭한 플로리다 남성 기소" 같은 헤드라인으로 기삿감을 찾기는 누워서 떡 먹기가 되었다.[2] 실제 플로리다주의 남성 인구는 약 1,050만 명이다. 그중 0.01%만이 어이없는 범죄를 저지른다 치면 '플로리다 맨'에 관한 별난 기사는 1년 동안 매일 약 3건으로 충분하다. 아무리 혁신을 포용하고 부르주아 딜이 활발한 사회에서도 가끔은 심술궂은 멍청이가 나타나고, 또 가끔은 바른 생활의 전형 같은 사람들이 발을 헛디뎌 빈곤층으로 전락하거나 단순한 불운과 마주치기도 한다는 것을 인정해야 한다. 그래도 우리는 압도적인 증거를 바탕으로 부르주아 딜 덕분에 사람들이 발을 헛디딜 틈이 훨씬 더 좁아졌다고 주장하고자 한다. 부르주아 딜이여, 부디 널리 확산되기를.

친애하는 독자 여러분에게 간청하건대, 극히 예외적이라 더 기억에 생생히 남는 반대 사례나 잘못된 전염병 대처의 비극들 대신 그속에 묻혀 있는 긍정적인 이야기들이 훨씬 더 많다는 점을 놓치지 않기를 바란다. 장기적으로 보면 2008년부터, 아니 어쩌면 1960년, 1900년, 1800년까지 거슬러 올라가도 이미 경제 사회는 과거의 제로섬 게임을 훨씬 뛰어넘었다. 제로섬 사고방식을 버려야 한다. 자유주의 세계는 놀라울 정도로 포지티브섬 게임을 따른다. 자유주의의 불간섭 이데올로기를 채택한 모든 사회는 보이지 않는 손의 힘으로 '자본주의capitalism(후술하겠지만 어리석은 표현이다)'가 아닌, 우리가 만든 조어인 '혁신주의innovism'를 향해 힘차게 나아갈 수 있었다. 노예 주인이 지배하는 민간 부문이든 정부가 지배하는 공공 부문이든 강압보다는 자유가 사람들의 삶을 꾸준히 개선하도록 촉진한다는 증거는 압도적이다. 그것도 특히 최빈곤층에 말이다.

혁신주의를 정치적 측면에 대입한 것이 '자유주의'다. 부연하자면, 우리는 이 단어를 '더욱더 큰 정부'를 가리키는 미국 특유의 희한한 의미로 사용하지 않을 것이다. 그런 의미의 '자유주의'는 일반적으로 경제를 망가뜨리고 때로는 독재 정권을 탄생시킨다. 연방수사국FBI, 국세청IRS, 이민세관집행국ICE의 권력 남용, 파머 단속 사건Palmer raids(미국의 반공주의가 본격화된 1910년대 말 우드로 윌슨Woodrow Wilson 정부 때 법무부가 빨갱이를 대대적으로 색출하겠다며 급진파, 이민자들을 불법 사찰하고 탄압, 추방한 사건이다. 당시 장관이던 A. 미첼 파머A. Mitchell Palmer의 이름을 땄으며, J. 에드거 후버J. Edgar Hoover 수사관이 주도했다−옮긴이)과 도망노예법

당신이 모르는 자유주의

을 생각해보라. 또한 라틴아메리카에서 통용되는 '군부 세력이 시민들을 억압하는 폭정'이라는 한층 더 이상한 의미로도 사용하지 않을 것이다. 이러한 자유주의 역시 대개 경제를 망가뜨리며, 이미 정의 자체에 독재 정권의 의미가 들어 있다. 반면 서반구 국가들에서 쓰는 자유주의의 의미에는 뭔가 특별한 점이 있다. 우리는 이 명예로운 단어를 '원치 않는 주인에게 예속되지 않은 상태'라는 퇴색되지 않은 만국 공통의 의미로 사용한다. 다시 말해 주인이 노예 위에, 남편이 아내 위에, 왕, 성직자, 정치인이 시민 위에 군림하지 않는 상태다. 그보다는 '일단 일을 구하고 나중에 마음에 안 들면 그만두면 된다'라거나 '일단 결혼하고 나중에 마음에 안 들면 이혼하면 된다', '일단 이 사람한테 투표하고 마음에 안 들면 다음에 낙선시키면 된다'라는 태도가 허용되는 사회라고 볼 수 있다. 언어나 신문 보도, 패션, 록 음악, 요리, 그 외 다른 대부분의 인간 활동이 자유의사에 따라 돌아가듯, 경제 주체들에게도 원치 않는 주인의 방해 없이 마음껏 모험심을 발휘할 수 있게 하면 대개 경제는 제대로 굴러간다. 완벽하지는 않지만 꽤 훌륭하다. 3,000% 발전했으니 말이다.

그렇다고 무정부주의를 주장하는 건 아니다. 우리는 정부의 필요성을 어느 정도 인정한다. 음, 적어도 매클로스키는 그렇게 생각한다. 반면 카든은 허무주의가 아니라 통치자의 부재라는 측면에서 무정부주의의 현실 적용 가능성에 어느 정도 더 낙관적인 입장이다.[3] 자유주의에 반대하는 사람들은 분개하며 "정부가 해야 할 '어떤' 역할이 있게 마련이다"라고 자주 주장한다. 이에 대해 우리는 "그렇다. 하지만 사회 안전망과 전염병 대응과 같은 '어떤 역할'이 필요하다고 해서 터무니없이 비대하고 자유를 억압하는 정부의 간섭을 정당화할 수는 없다"라고 답하겠다. 적어도 탄소세 도입이 타당하다고 해서 정부가 독일식 양배추 절임의 국내 유통과 해외 교역까지 시시콜콜 규제해도 좋다는 것은 아니다.

제임스 매디슨James Madison 전 대통령은 《페더럴리스트》 51번 논고에서 "만약 인간이 천사라면 정부가 필요하지 않을 것"이라고 썼다. 인간은 천사가 아니다. 그래서 지배자든 피지배자든, 정부의 역할이라는 프레임을 인간의 본성 중 천사 같지 않은 면에 초점을 맞추도록 한계를 두는 것이 필요하다. 모든 정부는 부패하는 경향이 있으므로 작은 정부가 낫다. 권력은 세금을 내거나 예방 접종을 받거나 동부 전선에 군대를 파병하는 등 사람들의 자발적인 의지에 맡길 수 없는 일을 물리적으로 강제하는 능력이다. 큰 정부는 불순한 의도 없이 담소를 나누거나 악기를 연주하거나 뜨개질을 하거나 경제 활동을 하는 사람에 이르기까지 더 많은 사람을 상대로 더 많은 권력을 행사한다. 우리는 이렇게 시민들 위에 군림하는 원치 않는 주인이 많을수록 물질적으로나 정신적으로나 더 피폐해진다고 믿으며 여러분들도 그 점을 깨닫기를 바란다. 지나치게 많은 주인이 지나치게 권력을 행사하면 시민들은 어린아이로 전락한다. 절대 권력은 절대 부패한다.

전임 대통령들인 토머스 제퍼슨Thomas Jefferson, 조지 워싱턴George Washington과 마찬가지로 매디슨 자신도 언행이 불일치하는 자유주의

당신이 모르는 자유주의

자였다. 세 사람 모두 자유를 자주 설파하곤 했지만 다수의 노예를 소유했다. 대신 우리가 특별히 꼽고 싶은 독립 혁명기의 영웅은 애덤 스미스Adam Smith와 토머스 페인Thomas Paine, 메리 울스턴크래프트Mary Wollstonecraft다. 그들은 보이는 손을 통해 강압적으로 사람들을 간섭하는 과거 인습의 유혹을 철저히 뿌리쳤다. 불간섭, 자유방임, 자율성을 기치로 삼은 새로운 자유주의 이데올로기는 빈곤층과 장애인층을 향한 지혜로운 아량과 병존하면서 인류에 번영을 창출할 기회를 안겼다. 그리고 인류는 놀랍게도 그 기회를 현실로 바꿨다.

그 결과는 수직적 '감시' 체계를 조금이라도 더 강화하지 못해 안달이었던 그동안의 거역할 수 없던 흐름과 사뭇 상반된다. 좌파는 "부자들의 부를 빼앗자"라고 말하는가 하면, 우파는 "빈자들을 더 엄격히 감시하자"라고 말한다. 반면 우리는 모든 사람에게 자유를 허하되, 그중 빈곤층과 장애인층에게 품위를 떨어뜨리지 않으면서 효과적인 도움을 주면 누구든지 물질적, 정신적 번영을 이어갈 수 있다고 주장하고자 한다. 아프리카계 미국인 시인 랭스턴 휴스Langston Hughes는 1936년 다음과 같은 시를 발표했다. "오, 미국이 다시 미국다워지기를. / 아직 도달하지 못한 꿈이지만 / 언젠가는 이뤄져야만 한다. '모든' 국민이 자유를 누리는 나라가 되기를." 할렐루야.

◇◇◇

즉 우리 매클로스키와 카든은 만국 공통의, 고전적인 의미의 명예롭고 정확한 '자유주의자'들이며, 기존의 좌파와 우파라는 정치 스 펙트럼 중 어디에도 속하지 않는다. 스펙트럼상의 위치는 정부 주 도의 공권력으로 누구를 압박 대상으로 삼을 것인지에 차이가 있을 뿐이다. 본인 생각에 압박을 받아야 할 대상을 선택하고 스펙트럼을 따라가다 보면 정치 성향이 어느 쪽인지 답이 나온다. 그 대상은 이 민자가 될 수 있고 노동자, 소비자, 기업가도 될 수 있다. 또 1937년 5월 26일 디어본에 모인 전미자동차노조United Auto Workers 조합원들(포 드사 노조원들이 근무 조건 개선을 주장하며 전단지를 배포하려다 포드사 경비 원들과 물리적 충돌이 있었고, 이 과정에서 구타당한 사건을 말한다. 이 모습이 대대적으로 언론에 보도되어 포드사의 이미지가 크게 실추되었다-옮긴이)이나 2019년 말 민주주의를 외치던 홍콩의 시위대가 될 수도 있다. 우리 동료 인간들은 이러한 압박 스펙트럼의 좌우 또는 중도에 속하는 '자신'에게 스스로 흡족해하면서 자유와 해방의 투사라는 영광스러 운 호칭을 얻을 자격이 있다고 착각한다. 그러나 그들의 생각은 틀 렸다.

우리 두 필자를 비롯해 진정한 자유주의자들은 개인의 자유와 정치적 자유, 경제적 자유가 모두 일맥상통한다고 여긴다.《케임 브리지 라틴어 사전Cambridge Latin Dictionary》의 오랜 정의에 따르면, 라 틴어 'liber'는 노예제가 존재했던 고대 조상들의 기준에서 "(노예 와 반대로) 자유인으로서 사회적, 법적 지위가 보장된 상태", 그리고 'libertas'는 "공민권이 보장된 자유인의 지위"로 풀이되었다. 18세 기에 새로 탄생한 자유주의 사조는 이상적으로 가능하다면 '모든'

사람이 자유인으로 구성된 사회라는 획기적인 개념을 의미하게 되었다. 노예제가 완전히 사라진 사회, 신분의 고하가 없고 기회가 보장되며 사람들을 들볶지 않는 사회다. 대신 이러한 사회에서는 압박이 최소한이며, 감언, 설득, 수사법, 자율성, 인도주의, 관용이 허용된다. 인종 차별과 짐 크로Jim Crow 법은 없다. 유권자와 이민자를 탄압하지 않는다. 제국주의도 없다. 동성애자를 억압하는 공포 정치도, 불필요한 세금도 없다. 무모한 집단행동이 일어나지 않는다. 남성이 여성을 지배하지 않는다. 영화계에 성 상납 캐스팅 관행이 없다. 어린이들을 신체적으로 처벌하지 않는다. 다른 사람의 물건이나 인신을 건드리지 않는다.

즉 자유는 자유다. 부분으로 쪼개면 의미가 없다. 아브라함 계통 종교의 관점에서 말하자면, 신은 인간이 자유 의지를 지니길 바란다. 그래야만 인간의 선과 악, 죄와 속죄에 대한 선택이 의미 있게 된다. 일상적 용어로 말하자면, 가령 한 달의 며칠만 노예 생활을 하는 사람이라도 그는 노예 상태라 볼 수 있다. 그러나 자유인이라면 남들과 마찬가지로 머리를 땋는 일을 직업으로 삼고, 공장을 열고, 마음에 둔 사람을 사랑하고, 신문에 독재 정권의 만행을 폭로하는 등 나름의 자유를 추구한다. 그러나 좌파, 우파, 중도파들은 어떤 형태로든 자유를 허용하지 않으려 한다. 부끄러운 일이다.

◇◇◇

이 책은 매클로스키가 2006년, 2010년, 2016년에 각각 발표한 부르주아 시대 3부작 시리즈(《부르주아의 덕목The Bourgeois Virtues》,《부르주아의 평등Bourgeois Equality》,《부르주아의 위엄Bourgeois Dignity》)의 연장선으로, 카든이 그 세 권의 중심 주제를 대중의 눈높이에 맞춰 재미있게 풀어 쓴 것이다. 부르주아 3부작은 도합 1,700쪽의 긴 분량에 학구적이고, 각주가 가득 딸렸으며, (매클로스키 본인이 주장하기를) 논증의 결정판이었다.[4] 그리고 부르주아 생활은 악한 것이 아니라 그것을 받아들여야 대풍요가 가능하다는 요지를 담고 있다. 또 풍요에 대한 일반적인 유물론적 설명도 틀렸다고 주장한다. 반대로 북서부 유럽, 그리고 이제는 전 세계의 윤리, 수사법, 이데올로기가 변화해 자유주의, 혁신주의, 풍요로움으로 이어졌다고 말한다.

매클로스키의 부르주아 3부작은 국민 소득 계정에서 윌리엄 셰익스피어William Shakespeare에 이르기까지 광범위한 과학적, 인문학적 문헌을 탐구했다. 반면 카든이 참여한 이 대체 버전은 매클로스키의 다소 묵직한 편집, 간단한 예시, 속전속결식 논증에다가 두 필자의 유치하지만 공통된 취향을 반영하는 약간의 시시껄렁한 농담을 가미했다. 고대 그리스 시대 극작가들은 무거운 내용의 3부작 희곡을 썼지만 그다음에는 짤막하고 코믹한 '사티로스극'을 4부로 추가했다. 이 책도 같은 맥락이다.

하지만 맨 처음 등장한 아멜리 옥센버그 로티의 격언은 풍자나 농담기가 쏙 빠져 있다. 로티는 우리에게 "지속적으로 대화에 참여해 상대방의 말을 들음으로써 서로를 시험하고, 자신의 숨은 선입견을 발견하고, 생각을 바꿀 것"을 촉구한다. 자동차 정비나 결혼 문제와 관련해 좋은 조언이다. 또한 우리는 이 조언을 역사와 경제에 적용해도 옳다고 믿는다.

세계가 부르주아 딜의 자유주의와 혁신주의를 받아들인 것이 참으로 다행이라는 설득에 여러분이 마지막까지 일부라도 동의하지 않는다면 그대로 평안하게 안주하라. 그러나 독자 여러분, 우리는 이 책을 계기로 여러분의 뇌리에 최소한 약간의 의심이라도 맴돌게 되기를 바란다.

1부

LEAVE ME ALONE
AND
I'LL MAKE YOU RICH

빈곤이 설 자리를
잃어간다

1장

자유주의, 자유를 얻다

2005년 여러 시민 단체가 모여 "빈곤을 역사 속에 묻어버리자Make Poverty History"캠페인을 펼쳤다. 이처럼 빈곤을 '역사'가 되게 하자는 주장 자체가 충격적이다. 달리 말하면 과거에는 소수의 귀족과 성직자들을 제외하고는 지구상의 거의 모든 사람이 빈곤한 삶을 살았다는 뜻이기 때문이다. 일단 경제사에 과학적 방법론을 대입해 수치로 살펴보자면, 1800년에 전 세계 1인당 생산 및 소비 수준이 일평균 약 3달러에 불과할 만큼 처참했다는 사실부터 알아야 한다. 신흥 강국으로 부상한 미국, 네덜란드, 영국조차 6달러에 그쳤다. 곡소리가 절로 나온다. 이 액수들은 대략 현재 물가 기준으로 환산한 것이고, 조작은 없다는 것을 알아줬으면 한다. 여러분 동네에서 하루 3~6달러로 생활한다고 상상해보라. 반면 이 액수는 오랜 시간 각 세대에 걸쳐 2배씩 증가해 이제 미국은 하루 약 130달러, 전 세계 평균은 33달러가 되었다는 사실을 인식하길 바란다. 특히 최빈곤층이 가장 큰 혜택을 입었다. 게다가 흔히 들리는 얘기와 달리 20세기 중반 이후 세계의 불평등은 극적으로 감소했다.[1] 이 땅의 가엾은 빈민층이 품위를 유지할 수 있는 수준 이상의 소득을 벌기에 이르렀다. 환호할 일이다.

우리 두 필자의 임무는 앞서 말한 곡소리의 실상을 알리고 환호성을 질러도 되는 근거를 설명하는 것이다. 그리고 이 곡소리가 환호성으로 바뀐 이유가 자유에서 비롯되었음을 보여주고자 한다.

영국 철학자 토머스 홉스Thomas Hobbes는 1651년 글에서 전능한 왕이 없었던 옛날 옛적에는 틀림없이 "만인의 만인에 대한 투쟁" 상태였을 것이라는 견해를 밝혔다. 여기서 우리는 현대 역사학과 인류학 관점에 비춰 그가 '왕'과 '옛날 옛적'이라는 대목에서 옳게 표현했는지 의문이 간다. 그러나 보이는 손의 강제성이든, 보이지 않는 손의 자율성이든 어떤 형태의 질서 없이 빈곤이 만연한 사회를 바라본 그의 유명한 시각은, 빈곤 퇴치 캠페인이 끝내고자 하는 세계상을 특징짓는 데 도움이 될 수 있다.

─ 그러한 조건에서는(홉스가 상상한 대로 규율이 없는 '자연 상태') 투자의 결실이 불확실하므로 산업이 발달할 여지가 없다(내 노력의 결실을 누군가가 가로챈다면 투자할 인센티브가 없다). 그 결과 지구상의 문

화도 없을 테고, 항해 탐험도 불가능하니(엔히크Henrique 항해 왕자가 돛단배를 몰고 아프리카 해안을 탐험할 일이 없었을 것이다) 바닷길로 (동양의 후추 같은) 재화를 수입할 수 없었을 것이다. 대형 건물도 없고(암스테르담 담 광장에 시청이 없다), 이동 수단도 없으며, 많은 힘이 드는 무거운 물건을 이동시킬 수 없다(왕이 행차할 때 마차가 없다고 상상해보라). 지구 표면에 대한 지식이 전무하고(지리학 지식이 밝혀진 게 거의 없다), 시간관념이 없으며(시계도, 역사도 없다. 따라서 중세 시대에 대한 지식도 별로 없다), 예술도, 문자도, 사회도 없다. 그리고 무엇보다 예상되는 최악의 상황은 변사의 위험과 그로 인해 언제 죽을지 모른다는 끝없는 공포다. 그래서 인생은 고독하고 가난하고 지저분하고 미개하고 짧다.

이번에는 2배로 곡소리가 나온다. 생각만 해도 별로 멋있는 삶은 아닌 것 같다. 홉스는 인간이 그 자체로 잔인하고 이기적이며, 무엇보다 자발적으로 질서를 수립하지 못한다고 생각했다. 그래서 인간을 길들이려면 1651년 홉스가 발표한 저서의 제목에도 들어 있는 '리바이어던Leviathan', 즉 정부라는 거대한 괴물이 필요하다고 보았다. 당시 참수당한 지 얼마 안 되었으나 그 전까지 홉스가 소중히 섬겨야 할 주인이었던 영국의 찰스 1세Charles I, 그리고 프랑스에 숨어 있던 그의 아들인 미래의 찰스 2세 같은 왕의 상의하달식 통치만이 평화와 문명을 보호할 것이었다(홉스의 주장은 평화와 문명, 빈곤층을 보호하기 위해 찰스 1세가 상상한 범위를 훨씬 넘어설 만큼 강력한 리바이어던 정부가 필요하다는 오늘날 좌파의 관점과 다소 유사해 보인다). 홉스는 왕의 진두지휘가 없는 '최악'의 비참한 상태와 역시 비참하지만 그나마 왕이 있는 '차악次惡'의 상태 중 하나를 선택해야 한다고 말했다.

정치 성향이 좌파든 우파든 오늘날 많은 사람이 여전히 하향식 정부를 옹호하는 홉스의 주장을 신뢰한다. 자유주의 경제학자 도널드 부드로Donald Boudreaux에 따르면, 그들은 "주권을 지닌 지도자가 없으면 우리 인간은 아무것도 할 수 없는 무기력하고 하찮은 존재이거나(즉 영국 자민당, 노동당, 과거 인물 중 존 듀이John Dewey의 입장), 아니면 주권자가 우리를 통제하고 경제 자원을 더 생산적인 방법으로 분배하지 않는 한 서로 절도, 강간, 약탈, 살인을 저지르는 무식하고 잔인한 야만인이 될 수밖에 없다(즉 미 공화당, 영국 보수당, 과거 인물 중 토머스 홉스 입장)"라고 생각한다.[2] 이러한 사고방식을 지닌 사람을 일컫는 적절한 표현이 '국가 통제주의자'인데, 최근의 예를 들면 전통적인 정치 스펙트럼의 왼쪽에 있는 엘리자베스 워런Elizabeth Warren 상원의원, 오른쪽에 있는 도널드 트럼프Donald Trump 전 대통령이 이에 속한다. 좌파, 우파, 중도 모두 멍청하고 야만적인 국민들이 질서를 지키도록 강제력을 동원하자는 쪽에 강하게 찬성한다. 다시 말해 진보와 보수 둘 다 일반 국민을 어린아이로 간주해, 무지하거나 통제 불가여서 스스로 돌볼 수 없고 타인에게 위험하므로 엄격하게 다스려야 한다고 여긴다. 무시무시하기는 양쪽이 매한가지다.

우리 현대 자유주의자들은 생각이 다르다. 우리는 여러분도 명예로운 고전적 의미의 자유주의에 동참하도록 설득하고 싶다. 또는 혹시 여러분이 단어에 집착하는 편이라면 관대한 유형의 '자유지상주의libertarianism'(1950년대에 생긴 용어로 우리는 이제 사용하길 꺼리지만)에 동참하기를 바란다. 여러분은 감옥·산업 복합체에서 수감자에게 시키는 강제 노역, 직업으로 머리 땋기를 금지하는 규정, 드론 공격으로 인한 부수적 피해, 미국 남부 국경에서 어머니와 어린 자녀를 격리하는 모습이 좋다고 생각하지 않을 것 아닌가? 우리는 그렇게 확신한다. 황금률에 따르면 남에게 대접받고자 하는 대로 남을 대접하라고 했다. 우리는 독자 여러분이 열린 마음과 관대한 정신으로 인도적이고 진정한 자유주의로 마음을 기울일 것이라 믿는다. 그렇다면 이제 노예와 어린아이를 상대할 때 어울리는 강압적인 리바이어던보다는 자유로운 성인들이 모여 달콤한 대화를 나누는 사회에 여러분도 함께하기를 바란다.

그러나 예전에는 홉스주의, 국가통제주의, 반자유주의적 변론이 그 지지자들 사이에서는 통할 만하게 어느 정도 설득력이 있었다. 예를 들어 노예에게 유용한 일을 시킨다는 명목으로 노예제를 옹호하거나, 네덜란드가 인도네시아를 한 세기, 두 세기 넘도록 식민 치하에 붙잡아두거나, 여성이 남편을 왕처럼 섬기게 할 정당성을 유지하기 위해서였다. 아일랜드인이 문자를 모르고, 이탈리아인이 미신을 믿고, 여성의 사회 활동에 제약이 있던 시절에는 매사를 진두지휘하는 국가가 이치에 맞는 것처럼 보였다. 우리는 실제로 그렇게 생각하지 않지만, 적어도 주인들이 백성을 무식하고 미개한 어린아이로 취급하며 매와 채찍질로 다스려야 하는 것이 현명하다고 주장한 근거는 이해할 수 있다.

그러나 이 변론은 아일랜드인과 아일랜드계 미국인이 세계에서 가장 높은 교육 성취도를 보이고 있고, 여성이 독립적이고 모험적으로 바뀌었으며, 최근 선거는 좀 이상했지만 이탈리아인이 야만성이나 미신과는 거리가 멀어진 요즘 같은 시대에는 훨씬 신빙성이 떨어져 보인다. 다시 말해서 현대 세계에 걸맞은 것은 현대 자유주의다. 앞서 설명했지만 마지막으로 되풀이하건대 이 자유주의는 미국에서 한 세기 동안 통용된 정의(즉 정부의 강압에 복종하겠다는 광범위하고 자발적인 협약)를 뜻하는 것이 아니다. 현대 자유주의의 이념은 교육을 받고 모험심 있는 성인이 자신과 가족을 스스로의 힘으로 잘 돌보고 자발적인 교류를 통해 이웃에게 생계 수단을 제공하는 것이다. 우리는 공산당의 완전한 주도하에 오합지졸의 프롤레타리아 계급이 추구하던 옛 좌익 사상이나 귀족의 완전한 주도하에 무식한 소작농이 따르던 옛 우익 사상보다 자유주의 이념이 인류에 더 이롭다고 생각한다.

즉 성숙하고 품위 있는 사람들에게 부르주아 딜을 받아들여야 할 시기가 있다면 바로 지금이다. 좀 더 정확하게 말해, 그리고 한 아프리카 속담을 쉽게 표현하자면 성숙하고 품위 있는 사람들이 부르주아 딜을 받아들일 최적의 시기는 실제로 2년 전, 아니 200년 전, 2,000년 전, 나아가 20만 년 전이다. 그다음으로 좋은 시기는 지금이다. 사람들은 자유주의의 자율성을 수용할 준비가 되었다. 자유주의를 허용하자 그들은 성인이 되었다. 큰 정부가 당근과 채찍을 이용하거나 영주와 가부장, 장인들이 전권을 휘둘러 백성의 성숙을 도모하던 시기는 비록 효과가 있었다 해도(우리는 '전혀' 효과가 없었다고 생각하지만) 과거의 일이 되었다. 종종 '고전적'이라는 수식어가 앞에 붙어 구시대의 유물처럼 들리기는 하지만 이제는 '(고전적) 자유주의'를 받아들일 때다. 사실 구시대의 유물이 아니므로 우리는 차라리 '고전적'이라는 꼬리표를 떼어버렸으면 좋겠다. 옛날의 찰스 1세든 오늘날의 레제프 타이이프 에르도안Recep Tayyip Erdogan 튀르키예 대통령이든, 독재자가 지배하는 리바이어던 국가는 시대착오적이다.

우리의 핵심, 그리고 부르주아 딜의 핵심은 세계가 만인의 만인에 대한 투쟁에 빠지는 위험 없이 1651년에 볼 수 있었던 가난하고 불결하고 미개하고 단명하는 삶에서 탈출할 수 있다는 것이다(그리고 이것은 1800년 이후 확실히 현실이 되었다). 1651년 당시의 비참한 현실과 미래에 대한 홉스의 설명은 옳았지만, 정부에 절대 권력이 필요하다는 그의 관점은 현대 들어서 더 이상 통하지 않는다. 그리고 미국의 하루 130달러, 아니면 전 세계 평균인 33달러를 기준으로 잡아도 소득 수준은 꾸준히 상승하고 있으며, 이에 수반한 영적 성장을 봐도 좌우 양 진영의 우리 인간 동료들이 주창한 온건한 국가 통제주의가 틀렸음이 입증되었다. 나아가 자유주의 혁명의 반대자들도 틀렸음이 드러났다. 프롤레타리아 독재나 아돌프 히틀러Adolf Hitler의 천년 제국은 인류의 발전에 도움이 되지 않았다. 인류 발전의 공은 부르주아 딜에 돌아가야 한다.

◈◈◈

1800년대까지 홉스의 주장은 족장이나 왕, 칭기즈칸Chingiz Khan이나 솔로몬Solomon 왕이 지배하던 시대의 사회에서 완전히 '당연한' 것으로 받아들여졌다. 독재는 목축 사회에 꽤 어울렸고 실제로 농경 사회에 아주 효과적이었다. 족장과 왕들은 발이 묶인 농노들을 독점적으로 지배함으로써 사익을 챙길 수 있으니 흡족했다. 이른바 명예혁명기에 해당하는 1688~1689년의 영국사, 또는 미국 혁명과 프랑스 혁명까지의 세계사는 통제권을 쥔 빅대디Big Daddy(연방 정부)나 빅브라더Big Brother를 제외하고는 어디를 봐도 다른 이야깃거리가 없을 정도였다.

극도로 빈곤했지만 인류가 그 어느 때보다 자유로웠던, 말 그대로 수백만 년간의 수렵 채집 시대가 막을 내린 이후로 항상 역사는 그런 식이었다. 그래서 인간의 유전자에 자유를 향한 욕구가 자리 잡았다.[3] 그러나 인간은 복잡한 존재라서, 그들은 동시에 국가의 아버지인 왕이 간절히 필요하다고 생각한다. 히브리 성서 중에 무릎을 탁 치게 하는 한 구절이 나온다. 고대 이스라엘인은 오늘날 아르헨티나와 이탈리아 국민, 그리고 실제로 대부분 국가의 유권자들도 정세에 따라서는 종종 그러듯 하향식 통제주의, 보나파르트주의bonapartisme, 백마 탄 왕자를 '간절히' 원했다는 이야기다. 안전하고 위대한 나라를 바라는 마음에서였다. 이 이야기에서 이스라엘 백성들은 사무엘에게 '다른 모든 나라처럼' 자신들에게도 왕을 보내 달라고 호소한다. 사무엘이 여호와에게 의견을 구하자, 여호와는 그들에게 원하는 것을 얻은 후 치르게 될 대가에 대해 경고하라고 말한다. "이렇게 사무엘은 백성의 말을 듣고 전부 여호와께 고했다." (사무엘상 8장 11~18절)

— 왕은 다음과 같은 절차로 나랏일을 수행할 것이다. (…) 그대들의 아들을 데려다가 자신을 태울 병거를 몰게 할 것이며 (…) 자기 밭을 갈고 추수하고 자신이 쓸 병기를 제조하게 할 것이다. (…) 또한 그대들의 딸에게는 향료, 음식, 빵을 만드는 일을 시킬 것이다. 그리고 밭과 포도원, 올리브 나무에서 가장 좋은 수확물을 취할 것이다. (…) 또한 곡식과 포도원 소산 중 십일조를 거둬 자기 관리와 신하들에게 줄 것이며 (…) 그때 목 놓아 여호와를 부르더라도 (…) 여호와는 당신들의 부르짖음에 응답하지 않으실 것이다.

"그러나 이스라엘 백성은 사무엘의 말을 듣지 않았다." 웃음이 나온다. 그러나 꽤 의외로 홉스 시대에도 국가 통제주의에 반기를 드는 자유주의적 성향의 문헌이 다수 발표되기 시작했다. 바로 이 자유주의 사상에 평범한 백성들도 자극받으면서 왕에게 예속된 채 농사짓고 향료를 만들던 생활에서 벗어나 자유롭고 모험적인 성인이 되었으며, 결국 지금과 같은 세계가 형성되었다.

17세기 중반 이후에는 1640년대 영국의 레벌러스Levellers(수평파)

에서 1660년대 네덜란드의 드 라 코트de la Court 형제들에 이르기까지 글로써 자유주의를 설파하는 인물들이 연이어 등장했다. 1680년대 제임스 2세James II를 피해 네덜란드에 망명해 있는 동안 네덜란드에서 많은 자극을 받은 영국의 존 로크John Locke는 자유주의가 형태를 갖추기 시작하게 한 주역으로서 한 세기 후 미국 혁명에 영향을 미쳤다. 프랑스의 볼테르Voltaire는 자국의 절대 왕정 계급제의 속물근성에 반대하는 한편, 영국에서 시작된 자유주의의 태동과 부르주아적 존엄성을 동경해 1733년 저술을 통해 로크와 마찬가지로 자유 무역을 찬양했다. 그는 빈정거리는 투로 다음과 같이 썼다. "국왕의 일과가 언제 시작되는지 꿰고 있는 잘 치장한 귀족, 그리고 사무실에서 인도 수랏이나 이집트 카이로로 주문을 처리함으로써 자국을 풍요롭게 하고 세계의 안녕에 이바지하는 거상 중 누가 더 국가에 유용한 존재인지 의문이 든다."[4]

약 40년 후 토머스 제퍼슨은 스스로 노예를 두어 언행이 불일치하긴 했으나 모든 인간이 평등하게 창조되었으며 통상의 자유로 행복 추구권을 보장해야 한다는 유명한 명문장을 남겼다. 같은 해인 1776년, 우리 두 필자가 특별히 자유주의의 영웅으로 꼽는 스코틀랜드의 애덤 스미스(1723~1790, 마침 카든의 딸과 생일이 같다. 반갑지 않은가?)는 "명백하고 단순한 자연적 자유 체제"라는 이데올로기를 주제로 글을 발표했다.[5] 그것이 미국에서 대륙 회의Continental Congress가 제퍼슨의 독립 선언서 초안을 최종 승인하기 4개월 전에 출간된《국부론》이다. 내용은 우리가 주장하려는 바와 같다. 바로 자유는 인간의 영혼을 타락시키지 않고 번영에 이바지한다는 것이다.

물론 자유주의 사상에는 명분이 있었다. 스미스가 살았던 시대적 배경은 우연하게도 자유주의가 250년 역사를 막 시작하려는 준비기였고 지역적 배경은 자유주의와 거리가 멀었던 북서부 유럽이었다. 1509~1547년 잉글랜드를 강압적으로 지배한 반자유주의자 헨리 8세Henry VIII를 생각해보자. 오늘날의 백인 민족주의, 또는 그보다 양호하게는 집단적 광기와 달리 유럽인은 태초부터 우월한 존재가 아니었다. 불과 1492년까지만 해도 가난하고 지저분하고 미개하고 단명하기 일쑤인 세계의 변방이었다. 그러다가 사람들을 간섭하지 말자는 이데올로기, 즉 부르주아 딜이 조금씩 서서히 사회에 침투해 영예롭게 뿌리를 내렸다. 예를 들어 네덜란드에서는 합스부르크 왕가에 대한 반란이 1568년부터 1648년까지 길게 이어지자 중산층, 중간 계급, 부르주아지들이 전쟁으로 쇠락한 귀족들의 틈을 비집고 들어갔다. 그렇게 해서 네덜란드는 부르주아지 상류층, 거상, 그리고 '레헨트regent'라는 길드 조합원들이 오랫동안 사회의 중심축을 이루게 되었다. 그리고 정치적 권리가 없는 하층 계급을 모질게 지배했다. 하지만 그들은 특히 경제적 측면에서 보면 어느 정도 자유주의자였다.

그리고 17세기 후반에 이르러 네덜란드의 놀라운 경제 성장에 자극받은 잉글랜드, 스코틀랜드, 그리고 그들의 식민지를 중심으로 평범한 백성들도 주인의 세부적인 간섭 없이 내버려두는 편이 나을지 모른다는 사고방식이 점차 싹트게 되었다. 먼저 잉글랜드에서, 그리고 뒤이어 스코틀랜드에서도 어떤 것을 싸게 사서 비싸게 판다는 상행위에 대한 거부감이 자국의 풍요와 세계의 안녕에 기여한다는 긍정적 인식으로 점차 바뀌기 시작했다. 이렇게 슬슬 사람들의 경제 활동을 자유롭게 내버려두자는 분위기가 형성되었다. 예를 들어 위대한 경제사학자 에릭 존스Eric Jones는 영국의 길드 규제가 감소한 추세에 대해 다음과 같이 서술했다. "예측 불가의 변수는 전국적으로 지식인층의 견해에 변화가 생겼다는 점이며, 여기에는 법원도 부분적으로 한몫했다. 판사들은 길드의 독점권을 지지하지 않는 판결을 속속 내렸다. (…) 1616년 뉴버리와 입스위치 사건이 대표적 판례로 (…) 자치구 외부 출신의 '외부인'에게 등록을 강요할(즉 길드에 가입하고 자기네 규약을 준수하게 하는) 수 없다는 취지다."[6] 한때 왕정을 지지하던 폭력적이고 반자유주의적인 영국인이 시간이 지날수록 '점잖고 상업적인 사람들'로 서서히 변모해갔다.

실제로 1775년 런던의 문학가 새뮤얼 존슨Samuel Johnson은 "돈벌이만큼 인간이 순수하게 종사할 수 있는 일은 없다"라고 단언했다. 당시 이 대화의 상대방이자 본인 역시 상업을 생업으로 삼았던 존슨의 출판업자로, 부르주아 계층인 벤저민 프랭클린Benjamin Franklin과도 친분이 있던 윌리엄 스트레이핸William Strahan 역시 "상업은 생각하면 할수록 더 지당해 보인다"라고 말했다.[7] 희곡 집필 못지않게 직접 투기에 가담해서도 큰돈을 벌었던 볼테르는 프랑스인으로서 영국을 지켜본 후 1733년 저서에서 "영국은 귀족의 형제도 상행위를 천시하지 않는다. (…) 오퍼드 백작(영국의 초대 총리인 로버트 월폴Robert

Walpole을 가리킨다)이 영국을 통치할 당시 그의 남동생은 알레포를 근거지로 활동하는 중개상(즉 상인의 대리인)에 지나지 않았다"라고 썼다.[8] 1727년 스위스에서 온 한 여행객(스위스의 여행작가 세자르 드 소쉬르Cesar de Saussure다―옮긴이)은 다음과 같이 썼다. "영국의 상업은 얕잡아 볼 수준이 아니다. (…) 프랑스와 독일도 마찬가지다. (1707년 이후 영국에서는) 명문가나 심지어 귀족 출신 남성도 사회적 지위를 잃지 않고도 상인이 될 수 있다."[9] 이전에 창피스럽고 천하다고 간주되던 금전적 이득의 추구가 칭송되거나 최소한 길드와 통치자의 필사적인 반대에 직면하지 않게 되었다(최근 중세 시대를 연상시키는 반자유주의적 규제의 망령이 되살아나 우리를 방해하고 있지 않은지, 우리 다 함께 걱정할 일이다).

자유주의 사상이 새로이 도입된 결과, 1800년경 이후 문명의 발전이라는 거센 파도가 서구 국가들을 덮치더니 마침내 세계의 나머지 지역까지 덮쳤다. 이 파도에 '대풍요'라는 적절한 명칭을 붙일 수 있다. 철도, 보편 교육, 고층 건물, 전기, 하수 처리, 대학, 항생제, 컨테이너화, 컴퓨터 등 문명의 혜택을 충분히 누리게 된 세계 각지의 갑남을녀들은 극도로 빈곤하게 살았던 증조부모 세대와 달리 서로 연결되고, 풍족하고 청결하고 평화로운 환경에서 살며, 과거 역사와 견주어 놀라우리만치 수명이 길어졌다. 홉스의 생각대로 되지 않았다. 이 정도면 다 같이 환호해야 한다.

2장

세상은 빠르게 나아지고 있다

어쨌든 비교적 그렇다는 얘기다. 지금도 개중에는 많은 악행이 자행되고 있는 나라들이 있으며, 우리의 주장이 이제 모든 문제가 해결됐다거나 여전히 빈곤과 폭정에 시달리는 사람들을 위해 더 이상 할 일이 없다는 뜻이 아니라는 것은 두말하면 잔소리다. 예를 들어 일부 통계에 따르면 여전히 4,000만 명 규모의 현대판 노예 매매가 자행되고 있다. 경제학자 폴 콜리어Paul Collier는 오늘날 75억 인구 중에 여전히 홉스가 묘사한 악몽 속에 살아가는 '소득 최하층 10억 인구Bottom Billion'가 있다는 사실을 한탄한다. 다만 이 10억 명은 일반적으로 리바이어던 정부나 무능하고 부패한 정부, 또는 그 이상으로 끔찍한 정부의 지배를 받고 있다는 점에 유의해야 한다.[1] 북한과

차드가 대표적이다. 그래도 콜리어는 전 세계 30억 인구 중 약 15억 명이 가난하고 지저분하고 미개하고 단명했던 1960년에 비하면 지금의 '10억'은 비약적 발전이라며 대부분 전문가의 의견과 입을 모은다. 과거의 15억 명은 하루 3달러 또는 그 이하로 꾸역꾸역 살아갔다.

현재 대부분 극빈국의 환경은 홉스가 표현한 '고독'과는 물론 완전히 거리가 멀다. 전 세계 인구의 절반 이상이 그 나라 기준에서 '도시', 그것도 대개 대도시 지역에 살고 있으며, 도시 인구 비율은 계속 가파르게 증가하고 있다. 예를 들어 중국 전체 인구의 14분의 1에 달하는 9,000만 명의 농촌 인구가 2012년부터 2019년까지 7년간 대도시로 이주했다. 전 세계적으로 이들 도시 인구의 약 절반이 인터넷에 접속한다.[2] 1800년 이래로 철도에서 전신, 그 후 자전거, 전차, 전화, 지하철, 자동차, 라디오, TV, 비행기에 이르기까지 교통과 통신 수단이 인터넷의 등장으로 자의적 가격 책정이 어려워져 비용이 대폭 낮아지면서 지구촌이 형성되고, 지역 독점이 해체되고, 고독한 동굴이나 사막 생활, 또는 고독이 결여된 전통 촌락의 열악한 생활이 종식되었다.

따라서 현대인은 적어도 '고독'하지 않다. 그러나 세상이 더 이상 획일적으로 '빈곤'하지도 않다는 점을 특히 주목해야 한다. 바로 그점이 중요한 것이, 세계 인구가 1800년 대비 7배, 1960년 대비 1.5배 증가했음에도 '불구하고'(관례적인 표현이지만) 세계 1인당 실질 소득이 1800년은 물론 1960년에 비해서도 엄청나게 증가했으니, 가히 기적이기 때문이다.

그러나 이 '무엇에도 불구하고'라는 관례적 표현은 인구가 증가하면 1인당 소득이 '줄어야 정상'이라는 전제를 깔고 있다. 하지만 현대 사회에서는 그렇지 않다. 이 어구는 식량을 생산하는 노동력에 비해 먹여 살릴 출생 인구가 너무 많았던 기존의 진부한 제로섬 세계를 떠올린다. 1798년 토머스 맬서스Thomas Malthus가 이와 같은 내용의 글을 쓴 바 있다. 반대로 현대의 경제학 지식, 그리고 지난 몇 세기 동안의 실제 경험에 비춰보건대 출생 인구의 증가는 나쁜 현상이 아닌 단연코 좋은 현상이다. 그 이유는 수요 중심의 케인스주의가 아닌 공급 중심의 신자유주의에 있다(이 논리는 이민에도 적용된다. 반이민주의자와 백인 우월주의자들은 귀 기울일 필요가 있다). 이제 인구가 더 늘어난다는 것은 전 세계 약 80억 명이 '지구촌'에서 교류하고 혁신할 기회도 많아진다는 의미다.

우리 조상들은 2008년 물가 기준으로 하루에 미화 약 3달러로 살았다고 앞서 언급했다. 극빈국에서는 그보다 못한 하루 1달러로 살아갔으며, 1800년 당대의 최상위 부국들조차 여전히 안쓰러운 수준인 평균 6달러였다. 반면 오늘날 초고소득 국가에 사는 약 20억 명은 하루에 80~150달러 이상을 벌고 있다. 그들은 하루 3달러로 연명하던 지난 30만 년간의 정체 끝에 대풍요의 급성장을 보이는 하키 스틱 곡선상의 끝자락에 올라서 있다. 그리고 모두가 잘사는 사회를 위해 모험을 시도하고 그 모험으로부터 이익을 얻을 수 있는 자유주의 경제 속에서 살고 있다. 예컨대 약 100년 전 빈곤국이던 일본과 150년 전 빈곤국이던 스웨덴은 각각 도요타와 볼보를 배출하며 환골탈태했다.

질적 향상을 정확히 반영하기 위한 기술적 조정이나 조사 대상 지역에 의한 편차가 있지만, 어쨌든 형편없었던 1800년의 기준점과 비교해 적게는 1,000%에서 많게는 10,000%에 이르는 이 어마어마한 소득 증가율은 과학적으로 입증된 자명한 사실이다. 노벨 경제학상 수상자인 윌리엄 노드하우스William Nordhaus는 그동안 재화와 서비스의 질이 향상되었다는 점을 감안하면 종래의 수치가 상당히 과소평가되어 있다며 다음과 같이 지적한다. "지난 세기 동안의 실질 소득 증가율을 정확하게 계산하려면 사람들이 소비하는 재화와 서비스의 질적 향상과 다양화라는 커다란 변화를 반영하고 말과 자동차, 포니 익스프레스Pony Express(조랑말 특급우편)와 팩시밀리(팩시밀리라니, 언제 적 이야기인가!), 먹지와 복사기, 어둡고 적적한 밤과 TV를 보며 보내는 밤, 뇌 수술과 자기 공명 영상 기술을 어떻게든 비교할 수 있는 물가 지수를 구성해야 한다."[3]

일상의 식량 소비량은 의복과 주거, 오락거리, 조명, 치과 의술, 에어컨 등과 마찬가지로 전 세계적으로 '10배'는 거뜬하게 증가했고, 고소득 국가들만 떼놓고 보면 이를 훨씬 넘어서는 30~100배 정도 증가했다. 이같이 높은 소득 수준은 한때 유럽 국가들이 마치 상류 클럽처럼 자기네끼리 누릴 수 있는 전유물이라 여겼다. 하지만 이제는 중국과 인도 같은 국가들도 클럽에 합류하려 문을 두드리고 있다. 아이티나 말리와 같이 여전히 처참한 극빈국까지 포함해 산출한 전 세계 평균 소득은 현재 브라질의 평균에 해당하는 하루 약 33달러로, 1940년의 미국과 같은 수준에 도달했다. 현재 미국의 130달러에는 한참 못 미치지만, 33달러만 되어도 과거 3달러나 6달러에 비하면 기적에 가까운 발전이다. 한마디로 전례 없는 수준이다.

이번에는 이 통계를 믿을 수 없을 정도로 풍족해진 여러분 본인의 실생활에 적용해 설명하겠다. 가장 최근에 동네 고급 커피숍에 간 기억을 떠올리길 바란다. 0.75온스(약 22밀리리터)의 에스프레소 샷을 전근대 시대의 일상 소비에 필요한 금액에 비유한다면, 결국 샷 가격은 약 3달러인 셈이다. 그마저도 아마 정통 에스프레소라기보다는 묽고 탄내 나는, 교회 입구에서 나눠줄 법한 커피일 것이다. 그러나 1800년 이후 변화의 핵심은 샷이 0.75온스에서 가령 1.5온스로 증가한 것이 아니다. 이전 시대에도 일시적 번영기 때는 샷 용량이 1.5온스가 되기도 했기 때문이다. 그래서 그건 답이 아니다. 답은 정말 놀랍게도 전 세계적인 평균 용량이 무려 8온스 컵으로 커진 것이다. 그리고 미국과 일본, 노르웨이 등 31온스짜리 프리미엄 커피에 얼음, 휘핑크림, 캐러멜 시럽의 추가 옵션까지 도입한 국가들에서는 증가폭이 훨씬 컸다. 역사적 기준으로 보면 입이 떡 벌어질 정도의 발전이다. 게다가 빈곤층을 절대 외면하지도, 그들에게 희생을 강요하지도 않고 얻어낸 성과이니 정말 놀라울 따름이다.

현대 부국들은 아무리 부정적으로 생각하려 해도 홉스가 말한 '지저분한' 상태도 아니다. 윤리적 측면을 보면, 정치학자 존 뮐러John Mueller는 국내 정치의 연장선으로 선호되던 전쟁의 인기가 지난 2세기 동안 사그라들었다고 지적했다.[4] 자유주의자는 전쟁을 벌이기를 좋아하지 않는다. 신체적으로 '지저분한' 상태를 논하자면, 깨끗한 물로 빨래, 설거지, 목욕을 할 수 있는 상수도 체계와 실내 화장실, 그리고 쓰레기를 알아서 싹 치워주는 폐기물 처리 시스템을 생각하면 된다(이제 우리는 하수가 어디로 흘러가는지 잘 알지만, 그래도 1800년 당시 비교적 잘살았던 암스테르담 주민들조차 오수와 쓰레기를 집 앞의 운하에 내다 버린 것에 비하면 꾸준히 개선되고 있다). 또 규칙적으로 양치질과 목욕을 하고, 갈아입을 옷을 다양하게 구비하는 등 청결과 위생 상태의 진보가 일상에 정착했다. 다양한 옷가지로 옷장을 채우고 상시 공급되는 온수로 몸을 씻는 현대인들은 한때 공작과 공작부인만의 전유물이던 호사를 누릴 수 있다. 사실 공작과 공작부인만의 전유물이라고 보기도 미심쩍은 것이 그들은 보통 목욕하기보다 향수를 뿌렸다. 1700년 루이 14세Louis XIV가 전담 시종들의 시중을 받던 베르사유 궁전의 거울의 방에는 화장실이 없었고, 공작과 공작부인들은 계단에서 볼일을 봐야 했다.

홉스가 말한 '미개함'은 어떨까? 이 또한 역사적으로 전혀 사실이 아니다. 현재 높은 범죄율과 테러리즘에 대한 불안이나 우익 포퓰리스트들이 부추기는 온갖 불안이 퍼져 있지만, 우리 세대는 조상 세대보다 남의 손에 죽거나 동물의 습격으로 희생될 가능성이 적다. 테러리스트에 대해 말하자면, 뮬러는 현대 테러리즘의 위협이 지나치게 과장되어 있다는 사실도 발견했다.[5] 정치적 목적을 겨냥한 비정부 테러 단체의 공격이 확실히 급증한 중동을 제외하면, 테러리즘은 1960년대와 1970년대 사이 극히 미미한 수준으로 떨어졌다. 나이가 좀 있는 독자라면 콜롬비아에서 카슈미르까지 여타의 테러보다도, 미국에서 베트남 전쟁에 반대하고 급진적 경제 개혁을 외치며 한 주가 멀다 하고 발발한 폭탄 테러가 기억에 남을 것이다(1968년 급진파가 캘리포니아대학교 로스앤젤레스UCLA에서 경제학부 건물을 폭파하려 했다가 미수에 그친 적이 있으나, 위스콘신대학교 건물은 폭파에 성공했다). 또는 아일랜드공화국군이 영국에서 폭탄 공격에 성공한 사례도 있다. 1960~1970년대 유럽의 경우 스페인에서는 바스크 분리주의자들이 테러를 일으켰고, 이탈리아에서는 붉은 여단Brigate Rosse, 서독에서는 바더 마인호프Baader-Meinhof단이 정치인과 기업인이 탄 자동차를 납치해 몸값을 요구하곤 했다. 당시 독일에서는 BMW 같은 고급형 차량을 주로 거액의 몸값을 지불할 여력이 되는 부유한 사업가들이 타고 다닌다 해서 '바더 마인호프 차종Baader-Meinhof Wagen'이라고 부르는 우스갯소리가 나돌았다. 뮬러는 이제 미국에서 국내외 테러리스트의 손에 죽임을 당할 확률이 거의 제로에 가깝다고 지적한다.

　이번에는 동물 얘기로 넘어가자. 19세기 유럽에서 인적 드문 야생의 자연이 주는 이미지는 아기 사슴 밤비처럼 낭만적이지도, 국립공원을 상징하는 캐릭터 스모키 베어Smokey the Bear처럼 영광스럽지도 않은 무서운 적과 같은 존재였다. 19세기 초에는 네덜란드의 일부 도심 지역에 늑대 무리가 출몰하기도 했으며, 동유럽은 심지어 최근에도 늑대가 골칫거리였다. 역사학자 스티븐 파인Steven Pyne은 19세기 말까지만 해도 콜로라도주의 그랜드 캐니언이 여행을 가로막는 성가신 장애물이자 지옥으로 가는 끔찍한 입구로 여겨졌다고 말한다.[6] 역사학자 바버라 하나왈트Barbara Hanawalt는 중세 잉글랜드의 오래된 마을이 오늘날 미국에서 가장 살인이 빈번한 경찰 관할 구역보다 훨씬 살인율이 높았다는 점을 발견했다.[7] 과거의 고대 그리스 희곡이나 중국 경극, 로마 검투사 시합이 그랬듯 현대인들은 비디오 게임과 영화, 축구 경기를 통해 상상으로든 현실로든 폭력 본능을 대거 표출한다. 그러나 오늘날 이런 것들은 대부분 심각하고 실제적인 폭력을 대체하는 역할을 한다. 우리와 우리 자녀 세대는 1593년 극작가 크리스토퍼 말로Christopher Marlowe처럼 평범한 일상 중 갑자기 술집에서 칼로 무장한 남자와 시비가 붙어 죽는다든지, 중세 영국의 귀족 남성 대다수처럼 결투하다 죽기보다는 소중한 가족들에게 둘러싸인 채 침대에서 노환으로 죽음을 맞을 가능성이 더 높다.

홉스가 말한 '단명'하는 인생도 더 이상 사실이 아니다. 로마 제국 시대의 절정기에 태어난 사람들은 평균 수명이 24세였다. 로마의 묘지는 아이들의 유골로 넘쳐났다. 1800년에는 영국과 프랑스, 기타 서유럽 국가에서 평균 수명이 40세 이하가 됐으며, 그 외 지역에서는 대개 그 나이에도 못 미쳤다. 오늘날에는 선진국의 경우 약 80세, 아무리 극빈국이라도 약 60세에 이른다. 전 세계적으로 평균은 70세 이상이며 계속해서 쑥쑥 상승 중이다. 오늘날 나이지리아의 신생아 기대 수명은 1800년 당시 세계 최상위 부국의 신생아 기대 수명보다 1.5배 길 것으로 예상할 수 있다. 노벨상 수상 경력의 경제학자 앵거스 디턴Angus Deaton은 2016년에 "오늘날 사하라 이남

당신이 모르는 자유주의

아프리카의 영유아가 1918년에 태어난 영국의 영유아보다 5세까지 생존할 가능성이 더 높다"라고 말했다.[8] 그것도 불과 한 세기 전 당시, 지금과 마찬가지로 세계 소득 순위에서 최상위에 속했던 '영국'보다 말이다. 게다가 나이지리아 영유아는 훨씬 건강한 생애를 보내고, 문해력이 뛰어나며, 부모보다 더 밝은 미래를 기대할 수 있다. 21세기 들어 10년간 사하라 이남 아프리카는 한 세대 만에 1인당 실질 GDP가 2배 증가하는 등 세계 성장 속도에 발맞추기 시작했다. 에티오피아도 급성장 중이다.

아직 더 남아 있다. OurWorldInData.org에 접속해 소득, 건강, 교육, 인권 및 기타 복지의 척도와 관련해 입증된 사실을 훑어보길 바란다. 스웨덴의 저명한 공중보건학 교수인 한스 로슬링Hans Rosling이 우리에게 깨달음을 촉구했듯이, 지금은 1800년은커녕 1960년대도 한참 벗어났다. 그가 가장 간단하게 복지를 측정할 수 있는 단일 척도가 영유아 사망률이라고 주장한 것은 그것이 아기가 마시는 식수의 수질 못지않게, 아기의 보호자가 짊어지는 고단한 삶의 무게도 반영하기 때문이다.[9] 전 세계 영유아 사망률은 1960년 이래 큰 폭으로 떨어졌다. 모든 지표를 살펴봐도 중산층은 물론 빈곤층도 그 어느 때보다 생활 수준이 향상되었으며 현재도 계속 빠르게 개선되고 있다.

전 세계가 빈곤을 역사에 묻어두는 과정은 '현재 진행형'이다. 빈곤이 언제까지나 우리 곁에 있지는 않을 것이다.

3장

노스탤지어와 비관주의가
빈곤을 악화한다

어쨌든 세계는 풍요로워졌다. 그러나 누구를 위한 풍요인가? 고대 로마인은 이럴 때 "쿠이 보노Cui bono?"라고 질문했다. 즉 "누가 득을 보느냐"는 얘기다.

정답은 바로 여러분이다. 그리고 점점 더 많은 사람들, 나아가 전체 인류까지 부와 자유가 확대되리라 믿어도 될 날이 머지않았다.

《레 미제라블》을 생각해보자. 1832년 파리를 배경으로 하는 이 소설과 뮤지컬에는 생활고로 근근이 살아가는 미혼모 팡틴이라는 인물이 등장한다. 그리고 2014년 여름 앨라배마주 버밍햄의 레드마운틴 극장에서 이 작품의 공연이 열렸다. 여기서 공연 후원사였던 여성을 위한 기금Women's Fund의 광고는 관객들에게 "팡틴처럼 살고

있는 버밍햄 여성들을 도와주세요. 두 자녀를 둔 싱글맘의 중위 소
득은 ('겨우'라는 어감으로) 2만 9,390달러입니다"라고 호소했다.

　여성을 위한 기금이 자신들의 사명을 《레 미제라블》의 핵심 주제
와 연결한 재치에 우리는 박수를 보낸다. 원작자 빅토르 위고Victor
Hugo가 출판사에 보낸 편지에 썼듯이, 《레 미제라블》은 "무지나 절망
에 빠진 남자들, 생계를 위해 몸을 파는 여자들, 공부할 책이나 따뜻
한 난로 없이 지내는 아이들에게 찾아가 문을 두드리며 '문을 열어
보세요. 내가 위로해줄게요'라는 메시지를 전하는" 작품이다.[1] 그러
나 우리는 경제학자로서 냉정한 관점으로 봤을 때 궁금증이 생겼다.
앨라배마주 버밍햄에 거주하며 두 자녀를 둔 평균의 미혼모는 정말
'팡틴처럼' 살고 있을까?

　20세기 중엽부터 경제사학자들은 확실한 답을 찾기 위해 증거
를 수집해왔다. 그 결과 버밍햄의 싱글맘들은 팡틴과 사정이 달랐
다. 아예 비슷하지도 않았다. 1832년경 프랑스의 1인당 연간 소득은
기술적 조정에 따라 2014년 미화 기준으로 최저 1,750달러에서 최
고 2,270달러 수준이었다.[2] 가족 구성원 1인당 하루 4.79~6.22달러
인 셈이다. 반면 소설 속의 불쌍한 사람들 중 한 명인 팡틴과 딸 코
제트는 평균의 프랑스인들보다 소득이 훨씬 적었을 것이다. 1832년
1인당 소득을 2014년 버밍햄의 싱글맘 세대주인 3인 가구 중위 소
득과 비교해보자. 여성을 위한 기금이 언급한 2만 9,390달러를 3명
으로 나누고 다시 365일로 나누면 하루 소득은 26.84달러다. 1832
년 프랑스인의 '평균' 소득보다 약 4~5.5배 더 많으며, 빈곤층인 팡

턴보다는 8~10배 많은 액수다. 한마디로 2014년 버밍햄의 싱글맘은 1832년 파리의 팡틴 같은 여성보다 물질적으로 훨씬 안락한 삶을 살았다. 게다가 수돗물이 나오고, 효과적인 의료 체계가 갖춰졌으며, 문맹에서 탈피했다. 굶어 죽을 일도 없고, 열악한 공동 주거지가 아닌 아파트에 살았다. 확실히 천국은 아니지만 1832년 프랑스 빈민층의 지옥 같은 생활도 아니었다.

또한 오늘날 이용 가능한 재화와 서비스의 질적 수준 향상을 제대로 반영하기 어렵다는 점을 고려하면 두 부류의 격차는 과소평가되어 있다. 사혈 요법이 아직 행해지던 1832년 당시의 의학 수준을 생각해보자. 그보다 약간 앞선 시기에 조지 워싱턴 대통령은 의사에게서 사혈 요법을 받고 과다 출혈로 사망했다. 교통수단은 또 어떠한가. 대부분 사람이 걸어 다녔고, 부자들은 말을 타고 다녔다("바란다고 이뤄지는 것은 아니다If wishes were horses, beggars would ride"라는 속담이 있듯이 말이다. 소원이 말의 형상을 띤다면 거지들이 가장 먼저 타고 다닐 것이라는 뜻으로, 실현 불가능한 소원을 말한다 - 옮긴이). 과거의 난방, 교육, 건물 유리창, 하수도 위생 수준은 2014년 버밍햄의 하류층이 보기에도 형편없을 정도였다.

1인당 일평균 소득이 26.84달러라면 앞서 설명한 오늘날의 전 세계 평균 소득 33달러에 매우 근접한다. 다른 국가들과 비교해, 2014년 두 자녀를 둔 버밍햄 싱글맘은 1930~1940년대 미국의 평균적인 실질 소득을 벌어들이므로 확실히 중위 소득층에 해당한다. 역시 천국은 아니지만 지옥도 아니다(매클로스키의 어린 시절도 마찬가지였다. 구

당신이 모르는 자유주의

멍가게에서 파는 사탕이 1센트였던 시절이니 꽤 괜찮았다고 본다).

팡틴은 언제든 버밍햄의 싱글맘을 선택할 것이다. 미래에도 더 발전할 여지가 있는 재화와 서비스의 혜택을 누리며 더 만족스러운 삶을 살고 싶을 것이다. 그렇다고 미국 같은 부유한 국가는 비숙련 노동, 중독, 양육 실패, 차별, 또는 단순히 지독한 불운 같은 문제가 전혀 없다는 의미는 아니다. 앞서 언급한 '플로리다 맨' 시리즈를 떠올려보자. 또 조지 패커George Packer의 저서 《미국, 파티는 끝났다》와 바버라 에런라이크Barbara Ehrenreich의 초기작 《노동의 배신》은 부르주아들에게 빈곤층의 현실을 알리는 훌륭하고 오랜 전통을 잇는 작품이며, 더 거슬러 올라가면 제임스 에이지James Agee와 워커 에반스Walker Evans의 《이제 유명인들을 칭송하자Let Us Now Praise Famous Men》, 조지 오웰George Orwell의 《위건 부두로 가는 길》, 잭 런던Jack London의 《밑바닥 사람들》, 제이콥 리스Jacob Riis의 《세상의 절반은 어떻게 사는가》, 그리고 원조 격인 프리드리히 엥겔스Friedrich Engels의 《영국 노동계급의 상황》 등도 있다.

이 작품들은 허구가 아니다. 인구의 '나머지 절반'에 대해 몰랐던 사람들도 누구든 이런 책을 읽으면 불편한 진실을 깨닫게 된다. 소설 쪽에도 이와 같은 각성을 일으키는 작품들이 있으니 존 스타인벡John Steinbeck의 《분노의 포도》, 리처드 라이트Richard Wright의 《미국의 아들》, 제임스 T. 패럴James T. Farrell의 3부작 《스터즈 로니건Studs Lonigan》이 대표적이고, 그보다 앞선 시기에 유럽 작가가 쓴 작품 중에는 에밀 졸라Emile Zola의 《제르미날》, 그리고 물론 빅토르 위고의

《레 미제라블》도 빠질 수 없다. 이 작품들은 16세 때의 매클로스키를 포함해 많은 사회주의자의 가치관을 형성하는 데 영향을 끼쳤다. 이들 책은 독자의 동정심을 자극하는 건전한 기능이 있었다. 소문에 의하면 귀족 가문 출신인 전 영국 총리 윈스턴 처칠Winston Churchill은 대부분 영국 빈민층이 장미로 뒤덮인 집에서 사는 줄 알았다고 한다. 살포드 시내의 다닥다닥 붙은 주택가와 길 끝의 옥외 변소는 그에게 상상하기 힘든 광경이었다. 정신 차려요, 처칠 양반.

그러나 말 그대로 정신을 차릴 것이지, 그냥 체념하거나 빈곤층에 실질적 도움이 되지 않는 정책을 도입하면 안 된다. 또 현 체제가 사실 장기적으로는 빈곤층을 풍요롭게 하고 그동안 간혹 시도된 다른 어떤 체제에 비하면 어떻게든 가난 구제에 도움이 되는 이상, '체제 전복'은 더더욱 답이 될 수 없다. 에이지와 에반스가 제삼자의 눈으로 취재했던 앨라배마주 헤일 카운티의 소작농 가족들의 후손들은 이전 세대에게는 무덤 속에서도 억울할 일이지만, 번듯한 직업에 종사하고 자녀들을 대학에 보내는 등 나름대로 잘 지내고 있었다.[3] 여전히 빈곤층이 사라지지 않는다고 해도 장기적으로 그들의 환경이 계속 개선되고 그들이 실질적 도움을 받고 있다면 현 체제가 빈곤층에 비효과적으로 작동한다고 결론 내릴 수 없다. 그리고 미국을 비롯해 자유주의를 도입한 국가들에서는 각종 신문 기사와 서적에 드리우는 비관론과 반대로 사실 빈곤층의 생활 여건이 개선되고 있다. 자유주의의 안정적인 정착이 빈곤층을 돕는 데 더 효과적이긴 하지만, 빈곤층을 위한 대대적인 원조도 효과를 발휘하고 있다. 극빈율은 제로를 향해 달려가고 있다. 병상에서 숨을 거두는 불치병 환자가 여전히 존재한다고 해서 사망률이 감소하는 추세를 외면하고 의사를 주술사로 대체해서는 안 되는 것과 같은 이치다. 경제적 측면에서 말하자면 중국의 마오쩌둥Mao Zedong이나 베네수엘라의 우고 차베스Hugo Chavez 같은 독재주의, 나아가 버니 샌더스Bernie Sanders가 꿈꾸는 달콤한 민주적 사회주의도 주술사들이 중심을 차지하는 체제다. 그들은 마법처럼 빈곤층이 지금보다 살기 좋아질 것이라고 약속한다. 방법은 단순하다. 주문을 걸면 된다.

맙소사. 그래도 우리 같은 사람들은 뉴스 제작자와 신문 편집자들이 자기네가 보도하는 냉혹한 스토리라인, 그리고 그 속에 담긴 국가 통제주의와 마법의 환상에 대해 걱정하기를 바라고 있다. 이들 언론에서는 죽어가는 환자들을 보라고, 여전히 빈곤층이 있지 않냐고 부르짖는다.

당장이라도 오늘날의 버밍햄을 선택할 팡틴은 지역 도서관에 가서 책을 몇 권 읽어보면 장기간에 걸쳐 경제, 정치, 사회, 문화가 발전한 내력을 확인할 수 있을 것이다. 예컨대 로슬링 가족이 이를 훌륭하게 요약한《팩트풀니스》도 그중 한 권에 포함될 것이며, 우리도 이 책을 여기서 상당 부분 인용하고 있다(강력 추천하는 책이다. 집중하시길).[4]

한스 로슬링과 그의 공저자들은 요즘 사람들이 과거보다 더 많은 정치적 자유를 누린다고 기술한다. 팡틴 같은 전후 세대가 프랑스에 등장할 무렵인 1816년, 전 세계 인구의 1%만이 민주 정체하에서 살았다. 2015년에는 56%로 확대되었다. 1800년에 노예제는 194개국 중 193개국에서 합법이었다(영국만 빠졌다). 2017년에는 3개국으로 줄었다. 로슬링에 따르면 1893년에는 194개국 중 뉴질랜드만 여성 참정권을 허용했다. 2017년에는 193개국으로 증가했다.[5]

여러분은 "하지만 그것은 지난 2세기 동안의 얘기가 아닌가. 요즘 들어 다시 상황이 악화되었다"라고 항변할지 모른다. 오, 이런, 맙소사(매클로스키가 탄식한다), 그건 사실이 아니다. 아주 큰 착각이다. 여러분은 현실주의자 로슬링의 과학적 사실성이나 신중론자 매클로스키와 공평론자 카든의 경제사학적 진실보다 본인이 생각하기에 더 고상하고 인정 많은 비관주의에 더 마음이 끌릴 수 있다.

매클로스키는 스탈린그라드 전투가 한창이던 1942년 9월 11일 태어났다. 그 치명적인 한 해 동안 지구상의 10만 명당 201명꼴로 전쟁터에서 사망했으니, 당연히 그때는 제2차 세계대전의 고비였다고 볼 수 있다. 반면 로슬링 팀은 2016년에 10만 명 중 1명이 전쟁터에서 사망했다고 보고했다. 살짝 놀라운 점은 제2차 세계대전 당시 희생된 수천만 명보다 오늘날 희생되는 수천 명에 대한 뉴스 보도를 더 자주 접하다 보니 사람들이 근래에 전쟁이 더 만연하다는 인상을 받는다는 것이다. 그러나 실상은 그렇지 않다.

1942년에는 전 세계적으로 극빈층에 해당하는 사람들의 비율이 굉장히 높았으며, 이른바 활기찬 1960년대라 불리던 시기이자 매클

당신이 모르는 자유주의

로스키가 경제대학원을 다니던 1966년에도 여전히 50%에 달했다. 카든이 고등학교를 졸업하고 다이애나비Princess Diana가 사망한 1997년에야 29%가 되었다. 2017년에는 9%를 기록했다. 1997년에는 전 세계 인구 10명 중 4명을 차지하는 인도와 중국 인구의 42%가 극심한 빈곤에 시달리고 있었다. 이 비율은 2017년에 인도는 12%, 중국은 0.7%로 각각 떨어졌다. 라틴아메리카에서는 14%에서 4%로 떨어졌다. 의료 서비스에 대한 접근성도 변했다. 존 레논John Lennon이 살해된 1980년에 카든은 첫돌을 맞았고, 카든처럼 첫돌 전까지 적어도 한 번 이상의 예방접종을 받은 영아는 전 세계적으로 22%에 그쳤다. 하지만 2016년에는 4배 증가한 88%였다.

따라서 우리는 로슬링 가족의 주장대로, 매클로스키가 성장기를 보낸 영광의 1950~1960년대처럼 까마득하고 그리운 옛 시절의 노스탤지어를 머릿속에서 지워버리기를 제안한다(오, 엘비스Elvis!). 대신 자신의 인생 연대기를 자명한 사실들로 채워 넣길 바란다. 한국 전쟁이 발발한 1950년에는 전 세계적으로 5~14세의 어린이 중 28%가 풀타임으로 노동했다. 카든의 셋째가 태어난 2012년 들어 그 수치는 10%로 떨어졌다. 매클로스키가 시카고대학교에서 경제학, 그 다음에 역사학 교수로서 십여 년의 커리어를 시작할 무렵인 1970년에는 전 세계 영양실조 인구율이 28%였다. 그러다가 카든이 버밍햄 샘포드대학교의 전임교수직에 오른 2015년에는 11%로 줄었다. 그리고 최근까지도 영양실조 인구율은 전혀 주춤세 없이 해마다 계속 떨어지고 있다. 오히려 최근 들어 전 세계가 대풍요를 향해 빠르게 접근하고 있다.

여성, 소수 인종, 소수 민족, 성 소수자들의 인권 문제도 생각해 보자. 만화 시리즈 〈돼지 목에 진주 목걸이Pearls Before Swine〉의 2005 년 일부 에피소드에 등장한 캐릭터 위베어Wee Bear처럼 과거로 돌아 갈 수 있다고 상상하면 어떨까.[6] 위베어는 메이저 리그를 평정한 아 프리카계 미국인의 원조이자 당시 74세가 된 윌리 메이스Willie Mays 에게 "당신은 지금보다 살기 좋았던 과거 시대의 아이콘이에요. 그 러니 당신이 현역 중견수로 복귀한다면 사회가 평화로워질 거예요" 라고 간청한다. 메이스가 사양하자 위베어는 물러서지 않고 "숀 해 니티Sean Hannity, 제임스 카빌James Carville, 앤 콜터Ann Coulter, 알 프랑켄Al Franken, 이런 사람들 때문에 정말 숨 막힐 지경이라고요(해니티와 콜터 는 친트럼프 성향의 보수 논객이며, 카빌은 빌 클린턴Bill Clinton의 당선으로 특히 유명했던 민주당의 선거 전략가, 프랑켄은 〈SNL〉 등으로 유명한 방송인 출신의 민주당 상원의원이었다-옮긴이). (…) 우리가 하나의 국가였던 1957년으 로 돌아가고 싶어요!"라고 외친다. 으흠, 이에 메이스는 "내가 일부 식당에 출입 금지되던 시절로 돌아가고 싶단 얘기지?"라고 되받는 다. 위베어가 말한 1957년은 스푸트니크 발사와 리틀록 군병력 투 입(리틀록 주민들이 흑백 통합 교육에 반대하는 시위를 벌이자 이를 무력으로 진압한 사건이 있었다-옮긴이) 사건 등 많은 인류에게 암울했던 해였다. 그러나 지금은 이런 일이 훨씬 드물다.

물론 우리도 이해한다. 많은 사람이 비관주의가 낙관주의보다 더 지조 있어 보인다고 생각할 것이다. 비관주의자들은 자신이 세상의

당신이 모르는 자유주의

가난하고 '불쌍한 사람들les miserables'을 아주 진심으로 염려하고 그들을 위해 더 많은 일을 하거나 적어도 다른 사람들에게 더 많은 일을 하도록 촉구하려 노력한다고 믿는다. 또한 자신이 더 멋있고 고상하며, 로슬링, 카든, 매클로스키 및 기타 수많은 인구 통계학자나 경제학자 같은 맹랑한 낙관주의자들과 다르다고 생각한다. 본인은 현실주의자라는 것이다. 정치인들은 "아직 해야 할 일이 많다"라고 주장한다. 여기서 해야 할 일이란 정치인에게 더 많은 권력을 부여하는 것이다. 그리고 여러분 삶의 결정권자를 자처하는 사람들은 "세상에는 아직도 끔찍한 문제가 남아 있다"라고 단언한다. 그들은 역사적 사실과 경제 법칙엔 관심도 없다. 열정적인 환경 운동가들은 "선제적 조치를 취해야 한다"라고 선언한다. 그들에겐 시간이 얼마없다. 인류는 멸망하기 직전이다.

비관주의가 사람들에게 잘 먹힌다. 우리 두 필자로서는 도무지 이해가 안 가지만, 사람들은 세상이 멸망할 것이라는 전망을 듣기를 좋아한다. 그들은 어떤 해맑은 낙관주의자가 자신의 쾌락에 훼방을 놓으면 성을 내고 경멸한다. 〈뉴요커New Yorker〉에 실린 한 연재만화에서는 예언자 같은 가운 차림에 수염을 기른 한 남성이 "종말이 다가왔다"라고 쓰인 간판을 들고, 그 앞에 한 쌍의 남녀가 지나가는 모습을 그렸다. 그리고 그중 한 명이 "저 사람, 폴 크루그먼Paul Krugman(진보 성향의 경제학자-옮긴이) 아닌가요?"라고 말한다.[7]

그러나 비관주의는 고질적인 큰 착각이라는 증거가 드러나고 있다. 증거는 어이없을 정도로 주변에서 쉽게, 하지만 분명하게 찾을 수 있다. 경제학자 스티븐 호르위츠Steven Horwitz와 스튜어트 돔프 Stewart Dompe는 장수 TV 프로그램 〈심슨 가족〉에서 증거를 찾는다. 1989년 12월에 개시한 첫 번째 시즌의 정규 오프닝 끝 무렵에 V자 안테나(Z세대 독자는 그게 뭐냐고 묻겠지만)가 달린 낡은 진공관 TV 앞에 심슨 가족이 풀썩 앉는 장면이 나온다.[8] 20번째 시즌이 지난 후 TV는 평면 스크린 모델로 바뀌었다. 나중에는 TV가 아예 벽에서 자취를 감추고 캐릭터들은 노트북과 스마트폰에 집중한다.

세상은 살기 좋아지고 있다. 과학적 근거 없는 비관주의에 빠지지 말고, 이 흐름을 계속 이어가자.

당신이 모르는 자유주의

4장

자유주의는 빈곤층을
영적으로 충만하게 한다

사람들이 물질적 풍요를 얻은 대신 영적으로 빈곤해졌다는 좌우 양
진영의 걱정과는 상반되게 1800년 이래 세상은 영적으로도 더 풍
요로워졌다. 오히려 영적인 대풍요가 물질적 풍요를 뒤따랐다. 1831
년 신시내티에 티모시 워커라는 한 미국 청년은 미국을 여행 중이
던 프랑스 귀족 알렉시 드 토크빌Alexis de Tocqueville을 투숙객으로 맞고
있었다. 워커는 당시 미국의 고급 문화가 미성숙한 데 대해 해명하
기를 "우리 미국인은 인간이 영적인 대업을 이루려면 그 전에 끊임
없는 육체노동의 속박에서 해방되어야 한다고 굳게 믿습니다"라고
힘주어 말했다.[1] 그리고 이처럼 워커와 같은 부르주아의 믿음 덕에
한참 후 미국인들은 결국 그 목표를 이뤘다. 2세기 동안 신앙도 부

도 놓치지 않을 수 있었다.

거래 행위 자체가 저속하거나 더럽거나 불명예스럽거나 비열하거나 이기적인 것은 아니다. 오히려 반대로 믿음, 소망, 사랑, 용기, 정의, 절제, 신중이라는 덕성이 균형을 이룬 체제하에서라면, (통상 그렇듯이) 거래 행위는 얼마든지 명예롭고 영적으로 고상하고 이타적이 될 수 있으며 잠재력도 무궁무진하다. 경제학자 제프리 터커Jeffrey Tucker는 2019년 발표한 훌륭하고 인도적인 저서 《시장은 인간을 사랑한다The Market Loves You》를 통해 사람들 간의 거래가 서로에게 사랑을 베푸는 기회라고 말한다. 그렇다. 사랑이라고 했다. 다만 터커는 "그것은 개인적 사랑이 아니다"라고 설명한다. 비록 사람들은 직장 동료나 매일 아침 들르는 단골 커피숍의 종업원과 개인적으로 사랑에 빠질 수도 있지만(아니면 때로는 정이 떨어지기도 한다) 항상 그런 감정이 생기지는 않는다. 터커는 《나니아 연대기》의 작가 C. S. 루이스C. S. Lewis의 말을 다음과 같이 인용해 인간의 평범한 인생은 결국 애정, 즉 고대 그리스어로 스토르게storge에 달려 있다고 언급한다. "애정은 우리의 자연적인 삶에 있는 모든 견고하고 지속적인 행복의 90%를 책임진다." 터커는 루이스의 발언에 덧붙여, 시장에서의 애정이란 집이나 직장, 놀이터 등 다른 공간에서와 마찬가지로 "구조적 사랑, 즉 제도적 차원의 주고받기에 기반을 둔 자선benefaction('선행'을 뜻하는 라틴어에서 유래했다)에 몰두하는 행위와 같다. (…) 우리는 서로가 필요하다. 그리고 서로를 신뢰한다. 그래서 연인 같은 사이다"라고 언급한다.[2]

당신이 모르는 자유주의

하지만 철학자 마이클 샌델Michael Sandel은 2012년 저서 《돈으로 살 수 없는 것들》에서 이를 부정한다.[3] 물론 스토르게를 시장에서 살 수 없듯 돈으로 무엇이든 살 수 있는 것은 아니다. 신장 매매에서 야구 선수 영입에 이르기까지, 샌델은 줄 서서 기다리는 시간이나 인종적 지위, 공산당 입회 자격보다 시장 가격의 선택에 자원 배급을 맡길 때 생기는 도덕적 딜레마에 관한 수많은 예를 제시한다. 물론 우리는 가짜 운동 특기생의 대입 특례 사건을 목격하기도 했고, 대학 학기 논문처럼 절대 매매되어서는 안 될 것들이 매매되는 것도 사실이다. 우리는 터커가 그렇게 했듯 시장을 연구하는 방식이 다시 도덕성을 회복해야 한다는 샌델의 의견에 동의한다. 사람들은 도덕적으로 빵은 시장에서 매매되는 것이 옳지만 아동 인신매매는 안 된다고 믿는 근거를 알아야 한다. 단순히 좌파, 우파 또는 중도의 입장에서 경멸을 표시하는 것으로는 충분하지 않다. 경제학자들도 철학을 연구해야 한다. 샌델은 "시장은 단순한 메커니즘에 그치는 게 아니라, 특정 규범을 드러내기도 한다"라고 현명한 소견을 밝힌다.[4] 그는 뒤에 가서 "시장 논리는 도덕적 논리 없이는 불완전하다"라고 덧붙인다.[5] 맞는 말이다.

그러나 놀랍게도 그의 도덕관은 다음과 같이 단 두 가지만 따르고 있으며, 그나마도 얄팍한 주장에 불과하다. 첫째는 자유주의적인 기회의 평등을 넘어 국가가 주도하는 결과의 평등이 더 좋다는 것, 둘째는 신성한 것이 세속적인 것에 의해 타락할 수 있다는 것이다. 샌델은 이렇게 주장한다. "(돈으로 사야 하는 것에 대한) 공정성 측면의 반박은 시장 선택이 (결과의) 평등을 가져올 수 있느냐는 의문 부호를 남긴다. 그리고 부패 측면의 반박은 시장 관계가 태도와 규범을 손상할 수 있지 않겠냐는 문제를 제기한다."[6] 철학적으로 그렇게 주장하고는 끝이다. 가격을 형성하는 수요와 공급의 법칙이 부재하는 상황에서 사람들 간에 줄을 서는 데 소요되는 시간이나 인종적 지위, 공산당 가입 기회의 불평등이 자원 배분을 결정짓는 부조리의 가능성을 샌델은 신경 쓰지 않는 것 같다. 또 정실주의나 정치적 독단, 성 편견과 같은 비시장적 관계로 인해 손상될 수 있는 규범의 문제도 묵과하고 있는 듯 보인다.

샌델은 자신이 비판하려는 대상에 대해 충분한 고민이 부족한 반시장주의 사상가의 대표 주자로 유명하다. 자신의 도덕률에 따라 평등을 분석한 결과인 '공정성 반박'은 이것도 저것도 '불공정'하다고 학교에서 징징대는 애들 말싸움 수준과 크게 다를 바 없다. 그러나 혼잡한 고속도로에서 통행료를 부과하는 것이 "가난한 통근자들에게 불공정하다"라면(샌델이 반복적으로 강조하는 자신의 도덕률에 의거해), 이 사회가 의식주, 케이블 방송, 프리토스에 비용을 청구하는 것이 '불공정'하다고 결론짓는 것을 만류할 방법이 있겠는가?[7] 없다. 사회는 현대판 리바이어던의 완전한 국가 통제주의로 귀결된다. 카든이 라스베이거스의 벨라지오에 약 150평짜리 초대형 스위트룸을 소유하지 않았다고 해서(카든에게는 진심으로 심각한 고민거리이긴 하다), 별다른 논리적 분석도 없이 '불공정'하다고 단정한다면 공산당이나 나치당, 또는 정부의 지시에 따라 모든 자원이 할당되어야 한다는

당신이 모르는 자유주의

논리로 전락한다. 지금이 구소련 시대도 아니고 말이다.

차라리 인류가 노예제 사회로 퇴보하는 것을 막기 위한 도덕적 원칙을 고안해 제시하는 방법도 있겠다. 그러나 샌델은 시장을 비판하는 공동체주의자, 규제 찬성론자, 연성 사회주의자 같은 우리의 선한 친구들 대부분이 그러듯 어떤 대안도 제시하지 않는다. 샌델은 무분별한 공정성의 교리를 내세워 자신의 학교 제자들에게 대안도 분석도 없는 '불공정' 논쟁을 덜렁 던져주고는 성인들 간의 토론에 어울리는 도덕적 조롱으로 결론 내리게 가르친다.

첫 번째보다는 더 나은 논거이자 돈으로 살 수 없는 것에 대한 그의 두 번째 원칙은 현대의 풍요에 대한 분노의 원인을 더 깊게 파고든 것으로, 돈으로 무엇을 산다는 세속적 행위가 때로 신성 모독을 유발할 수 있다는 것이다. 샌델은 사실 신학적 용어를 전혀 사용하지 않는다. 그가 신학을 공부했다면 도움이 되었을 것이고 자신의 도덕 철학을 더욱 발전시켰을 것이다. 하지만 됐다. 그는 "우리가 어떤 선이나 행위, 사회적 관행의 가치를 적정 수준의 이하로 평가하는 것이 곧 부패다"라고 했다.[8] 알겠다.

그러나 여전히 그의 이론은 분석이 결여된 채 고상함과 저속함을 대조하는 애들 말싸움 수준의 이분법적 차원으로 남아 있다. 샌델이 똑같이 피상적인 학설이자 우리 동료 경제학자 중 상당수가 추종하는 '신중 유일론Prudence Only'(애덤 스미스가 《도덕감정론》에서 제시한 7가지 미덕 중 '신중'에만 치우쳐 인간이 오직 기계적으로 효용 극대화만 추구한다고 가정하는 현대 경제학을 가리켜 매클로스키가 비판적 관점에서 이름 붙인 것이다 – 옮긴이)의 도덕관을 따른다면, 그의 주장은 인정하건대 설득력이 있다. 샌델이 1980년부터 미국 경영대학원에서 주류로 자리 잡은 이른바 '주인 대리인 이론'이 윤리적으로 터무니없다고 말한 점은 옳다. 주인 대리인 이론은 인간이 요구하는 것은 훈련받은 물개처럼 오직 인센티브라고 단언한다. 하지만 아니다. 최근 금융권에서도 교훈을 얻었듯이 인간에게는 루이스와 터커가 말한 스토르게, 그리고 애정, 전문성, 판단력, 역사, 규범도 필요하다.

그러나 샌델은 신성 대 세속에 대한 철학적 표준도, 학생들이나 금융계를 위한 지침도 제공하지 않는다. 오늘날 학점이나 명예 학위, 친구의 조언, 남편의 성관계 수락을 돈 주고 사는 것이 부도덕하다는 생각에 동의할 수 있다. 하지만 정확히 왜일까? 옛날에 한때 이 모든 것을 매매할 수 있었고 현재도 여전히 일부 사회와 집단에서는 매매가 행해지고 있다. 부유층 부모들이 한 펜싱 코치의 주택을 시가의 2배를 주고 매입해 자녀를 하버드대학교에 입학시켰던 입시 스캔들을 다시 떠올리길 바란다. 더구나 러시아에서는 오랫동안 이런 일이 오히려 정상이었다. 유럽 중세 시대에는 밀과 철은 물론, 신랑감, 시장, 왕국, 면죄부에 이르기까지 거의 모든 것을 돈으로 살 수 있었다. 샌델은 '시장 만능주의'가 새로운 개념이라고 반복해서 주장한다. 예전에는 사람들이 순수하고 공정했으나 이제는 '자본주의'에 물들어 부패했다는 게 비록 대부분 사람들의 생각이지만, 앞서 설명했듯 과거에도 어두운 역사가 있었다. 공정성, 시장을 향한 진심 어린 반감, 부패한 정치인들이 쥐락펴락하는 자원 배분의 진정한 황금기는 정작 먼 옛날이 아니라 국가 통제주의 실험이 절정에 이르렀던 1933~1965년이었다. 1933년 이전에는 중국과 인도에서도 영국과 이탈리아 못지않게 시장 논리가 지배적이었다.

샌델은 시장이 신성한 가치를 밀어낼 수 있다고 이유 있는 걱정을 한다. 예를 들어 기업이 자금을 조달하는 초등학교라면 혁신주의에 대한 자기 비판적 성찰의 여지를 밀어낼 수 있다. 그러나 샌델은 자신의 대학 제자들에게 국공립 초등학교가 가령 1950년대에 매클로스키가 배운 맹목적 애국심이라든지, 1980년대에 카든이 배운 유모 국가를 향한 맹목적 순종, 또는 스티븐 랜즈버그Steven Landsburg가 그의 훌륭한 책《런치타임 경제학》의 마지막 장에서 1990년대에 자신의 딸이 학교에서 배웠다는 맹목적 환경 보호주의 등의 악영향에 대한 자기 비판적 성찰의 여지를 밀어낼 수 있다는 점은 설명하지 않는다.[9] 대신 어떤 가치를 '끌어들이는' 효과도 기대할 수 있지 않을까? 인종이나 성별, 당적에 따라 재화를 배분하는 사회는 시장 가격이 지배하는, 가령 스웨덴과 비교할 때 도덕적 측면에서 분명 우월하다고 볼 수 없다. 샌델은 "시장 규범이 비시장 규범을 밀어내게 되지 않을지 질문해야 한다"라고 주장한다.[10] 그러나 그는 반대로 자신이 생각하는 1965년 이전의 황금기에 존재한 인종 차별의 상징인 짐 크로 법 같은 비시장 규범이, 윌리 메이스가 화폐를 매개로 백인과 대등하게 점심을 먹으러 식당에 출입할 수 있게 한 시장 규범에 의해 밀려난 현상을 어떻게 설명할 것인지 철학적 분석이나 역사적 증거를 제시하지 않는다. 시장의 실제 윤리적 효과를 들여다보고 그 기능을 제대로 인식한다면 시장 사회는 결코 윤리적으로 경멸될 성질이 아니다. 18세기에 프랑스인은 신분제와 고독이 지배하던 사회에 시장이 도입되면서 생긴 문명화 효과를 가리켜 '유쾌한 상업sweet commerce'이라고 불렀다. 바로 그것이다.

예컨대 노예나 학기말 논문과 같이 사고파는 대상이 되어서는 안 될 것이 있다는 샌델의 의견은 동의할 만하다. 그러나 또한 샌델의 비판자를 자처하며 제이슨 브레넌Jason Brennan과 피터 M. 자워스키 Peter M. Jaworski가 저서 《한계 없는 시장Markets Without Limits》에서 서술하기를, 시장 거래의 도입이 이러한 잘못된 관행을 일으키는 장본인이 아니라는 의견에도 동의하지 않을 수 없다. 누군가가 자기 노예를 남에게 거저 준다고 해서 노예제가 정당화되지는 않는다. 누군가가 대필해준 논문은 아무리 대필자가 선심을 쓴 동기에 의한 것이라 해도 정당화할 수 없는 표절 행위다. 이처럼 브레넌과 자워스키는 시장 거래의 도입 그 자체만으로 가치 있는 것이 불경스럽게 바뀌지는 않는다고 주장한다. "공짜로 줘도 되는 것이라면 돈을 받고 팔아도 문제없다"라는 그들의 원칙이 훨씬 더 합당해 보인다.[11]

브레넌과 자워스키는 샌델에게 답을 제시한다. 샌델은 결혼 축사를 쓰는 데 사람을 고용해 돈을 지불할 수 있다는 생각에 반감을 품는다. 하지만 브레넌과 자워스키는 가상의 쌍둥이 지구와 쌍둥이 미국, 쌍둥이 하버드대학교에서 교수직에 있는 쌍둥이 마이클 샌델이 책 《돈으로 살 수 없는 것들》의 쌍둥이 버전을 썼다고 상상해보라고 말한다. 모든 것이 현실과 똑같지만, 딱 한 가지 함정을 깔아놓았다.

쌍둥이 미국에서는 사람들이 일류 문장가를 고용해 결혼 축사 작성을 의뢰하며 아낌없이 돈을 지불하는 일이 흔하지만, 케이크는 웨딩 파티 참석자들이 직접 굽는 관습이 정착돼 있다. 그럼에도 웨딩 케이크 제작을 대행하는 사업이 쌍둥이 미국에서 성장하고 있으며, 쌍둥이 마이클 샌델은 시장 논리가 신성한 것을 타락시킨다는 점을 보여주는 예로 이 급성장하는 웨딩 케이크 시장을 포함한다. 그러나 반대로 현실의 마이클 샌델은 웨딩 케이크, 웨딩 플래너, 케이터링, 이벤트 공간 대여 등 실제로 기존에 존재하는 웨딩 시장을 묵과한다.[12] 악하고 부패한 것들이 시장에서 활발히 거래되고 있는 것은 사실이다. 그러나 그로 인해 시장 자체가 악하다는 결론을 내릴 수는 없다.

생각해보자. 1832년의 팡턴이 마법처럼 2014년 버밍햄으로 순간 이동할 수 있다면 끼니를 해결하는 이상으로 문명의 이기를 누릴 수 있다. 부르주아 딜이 혁신의 풍년을 일으키자 사람들의 대화 주제는 의식주 차원을 넘어서 예술과 영성까지 확대되며 풍성해졌다. 사실 세속적 시장에서 상업성 검증을 거친 개선은 종교에 비유하면 종교 미술과 예배가 선택의 검증으로 개선되어온 것과 동일하다. 미시시피 삼각주의 역사는 테네시주 멤피스의 피바디 호텔 로비에서 시작됐다고 한다. 1977년 12월 15일 의회는 지금은 술집이 난무하는 관광 명소인 멤피스의 빌 스트리트 일대를 '블루스의 본고장'으로 공식 선포했다. 빌 스트리트에서 블루스 음악가로 성공하려면 기업가 정신과 창의성, 그리고 부르주아 딜의 수용이 뒷받침되어야 했다.

또한 현대에 대거 등장한 다양한 악기도 빼놓을 수 없다. 음악가이자 작가인 크리스 키요네스Chris Kjorness가 설명했듯이, 1908년 멤피스의 많은 음악 선구자들이 애용한 악기는 통신 판매 업체인 시어스 로벅Sears, Roebuck & Co.의 카탈로그를 보고 주문한 1.89달러짜리(현재 물가로 환산하면 약 53달러로 오늘날 시급으로 2시간, 당시 기준으로는 3일치 노동량에 해당) 전기 기타였다.[13] 저렴한 전기 기타는 연주자의 힘을 덜어주어 창조적 파괴의 혁신주의에 안성맞춤인 악기였다. 시어스에서 제공한 사용 설명서도 B. B. 킹B. B. King 같은 흑인 뮤지션과 로이 클라크Roy Clark 같은 백인 뮤지션들이 연주 실력을 갈고닦는 데 보탬이 됐다.

시어스는 자선 단체가 아니었다. 그들의 상업적 혁신주의가 말 그대로 이전에 들어본 적 없는 새로운 사운드를 음악의 향연에 스며들게 한 것이었다. 시어스가 유통을 혁신하게끔 그들에게 자유를 허했더니(시어스, 스피겔, 몽고메리 워드의 우편 주문 사업을 인터넷 시대에 맞춰 재창조한 오늘날의 아마존과 비교하라) 상거래는 음악계에 혁명을 일으켰다. 이러한 혁명은 전에도 반복적으로 발생했다. 5세기의 아테네, 15세기의 피렌체, 1950년대 뉴욕은 번영의 새로운 정점에 도달한 고도의 상업 사회에서 쏟아져 나온 예술과 과학의 전성기를 누렸다. 그야말로 물질적 풍요가 영적인 풍요로 이어졌다.

사실 위대한 애덤 스미스도 노동의 분업으로 사람들이 특정 분야에서만 달인이 되고 그만큼 다른 분야에서 무능해진다면 분업은 전반적으로 사람들을 맹하게 만들 수 있다고 지적했다. 하지만 실제로는 그렇게 되지 않았다. 또 공장 노동이 아무리 지겹도록 단조롭기로서니 그 점은 시골 농사 생활도 만만치 않았다. 공장화에 반대하는 한 영국 민요는 다음과 같은 가사를 담고 있다. "윌리엄 브라운이라는 착한 청년이 있었네. / 북부 도시에서 임금 노동자로 취업하더니 / 아침 8시에서 저녁 6시까지 / 좌우로 톱니바퀴만 돌리는구나." 틀린 말은 아니다. 하지만 브라운의 할아버지도 8시부터 6시까지 초원과 밀밭에서 낫자루를 좌우로 휘두르며 일했다. 그리고 대풍요 이후 공장 마을에서 태어난 브라운의 손자는 공인회계사가 되었고 손녀는 발레리나가 되었다.

매클로스키의 어머니는 벽지를 잘 바르는 기술이 있고, 할머니는 채소를 잘 보관하는 비법을 알고 있었다. 둘 다 매클로스키에게는 없는 능력이다. 그러나 그녀의 변변찮은 살림 기술은 대신 다른 일에 집중할 수 있는, 그리고 때로는 영성을 더욱 고양시키는 일에 쓸 수 있는 능력으로 상쇄되고도 남았다(벽지 바르는 일에 영적 보람이 없다는 뜻은 아니다. 옛날에 분명 매클로스키도 딸의 방에 직접 벽지를 발라본 적이 있으며, 그 후 결과물을 볼 때마다 자신의 실력에 스스로 으쓱하곤 했다. 한번은 문도 달아본 적이 있다). 사실 카든의 경우 경제 연구라는 분야에 특화함으로써 여유 시간에 즐길 수 있는 다른 일 중에는 가끔 프로 레슬링 경기를 시청하는 것도 있다. 반면 카든의 취미에 질색하는 매클로스키는 영국 크리켓 경기와 프레드 아스테어Fred Astaire의 영화에 빠져 있으며 그중 일부는 별로 고상한 예술도 아니다. 어쨌든 대풍요 이후 사람들은 원한다면 남극 대륙의 조류를 관찰하기 위해 모험을 떠나거나 바흐 소나타를 마스터하기 위해 몇 시간씩 첼로를 연습하는 등 영혼을 드높일 수 있는 현대적인 여가를 누린다.

그렇기도 하지만 혁신주의가 저속성, 획일성, 동질성을 강화하고 다양성을 상실하게 한다고 반론할 사람도 있을 것이다. 하지만 그렇지 않다. 예를 들어 경제학자 타일러 코웬Tyler Cowen은 캐나다 원주민들의 석각 기술과 같은 전통이 상업적 검증을 통과한 덕에 계속 보존될 수 있었다고 주장한다.[14] 세계 경제가 통합되면서 버밍햄과 시카고, 로스앤젤레스, 파리, 타이베이 등의 대형 쇼핑 거리가 점점 더 비슷해진 것은 사실이다. 그러나 각 도시 내에서 제공되는 문화와 요리의 범위는 폭발적으로 확장되었다. 1970년대 시카고는 핫도그와 팬 피자를 제외하고는 고기와 감자의 소박한 일상 식단이 전부인 도시였다. 이제는 아니다. 거의 전 세계의 요리를 맛볼 수 있다. 버밍햄에 초밥 전문점인 와사비 후안Wasabi Juan's이 개점한다면 버밍햄 주민들은 로스앤젤레스는 물론 그보다 가깝게는 애틀랜타까지 나가지 않아도 초밥 브리또를 먹을 수 있게 된다(초밥 브리또라니 요즘 세상에는 별별 요리가 다 있다). 몇 년 전에는 버밍햄에 에티오피아 식당이 없었지만 최근에 2군데 생겼다가 현재 1군데 남았다(워싱턴 DC에는 30군데가 있다). 버밍햄 주민들이 로스앤젤레스와 애틀랜타 주민들, 아니 도쿄나 아디스아바바 사람들처럼 초밥 브리또나 에티오피아식 양고기 요리를 먹을 수 있게 되었건만 세계가 어떻게든 문화적으로 더 빈곤해졌다고 할 수 있을까?

코제트가 2014년 버밍햄에서 성장했다면 가히 19세기 프랑스와 비교가 불가할 정도로 자기 주도성과 자기 인식의 기회가 주어질 것이다. 자유주의자이자 노벨 문학상 수상자인 마리오 바르가스 요사Mario Vargas Llosa는 자유에 기반한 세계화를 다음과 같이 옹호했다.

— 세계화는 이 지구에 사는 모든 인류에게 자신의 선호와 직접적 동기에 따른 자발적인 행동을 통해 각자의 문화 정체성을 구축할 가능성을 근본적으로 확장한다. 아직 모든 국가에서 가능한 것은 아니지만, 이제는 국민들이 마치 강제 수용소처럼 그간 빠져나올 수 없었던 정체성, 즉 언어, 국가, 교회, 관습을 통해 그들에게 태생적으로 부여된 정체성을 따를 의무에 항상 얽매일 필요가 없다.[15]

이번에는 혁신주의가 문화 제국주의를 조장하지 않느냐고 반문할 사람도 있을 것이다. 어쩌면 그럴 수도 있다. 일부 고결한 야만인noble savage(문명에 물들지 않은 순수한 원주민을 이상화한 표현이다-옮긴이)은 아마도 수준 높은 외부 문화에 물들거나 그 유혹에 굴복했을 것이다. 1832년 토크빌은 계몽주의 사고방식에 감화된 고결한 야만인이 있는지 찾아보기 위해 카누를 타고 미시간주의 어퍼 반도와 현재의 위스콘신주를 잠시 방문했다. 그는 몇 명을 찾았다고 생각했다. 그러나 일부 고결하지 않은 무식한 야만인ignoble savage들도 부족 가부장제와 가정 폭력이 없는 삶의 방식을 학습했다. 현대의 부르주아 도시에서는 대다수의 시민이 아동 빈곤과 군림하는 폭군의 비참한 현실에서 벗어나 풍족한 생활을 영위할 가능성이 열려 있고, 실제로도 그렇게 살고 있다. 앨런 페이튼Alan Paton의 소설 《울어라 사랑하는 조국이여Cry, the Beloved Country》에서 나탈의 한 마을 출신으로 현재는 요하네스버그의 거물이 된 주인공 존 쿠말로는 "우리는 여기서 절대 자유롭지 않다"라고 말한다. 1948년 남아프리카공화국의 아파르트헤이트 체제하에 있는 흑인은 자유롭다고 볼 수 없었지만, 그는 이어 다음과 같이 말한다. "하지만 적어도 나는 족장의 지배를 받지 않는다. 적어도 내 위에 늙고 무지한 사람이 군림하지 않는다."[16]

비참해 보이는가? 쿠말로는 그렇게 생각하지 않는다. 수십 억 명의 사람들은 부르주아 도시에서 더 많은 자유를 얻기 위해 자기 발로 투표하러 나갔다. 독일의 중세 속담 중 "도시의 공기는 자유롭다Stadtluft macht frei"라는 말이 있었으며, 실제로 그러한 법도 존재했다. 탈출한 노예가 도시에 머무른 지 만 1년이 지나면 그 사람의 노예 신분은 끝나는 것이다. 이제 동유럽과 쿠바, 그리고 최근의 베네수엘라 출신 노동자들은 노동자의 낙원인 자국에서 탈출해 텍사스 파리든 프랑스 파리든 도시로 나가 일용직 노동자로 자진해서 착취당할 기회를 노리고 줄을 서 있는 형편이다. 사실 혁신주의의 수용을 자발적으로 마다하는 예외 사례가 있다. 미국 펜실베이니아주에서 아이오와주까지 본초 자오선 북위 42도를 끼고 흩어져 소규모 지역 사회를 꾸리고 사는 아미시파Amish(종교적 이유로 현대 문명의 유입을 거부하는 공동체로 스위스, 독일계 후손이 중심이며 주로 미 동북부에 거주하고 있다 - 옮긴이)가 대표적이다. 아미시파는 청소년기의 자녀들에게 이른바 '영어권'이라고 부르는 바깥 세계를 경험해보게 하고 다시 돌아오는 것도 허락하는데, 대부분 청소년은 자기 마을로 돌아온다. 좋다. 그것도 그들의 자유로운 선택이니 우리 자유주의자들은 인정한다.

어쨌든 오늘날 팡틴과 코제트는 전반적으로 더 나은 삶을 살 것이다. 여성을 위한 기금의 도움을 받았기 때문일까? 아니다. 그들의 자선 활동은 가상하지만 주된 도움은 되지 않는다. 아니면 정부가 법으로 강제해서 부유층의 부를 빈민층에 재분배했기 때문일까? 그것도 주된 이유는 아니다. 부유층이 가진 부로는 빈민층의 대풍요를 유도하기에 충분하지 않다. 앤드류 카네기Andrew Carnegie의 재산이 최고치에 이른 1890년대 어느 날, 한 사회주의자가 그의 사무실에 찾아와 부유층이 가진 부를 전 세계의 빈민층에 재분배해야 한다고 주장한 일이 있었다. 이 일화에 따르면 카네기는 비서에게 당시 자신의 재산과 세계 인구의 대략적인 추정치를 알아봐 달라고 지시했다. 비서가 곧 돌아와 얼마라고 알려주자 카네기는 계산기를 두드린 후 다시 비서에게 말했다. "이 신사분에게 16센트를 건네드리게. 이게 그의 몫이니까."[17]

2014년 버밍햄으로 시간 여행을 온 팡틴과 코제트가 누릴 것으로 짐작되는 풍족한 생활은 두말할 나위 없이 대풍요에서 비롯된 것이며, 풍요의 기세는 오랜 시간이 지나도 꺾이지 않아 팡틴과 코제트, 그 외 수많은 가난한 사람들까지 혜택을 입었다. 게다가 유럽과 그 영향권의 국가들 사이에서 복지 국가가 출현하기 훨씬 전에 이미 벌어진 상황이었다. 빈곤층의 생활 여건이 개선된 것은 자선이나 규제, 재분배보다는 대풍요에 힘입은 바가 훨씬 크다. 같은 맥락에서 코리 부커Cory Booker 상원의원도 2020년 민주당 대선 후보 지명을 위한 경선에서 엘리자베스 워런 의원이 내놓은 부유세 공약에 반대하는 주장을 펼쳤다. 뉴어크 시장으로 재임하던 시절 그는 가난한 사람들에게 진정 필요한 것은 일자리, 그리고 특히 기업가적 정신을 발휘할 기회라는 것을 깨달았다. 경제사학자 이언 게이즐리Ian Gazeley와 앤드루 뉴얼Andrew Newell은 2010년 '1904~1937년 거의 근절에 가깝게 감축된 영국의 극빈층 노동자 가구 수'를 주제로 한 연구를 통해 "극심한 빈곤에 시달리는 노동자 가구 수는 복지 국가가 등장하기 이전인 1930년대 후반에 이미 거의 사라진 상태였다"라고 결론을 내렸다.[18] 그들의 논문에서 도표 2는 1886년, 1906년, 1938년, 1960년의 주당 소득 분포를 각각 인플레이션을 감안한 1886년 물가로 환산해 나타내는데, 전형적인 빈곤선에 해당하는 영국 노동자들, 즉 '일주일에 약 1파운드' 이하를 버는 가구들이 거의 소멸했다는 것을 보여준다.

버밍햄의 팡틴과 코제트가 살아가는 사회는 부르주아 딜을 채택하되, 900년 전통의 귀족 가문을 기리거나 1950년대 뉴욕의 도시계획가 로버트 모지스Robert Moses가 그랬듯 대대적 공공 사업을 벌여 도시를 디자인하지 않는 사회일 것이다. 그리고 이 사회는 방직 공장에서 일하며 자녀들을 먹여 살리는 방글라데시의 어머니, 이른 아침 참치 경매에 참여하는 도쿄의 구매자와 판매자, 자신이 계산한 장부를 꼼꼼히 재확인하는 신시내티의 회계 관리자, 전 세계의 정보를 더 쉽게 검색할 수 있는 방법을 찾아 연구하는 실리콘 밸리의 컴퓨터 프로그래머를 숭상할 것이다.

소비자들에게 원하는 것을 제공하고 그들이 지불할 수 있는 때 기꺼이 그 대가를 보상하는 체제가 좋은 체제다. 제프리 터커는 자신의 저서에서 "경제학은 단순히 돈을 버는 것이 전부가 아니다. 동시에 다른 사람들과 자신에게 가치 있는 일을 할 기회도 경제학에서는 중요하다"라고 서술한다.[19] 이와 반대로 '자본주의'의 비판자들이 생각하기에 사람들에게 그들이 '원해야 하는' 것을 제공하거나, 또는 사람들이 뭔가를 원하지만 그것을 얻기 위해 노력하는 희생 없이 남에게 부담을 전가한 채 마법처럼 거저 얻을 수 있는 사회는 끔찍하게 이기적인 체제다. 성 바울Saint Paul은 예수Jesus의 재림을 기다리며 빈둥거리는 데살로니가의 풋내기 성도들에게 일침을 가했다. "너희와 함께 있을 때 우리는 게으름을 피우지 않았으며 누구에게서든지 음식을 값없이 먹지 않았고 (…) 너희 아무에게도 폐를 끼치지 아니하려 함이니 (…) 우리가 너희와 함께 있을 때도 '일하기 싫어하는 자는 먹지도 마라'고 명했더니"(데살로니가 후서 3장 7~10절). 우리의 이상적인 사회는 자유주의 사회이며, 실제로 자유주의 사회는 사람들에게 부와 자유, 자존감을 안겼다. 그 반대는 사회주의, 파시즘, 포퓰리즘 등과 같이 한 집단을 다른 집단보다 이롭게 하고 결국 그 부담을 모든 구성원에게 지우는 국제 통제주의 사회다. 국가 통제주의하에서 사람들은 가난하고 비굴해졌다. 자유주의 사회에서는 마르크 샤갈Marc Chagall과 앙리 마티스Henri Matisse가 예술을 목적으로 창작한 작품이 시장에서 판매된다. 반대로 국가 통제주의 사회에서 화가들은 예술위원의 명을 받고 트랙터 운전자를 소재로 한 사회주의 현실주의 작품을 그린다. 둘 중 어느 그림을 선택할지 판단은 여러분의 몫이다.

실제로 시장은 목소리를 내기 힘든 사람들에게 발언권을 제공한다. 시장은 돈이 곧 발언권이므로 빈자든 부자든 달러 지폐 한 장은 똑같은 목소리를 낸다. 전체적으로 현대 경제 강국에서는 평범한 시민들도 큰 목소리를 낼 수 있어 월마트와 디즈니, 그 외 생필품 공급업자에게 아낌없는 이익을 안겨준다. 확실히 오늘날 미국의 풍력 발전과 사탕수수 재배, 에탄올 증류, 의료 등 정치적 수혜로 특정 집단이 입는 이익은 자유 사회에서의 민주적 욕구를 반영하지 않는다. 대신 이윤은 강제적인 정부 독점에서 발생하며, 여러분에게서 걷은 세금은 정치적 이해관계가 얽힌 특정 분야 종사자들에게 보조금을 주거나 여러분이 운영하는 기업의 진입 장벽을 높이는 용도로 쓰인다. 미국 의료 체계가 비용이 비싼 것은 강제적 독점의 거대한 집합체이기 때문이다. 사탕수수 생산이 대표 산업인 주 출신의 몇몇 상원의원은 규제를 명령해 미국의 설탕 가격을 다른 국가보다 2배로 비싸게 형성했다.

그러나 시장에 모이는 사람들에게는 선택의 자유가 있다. 자유인들이라면 파라오의 무덤 위에 피라미드를 세우지 않았을 것이다(실제로 일부 고고학적 증거에 따르면 이집트 피라미드를 지은 노동자들은 노예가 아니라 현금으로 보수를 지급받은 피고용인들이었다고 한다). 그러나 시장에 모인 사람들은 기꺼이 라스베이거스 스트립에 인공 피라미드를 세우고, 주어진 임금으로 일하라는 제안을 자발적으로 수용하고, 월급을 받으면 그 돈으로 문신을 새기든 블랙 잭을 즐기든 시장의 소비자로서 자신의 투표권을 행사할 것이다.

거만하고 노스탤지어에 빠진 식자층은 잘 알지도 못하면서 비민주적이고 냉소적인 태도로 일관하지만, 이쯤 해서 그만하길 바란다.

5장

인류의 삶은 이렇게 개선되었다

앞 장에서 설명한 모든 얘기가 통념과는 반대되니 참 머리도 아프고 의심이 가는 독자들도 있을 것이다. 그러나 1650년 올리버 크롬웰Oliver Cromwell은 반란을 진압하기 앞서 스코틀랜드 장로들에게 "간청하건대, 자신의 판단이 실수일 가능성이 있다고 생각해보시오"라고 최후통첩을 보냈다. 마찬가지로 우리도 여러분에게 간청하는 바다.

그러나 우리의 낙관론을 의심하면서 "경제 성장으로 환경이 파괴됐다"라고 주장할 사람도 있을 것이다. 그렇다면 환경이 처한 '실존적 위기'를 운운하는 온갖 통념이 아무리 반복되더라도 그 통념이라는 것이 잘못되지는 않았을지 생각해보길 바란다. 실제로 환경 지표는 규제 정책과 상업성이 검증된 개선을 통해 향상되었다. 이는 한스 로슬링의 자료에서 입증된다.[1] 1970년 전 세계의 공장 굴뚝 등을 통해 뿜어져 나오는 이산화황은 1인당 38kg이었다. 2010년에는 14kg으로 감소했다. 1970년 오존층 파괴 물질의 배출량은 총 166만 3,000톤이었다. 2016년에는 2만 2,000톤으로 감소했다. 1979년 유조선에서 유출되는 기름은 63만 6,000톤에 달했다. 2016년에는 6,000톤이었다.

더 많은 국가들이 부유해지는 만큼 환경 재난으로 인한 인명 피해도 갈수록 줄고 있다. 1900년의 갤버스턴 허리케인은, 현재 기준으로 보면 비참하게 가난했지만 그래도 당시 기준으로는 잘살았던 이 지역의 주민 약 8,000명의 목숨을 앗아갔다. 1930년대에는 재해로 인한 사망자가 매년 97만 1,000명이었다. 그러나 2010~2016년에는 그동안 세계 인구가 3배 이상 증가했음에도 재해 사망자 수가 연간 7만 2,000명으로 떨어졌다. 비록 터무니없을 정도로 과장된 가정으로 기후 변화로 인한 재난 관련 사망률이 넉넉잡아 10배 증가한다 쳐도, 여전히 1930년대보다는 훨씬 낮은 사망률일 것이다. 세상은 진보했다.

또 이번에는 "하지만 사람들은 이전보다 더 사회적으로 고립되지 않았는가?"라고 물을 사람도 있을 것이다. 이 역시 착각일 가능성이 있다고 생각하라. 카든이 지금까지 생애에서 목격한 가장 커다란 변화는 커뮤니케이션의 혁명이었다. 1980년에는 전 세계 인구의 0.0003%가 휴대폰을 사용했다. 그러나 2017년에는 65%였다. 1980

년에는 아무도 인터넷을 사용하지 않았다. 그러나 2017년에 인터넷 사용자는 세계 인구의 거의 절반을 차지했다. 그러면 "아하! 바로 그게 문제다! 스마트폰이 생기면서 사람들은 폰 화면만 뚫어지게 바라보게 되었다!"라고 응수할 수 있다. 글쎄, 맞는 말이다. 고령의 매클로스키는 미시간 애비뉴의 보도에서 조심성 없는 한 젊은이가 스마트폰에 열중하며 잰걸음으로 걸어가는 바람에 꽈당 넘어지는 걸 본 적이 있어서 그 점을 잘 이해한다. 그래도 스마트폰 덕분에 사회학자들이 말하는 '느슨한 유대 관계'가 '강력한 유대 관계'의 별다른 희생을 초래하지 않고 양적으로나 질적으로나 엄청나게 성장했다. 여러분도 여전히 어머니와 연을 끊지 않고 지내고 있지 않은가(그나저나 오늘 다들 어머니께 안부 전화하셨는지?).

상업성이 검증된 개선은 사회적 연결을 일부 파괴한다. 매클로스키는 1950년대에 TV가 보급되기 시작하면서 저녁에 격의 없이 이웃집을 방문하는 빈도가 현저히 줄어든 기억이 난다(다만 풀턴 쉰Fulton J. Sheen 대주교가 진행하는 쇼를 함께 시청하기 위한 방문이 증가한 건 제외하고 말이다). 그러나 그것은 사회적 연결의 '창조적' 파괴였고, 기존의 인간관계를 훨씬 다양하고 새로운 형태의 관계로 계속해서 대체해나갔다. 대도시화가 확산되기 전 과거에는 동네가 주민 수도 적고 주민들이 서로를 너무 잘 알아서 입장이 난처할 때가 많았다. 우물 안 개구리 같았던 옛날은 그다지 찬란하지도 않았을뿐더러 사실 말처럼 오래전 얘기도 아니다. 셔우드 앤더슨Sherwood Anderson이 19세기 말 자전적 삶을 그린 소설 《와인즈버그, 오하이오Winesburg, Ohio》에 나오는 가공의 작은 마을은 분위기도 음침한 데다, 나아가 그 음침한 시대는 인류의 긴 역사에 비춰보면 불과 얼마 지나지 않은 과거다.

문맹 탈출의 확산 추세는 인터넷의 확산이 그랬듯 우리 삶의 폭을 더욱 넓히는 데 중요한 역할을 했다. 1816년 노동자 계급 출신 시인인 존 키츠John Keats는 상상 속에서 "나는 황금으로 가득 찬 땅을 여러 군데 여행했지 / 대단한 왕국과 도시도 많이 구경했다네"라며 독서를 찬양하는 시를 썼다. 영어권 현대 문명 중에서 특히 인터넷과 록 음악의 유행은 프랑스어 사용자들에게는 힘 빠지는 소식이지만, 영어가 세계의 공용어로 부상하는 데 기여했다. 사람들은 서로 멀어지는 게 아니라 더 가까워지고 있다.

"하지만 세상은 이전만큼 안전하지 않다"라는 주장도 가능하다. 다시 말하지만, 이번에도 잘못된 생각일 가능성이 크다. 지구촌 뉴스를 보면 범죄가 만연한 것 같지만, 실제로는 대부분 지역에서 범죄 발생이 감소하는 추세다. 매클로스키는 97세의 모친에게 미시간 주 세인트 조셉에서 보낸 과거 시절보다 요즘 세계가 훨씬 불안하다는 인상을 주는 이유가, 광범위한 소식을 보도하는 현재의 언론과 달리 예전에는 지역 방화 사건이 정치적으로 민감한 경우라면 보도하지 않는 게 다반사였기 때문이라고 설득했다. (옛날에 가수 톰 레러Tom Lehrer는 이런 노래를 불렀다. "마을에 한 멍청이가 있었지 / 정말 안타깝게도 / 그저 화염이 보고 싶으면 집을 불태우던 그를 / 누구도 막을 수 없었네 / 시장의 아들이니까… / 나는 이런 곳에서 자랐지.") 요즘은 전 세계적으로 "피가 튀어야 화제가 된다if it bleeds, it leads"가 언론계의 불문율이 되었다. 전 세계 어디든 여객기 추락 사고가 발생하면 이를 질릴 때까지 반복해서 보도하는 CNN을 보라. 사흘 연속 보도는 기본이다. 그러나 알 건 다 아는 사람이라면 누구든 스마트폰에 집중하며 걷다가 자동차에 치이는 것보다 비행기 추락 사고를 경험하는 경우가 극히 드물다는 것을 알고 있다.

미국에서 생면부지의 유괴범에 의한 아동 납치 사건은 1960년 이후 급감했지만, 국내외 언론 보도를 보면 점점 더 아동 납치 사건이 심각해지고 있다는 인상을 준다. 그 잔상이 부모들의 머릿속에 남아 아이들의 성숙을 방해하는 결과를 가져왔다.[2] 이 방해는 자유주의에 반하는 과보호의 한 예로, 성인만큼 아이들에게도 악영향을 미친다. 1950년대 매클로스키는 토요일이면 부모님이 "나가서 놀다가 가로등이 켜질 때쯤에는 집에 와라"라고 말했던 기억이 난다. 요즘 같으면 아동 학대 예방 센터가 출동할지 모를 일이다.

뜬소문도 지구촌 전역으로 퍼지는 요즘 시대에 사람들은 매일 세계 반대편에서 벌어지는 끔찍한 소식을 듣고 공포심에 휩싸이는데, 이는 포퓰리스트 폭군 세력이 융성할 빌미가 되기 십상이다. 1990년 당시 인구가 2억 5,000만 명에 못 미쳤던 미국에서 약 1,450만 건의 범죄가 보도되었으나 인구수가 약 3억 2,500만이 된 2016년에는 950만 건 미만이었다.[3]

이번에는 "하지만 인간은 성장을 일으키느라 더 섬세한 감수성을 희생해야 했다"라는 항변을 예상할 수 있다. 다시 말하지만, 한스 로슬링과 그의 공저자들의 낙관적 통계를 바탕으로 한다면 이 주장도

당신이 모르는 자유주의

정말이지 완전히 틀렸다. 도서 시장에는 매년 230만 권의 신간이 쏟아져 나오고 있으며, 그중 30%가 세계 공용어인 영어로 출간된다. 사실 대부분 책은 졸작이지만, 그중 딱 100만 분의 1에 해당하는 2.3권 정도는 걸작이다(하하, 하지만 한 번에 20만 타이틀 정도의 재고를 확보할 수 있고, 그마저도 대부분 오래된 도서를 취급하는 반스앤노블이 매클로스키의 명저를 '전부' 취급하지 못하는 것은 어쩌면 당연하다. 안타깝도다). 도서 시장은 대풍요 이후 활력을 얻은 예술과 과학계에서 현기증 날 정도로 쏟아져 나온 신문물 중 역사가 깊은 축에 속한다.

1760년에는 새로운 음악을 녹음할 기술이 전혀 없었으므로 일반인들이 세계 최고의 음악가를 접할 기회도 없었다는 점은 두말할 나위 없다. 1860년에야 음악을 감상할 '한 가지' 방법이 생겼다. 사람들은 야샤 하이페츠Jascha Heifetz 같은 거장이 아닌 동네 바이올리니스트의 연주를 들으며 만족했다. 좋은 점도 있지만 안 좋은 점도 있었다. 그들은 케네스 브래나Kenneth Branagh가 연기한 〈헨리 5세〉 대신, 마치 허클베리 핀의 사기꾼 친구들이 왕과 공작 행세를 하듯 지역 배우가 펼치는 셰익스피어 희곡 공연을 접했다. 이른바 '기술 복제 시대'의 후기인 2015년에는 620만 1,002장의 새로운 음반이 출시되었다.

1906년에는 신작 장편 영화가 한 편 개봉했다. 좋다고 치자. 하지만 2016년에는 할리우드, 그리고 특히 발리우드를 중심으로 1만 1,000편의 신작 영화가 쏟아져 나왔다. 세상 더 좋아졌다. 과학은 또 어떤가? 로슬링 팀의 조사에 따르면 학술 논문의 발표 건수는 1665

년 119건에서 2016년 255만 건으로 증가했다고 한다. 자작곡도 만들 수 있다. 1962년에는 전 세계적으로 100만 명당 200명꼴로 기타를 소유했다. 반면 2014년에는 1만 1,000명이 되었다(매클로스키도 몇 년째 방구석에서 놀고 있는 기타 한 대를 가지고 있으며 역시 방치 중이긴 하지만 아코디언, 틴휘슬, 리코더, 피아노, 우쿨렐레, 하모니카, 만돌린도 있다. 카든은 코로나19 이후 다시 기타를 집어 들었다). 게다가 스트리밍 서비스의 등장으로 누구든지 인터넷에 접속하면 클래식 음악, 제인 오스틴Jane Austen 원작의 영화, 기타 고급문화 상품도 월회비 몇 달러만 내고 무제한으로 즐길 수 있다. 1950년대 이후 녹화된 뉴욕 메트로폴리탄 오페라 공연은 모두 온라인에서 감상할 수 있다.

다음으로 예상되는 반론은 "그러나 세계의 가난한 사람들이 희생양이 되었다"라는 주장이다. 강조하건대 우리는 이렇게 주장하는 사람들이 자신의 깊은 착각을 인정할 때까지 계속해서 단단히 일러두고자 한다(그들은 이런 착각 때문에 교회 지하의 노숙자에게 아침 식사를 제공하거나 구세군에 돈 한 푼 기부한 적 없어도 스스로 자비롭고 진보적인 줄 안다). 아니, 아니다. 무엇보다도 인류의 번영을 위해서는 억만장자에게 요트 한 대 더 생기는 것보다 충분한 음식을 섭취하는 것이 더 중요하다는 점을 고려할 때, 빈곤층은 대풍요의 가장 큰 수혜자였다. 또 대풍요는 유럽과 그들의 해외 식민지에서 시작되었을지언정 결과는 그곳에 국한되지 않았고 자연스럽게 더 널리 확대되었다. 1960년에 훨씬 더 확장세를 보이다가 이제는 다른 나라에 자리를 내줄 정도여서 방글라데시 같은 여러 극빈국들조차 급속도로 발전하고 있다. 최근 방글라데시는 니트웨어의 활발한 수출과 작물 생산의 녹색 혁명에 힘입어 1인당 실질 GDP가 연간 6.25% 증가했다(진보주의자들은 강하게 부정한다). 로슬링 팀은 1972년 방글라데시가 독립할 당시 여성의 평균 자녀 수는 7명, 영유아 생존율은 80%, 출생 시점에서 기대 수명은 52세였다고 지적했다. 한편 오늘날 방글라데시 여성의 평균 자녀 수는 2명, 영유아 생존율은 97%, 출생 시점에서 기대 수명은 73세다.

우리 두 필자와 모든 분별 있는 사회과학자들처럼 로슬링과 그의 공저자들도 대풍요의 요동으로 인류의 삶이 개선된 예를 다양하게 제시한다. 보건과 관련해서 로슬링은 20세 이전에 암 진단을 받은 청소년의 5년 생존율이 최선의 치료를 받았다는 전제하에 1975년에는 58%였지만 2010년에는 80%였다고 밝혔다(과연 공중보건학 교수다운 사례 제시다). 1980년에는 깨끗한 상수원을 이용할 수 있는 인구가 전 세계에서 58%를 차지했으나 2015년에는 88%로 확대됐다. 1986년에는 유연 휘발유를 허용한 국가가 세계의 거의 대부분인 193개국이었지만 2017년에는 3개국에 불과했다.

그리고 현대 사회의 진보의 핵심인 문맹 퇴치가 가속화되고 있다. 광틴이 현대에 살았더라면《팩트풀니스》또는 여러분이 들고 있는 이 책을 읽으러 도서관을 이용할 수 있으며, 또는 분명 스마트폰도 갖고 있을 테니 다른 고상한 콘텐츠를 이용해서도 교양을 쌓을 수 있다. 1800년에는 전 세계 성인의 10%만이 기본적인 읽고 쓰기가 가능했다. 그러나 이 수치는 2016년에 86%로 증가했다. 실제로 여자아이 가운데 초등학교에 진학하는 비율은 전 세계적으로 1970년 65%에서 2015년 90%로 증가했다. 로슬링은 문맹 탈출을 "인류 진보의 숨겨진 기적"이라고 부른다.[4] 그렇다. 그리고 단순히 먹고사는 걸 넘어서 자기 수양으로 가는 길이다. 우리는 이를 영적 성장이라 부르고 싶다.

경제사학자 존 나이John Nye가 말했듯이, 여러분이 서기 1200년(아니면 기원전 1200년이라 가정해도 좋다) 왕의 만찬에 귀빈으로 초대받았다고 상상해보자(물론 초대될 가능성은 희박하다. 카든, 매클로스키, 존 나이의 조상들처럼 여러분도 문맹이고 밭을 일구며 거름으로 얼룩진 비천한 농노 신분이었을 가능성이 크기 때문이다. 아니면 그 전에 일찌감치 요절했을지도 모른다).[5] 비록 누가 봐도 신선도가 의심스러운 고기는 조금이라도 부패를 늦추려 소금을 치고 온갖 향신료를 동원해 쉰내를 감췄겠지만, 그래도 다양한 육류를 먹을 수 있는 기회다. 제철 과일과 채소, 넉넉한 빵, 밀주와 와인, 약간의 달콤한 디저트도 맛볼 수 있다(그러나 당시 유럽에서 그 단맛은 밀주처럼 설탕이 아닌 꿀로 낸 단맛이었고, 꿀을 구하기도 어려웠을 것이다).

좋았던 옛 시절의 왕에게 어울릴 법한 성대한 잔치다. 그러나 웃기게도 요즘 뷔페 체인 골든 코랄Golden Corral에서 저녁에는 약 15달러, 점심에는 그보다 더 저렴한 가격으로 먹을 수 있는 식사량과 비교하면 성에 안 찬다. 게다가 언론의 자유와 시장 진입의 자유가 보장된 요식업계인 만큼, 식중독 사건이 발생하면 사업 매출에 직격타를 입는다는 점을 감안할 때(2015년 식중독 사태로 휘청거렸던 패스트푸드 기업 치폴레Chipotle 스캔들을 떠올리길 바란다) 골든 코랄의 음식이 더 위생적이고 안전하다. 골든 코랄의 요리사와 종업원들은 당연히 손을 씻는다. 하지만 1200년 왕가의 궁중 요리사들은 손을 씻었을 리가 없다. 골든 코랄에서는 우리 증조부모 세대는 써보지 못한 에어컨도 틀어준다. 1200년에 왕이 누린 최선의 호사는 하인이 곁에서 부채질을 해주는 것이었다. 오늘날 사람들은 식사 후 신용 카드로(중국이라면 스마트폰으로) 15달러를 결제하고, 에어컨이 설치된 자동차에 올라타고(중국이라면 전기 스쿠터를 타고), 매클로스키의 《부르주아의 평등》 오디오북을 청취하며(중국이라면 검열로 이용 불가) 운전해, 자기가 사는 깨끗하고 냉방 잘 되는 멀티룸 아파트(중국의 대도시라면 10평대에 한 달 2,000달러 상당)로 향할 것이다. 과거 왕은 잔치가 끝나면 유리창 없는 벽돌 방으로 돌아갔다. 반면 요즘 사람들은 루이 14세가 프랑스 국고의 금화를 탈탈 털어도 살 수 없었던 전동 칫솔로 이를 닦고 잠자리에 든다.

집에서 달걀 3개를 풀어 만든 시금치 오믈렛, 땅콩과 우유를 넣은 오트밀 한 그릇, 바나나 등으로 즐기는 든든한 아침 식사를 생각해 보자. 방금 여기서 '든든한'이란 표현을 썼다. 하지만 1900년에 일반인이 이렇게 식사했다면 거의 기적에 가까운 호사였을 것이다. 현재 아마존에서 파는 유명 브랜드 기준으로 한 끼 가격은 약 2달러(여기에 가스비와 조리 시간에 따른 기회비용 추가)가 된다. 하루 세끼를 이렇게 거하게 식사하면(권장하는 바는 아니지만) 6달러에 약 2,300킬로칼로리를 섭취한다는 결론이 나온다. 결국 4인 가족이 하루 식량을 마련하는 데 필요한 비용은 24달러, 노동량으로 치면 연방 최저 임금으로 약 3시간 30분, 또는 미국 중위 임금으로 1시간 조금 넘는 시간에 해당한다. 최저 임금 노동자는 자기 가족이 소박하게나마 일용할 빵값을 점심시간 이전에 벌 수 있는 셈이다. 그리고 중위 임금층에 속하는 직장인이라면(인구 절반은 소득이 자기보다 위, 절반은 아래에 있는) 두 번째 모닝커피를 다 마시기 전에 같은 액수를 벌어들인다.

과거의 인류는 생계를 유지하기에 충분한 칼로리를 섭취하기 위해 오랜 시간 투쟁해왔고 그 투쟁에서 패한 적도 많았다는 점을 감안하면 오늘날의 식비는 기적과 같은 수준이다. 역사학자 그레이엄 롭Graham Robb은 그나마 여건이 개선된 19세기에도 프랑스 시골의 빈곤이 얼마나 심각했는지를 자세히 설명한다. 부르고뉴의 포도원 농부들은 비유법이 아니라 말 그대로 겨울 내내 겨울잠을 잤다. 1844년 당시 한 공문서에 따르면 "이 원기 왕성한 남성들은 이제 온기를 유지하고 식사량을 줄이기 위해 몸을 꽁꽁 싸매고 침대에서 가만히 하루를 보낸다"라고 기록되었다.[6] 시민들이 빵이 없어 굶주리고 있을 때 마리 앙투아네트Marie Antoinette가 "케이크를 먹게 하라"라고 말했다는 속설이 전해진다. 반면 21세기 부르주아 딜을 채택한 국가의 시민들은 먹을 빵과 케이크가 너무 많아서 문제다.

다음으로 짚고 넘어갈 반론은 "하지만 과거의 생활은 한결 느림의 미학이 있었다"라는 것이다. 우리의 궁핍한 조상 세대는 요즘 사

당신이 모르는 자유주의

람들이 갈망하는 '단순한 시대'를 살았으므로 더 천천히 움직여야 했던 건 맞다. 그러나 그들의 느림은 전반적으로 농업 생산성이 매우 떨어지는 세계에서 에너지를 아끼려는 것이 주된 이유였지, 유유자적한 전원생활 때문은 아니었다. 롭은 19세기 프랑스 농업에 관해 "느림은 그 순간을 음미하려는 목적이 아니었다"라고 서술한다.[7] 경제학자들은 세계 최빈곤층의 농부들이 돈보다 에너지가 먼저 고갈되는 경우가 많았다는 것을 오래전부터 잘 알고 있었다. 특히 말라리아와 수면병 등 기력이 쇠약해지는 병에 걸린 경우라면 더 그러했다.[8] 집으로 향할 때면 농부들은 녹초가 되고 발걸음이 무거웠다. 롭은 "몇 시간을 걸어 겨우 논밭에 도착한 농부는 아침 안개가 드리운 절경에 감탄할 여유가 없었다. (…) 수레 한 대 분량의 거름을 드넓은 논에 흩뿌리며 하루를 버티려면 되도록 적은 힘을 들여 에너지를 유지하도록 해야 했다"라고 설명했다.[9] 1879년 프랑스의 문학사학자 이폴리트 텐Hippolyte Taine은 당시 생활상을 "사람들은 물이 턱까지 차오르는 호수를 건너듯 생활했다"라고 한마디로 정리했다.[10] 《레 미제라블》의 장 발장이 마리우스를 등에 업고 파리의 하수구를 건너는 장면을 연상해보라. 한 걸음 잘못 내딛다간 물에 빠질 수 있었다.

생활 수준이 정말 유의미하게 개선되기까지는 시간이 걸렸다. 한스 로슬링의 모국이자, 1860년대에 자유주의를 채택한 후 일본을 제외하고 세계에서 가장 경제 성장이 빨랐던 스웨덴조차 느림을 추구하는 생활 방식엔 여전히 변함없었다. 《이주민들The Immigrants》 등으로 유명한 소설가 빌헬름 모베리Vilhelm Moberg는 1910년경 자신의 어린 시절은 여름만 추억으로 남아 있다며 다음과 같이 회상했다. "겨울에는 말 그대로 칩거 생활을 했다. 벽난로 옆에서 꾸벅꾸벅 졸기도 하고, 겨울이 긴 만큼 밤도 길어 긴 시간 동안 쥐 죽은 듯 잠만 잤다. 어린아이로서는 천장 낮은 깜깜한 오두막집에서 보내는 적막하고 심심한 일상이었다."[11] 휴일의 캠핑도 썩 재미있는 선택이 아니었다. 겨울에 밖에서 놀 때 입을 만한 방한복은 가난한 아이들이 감당하기엔 너무 비쌌기 때문이다(스웨덴인들은 "날씨에 안 맞는 옷차림이란 것이 있을 뿐, 나쁜 날씨란 것은 없다"라고 말한다). 겨울에는 전기로 불을 밝힐 수도 없었다. 아이들은 일산화탄소가 자욱한 오두막집에서 몽롱하게 잠에 취했다.

부는 가난한 사람들이 처한 위험을 줄인다. 영광스러운 르네상스 시대의 이탈리아 피렌체(플로렌스) 시민들은 약 5년마다 기근 물가famine price(공급 부족으로 인한 가격 폭등-옮긴이)를 경험했다.[12] 반면에 켄터키주 플로렌스나 앨라배마주 플로렌스에서는 원주민 시대 이후 아직 기근이 발생한 적이 없다. 르네상스 시대에 이탈리아 피렌체의 예술가와 엘리트 지식인 중 한 명으로 산다는 것은 확실히 흥미진진하겠지만, 만약 여러분이 실제로 그들 입장이었다면 가난하거나 병들거나 일찍이 죽었을 것이다. 물론 자동차가 탄생하기 이전의 도시 빈곤층은 자동차 배기가스를 들이마실 일은 없었다. 대신 박테리아가 득실거리는 말의 분뇨를 흙먼지와 함께 흡입했을 것이다.[13]

다시 말하지만 빈곤층이 가장 큰 승자다. 루이 14세는 어차피 본인이 내키지도 않았겠지만 그래도 만약 오늘 먹은 저녁 식사를 기록으로 남기고 싶었다면, 노트북으로 글을 쓰거나 트위터에 올릴 수 없었던 대신에 필경사에게 자신의 말을 받아쓰도록 지시했을 것이다. 경제학자 조지프 슘페터Joseph Schumpeter가 1942년에 지적했듯이 전기 조명은 심지 다듬는 도구와 하인을 둬 값비싼 양초를 계속 사용할 여력이 되는 귀족에게는 별 '대단한 혜택'이 아니었다.[14] 페라라 공작은 다음과 같이 말할 수 있는 호사를 누렸다. "저 벽에 걸린 그림은 내 전처라오 / 마치 살아 있는 듯하구려. 내가 보기에 / 정말 걸작이오. 판돌프 수사의 손길이 / 어느 날 바쁘게 움직이더니 저기에 그녀가 정말 서 있는 게 아니겠소." 그러나 이제는 평범한 사람들도 이와 거의 비슷하거나 버금가는 여유를 즐길 수 있다. 가령 뉴욕 5번가 1220번지에 있는 미술관 프릭컬렉션Frick Collection 관람은(꼭 보러 가시길 권한다), 적어도 우리 같은 하층민들에게는 본인의 명령으로 교살당한 지 얼마 안 된 전처의 프레스코 그림을 개인 소유하는 것보다 꽤 훌륭한 대체재다.

6장

비관주의적 예측 방식은 한물갔다

칼럼니스트 조나 골드버그Jonah Goldberg는 2018년 저서《서구의 자멸 Suicide of the West》에서 '극도로 비관적인 주장'으로 포문을 연다.

— 자본주의는 섭리에 반한다. 민주주의도 섭리에 반한다. 인권도 섭
리에 반한다. 오늘날 우리가 사는 세상 자체가 섭리에 반하며, 우
리는 어쩌다 보니 우연히 이 세계에 떨어졌다. 자연 상태의 인류는
끔찍한 폭력으로 얼룩진 빈곤 속에 살다가 끝내 요절하고 만다. 아
주 오랜 역사 동안 이러했다.[1]

마지막 대목은 분명 사실이지만, 자유주의는 섭리에 반한다거나 그

에 내포된 불안정성은 사실이 아니다. 일단 지니가 램프에서 나오자 사람들은 지니가 대풍요를 줄 수 있다는 것을 깨닫게 되었다. 자유를 향한 본능은 매우 오래전부터 인간의 유전자에 자리 잡고 있었다. 역사의 대부분 시기 동안 수렵 채집인들은 자유를 즐겼다. 그러나 농경 사회로 진입하면서 왕정과 계급제가 생겨났다. 그러다가 최근에야 인간은 왕정과 계급제를 철폐해도 괜찮다는 것을 깨달았다. 그러나 우리가 앞서 말했듯이 인간은 자꾸 그 점을 잊어버려 백성들에게서 수확물의 10% 이상을, 그리고 요즘 같으면 35% 이상을 거둬가는 한이 있어도 왕의 옹립을 요구했던 고대 이스라엘인의 사고방식으로 되돌아가곤 한다. 골드버그는 조지 오웰이 《1984》에서 인간의 얼굴을 영원히 짓밟는 부츠를 경고한 것과 유사하게 새로운 자유주의를 옹호하는 차원에서 경계심을 품을 것을 권고한다. 경계심을 갖는 것도 좋지만, 비관주의는 거부해야 한다.

우리 필자의 친구이자 스승인 경제사학자 더글러스 노스Douglass North도 2005년 저서 《경제변화과정에 관한 새로운 이해》에서 다음과 같이 썼듯 비관주의적 성향을 종종 드러내곤 했다.

— 경제사는 인간의 오판으로 기근, 굶주림, 패전, 죽음, 경기 침체와 하강 국면, 심지어 말 그대로 전체 문명의 멸망까지 이르는 우울한 이야기들로 점철되어 있다. 그리고 이 이야기가 순전히 역사로 끝난 게 아니라는 것을 오늘날의 뉴스를 아주 대충만 살펴봐도 알 수 있다. 그러나 지난 몇 세기 동안의 엄청난 경제 성장이 증명하듯이

분명 때로 우리는 위기를 잘 헤쳐나갔다. 그러나 현재도 지속되고 있는 이 성과는 절대 필연적인 결과가 아니다.[2]

그래도 대풍요가 찾아왔고 섭리에 반하든 아니든 지금도 풍요는 현재 진행형으로 보인다. 풍요는 물론 필연적이지 않다. 세계는 1914년 이후 한동안 그랬듯이, 한때의 베네수엘라처럼 '사회주의를 시도'하거나 무역과 이민을 차단함으로써 '국가를 보호'하려는 등 좌우 양쪽의 광풍으로 풍요를 망칠지 모른다. 그러나 그런 일이 일어나지 않고서야 풍요는 계속될 것이다.

빈곤을 피할 수 없다는 비관주의자들의 끝없는 한탄과 반대로, 우리는 빈곤을 피할 수 있다고 믿는다. 1800년 이후 6차례의 대규모 금융 위기가 닥쳤을 때마다 이제 성장은 끝났다느니, 소비주의, 착취, 성숙기에 다다른 경제, 환경 파괴, 필연적인 불평등으로 사회에 망조가 들었다느니 등등 흉흉한 이야기로 전체 분위기가 가라앉곤 했다. 그러나 상업성 검증을 거친 사회 개선이 멈추지 않자 그들이 틀렸다는 것이 입증되었다. 영국의 역사가이자 자유주의자인 토머스 배빙턴 매콜리Thomas Babington Macaulay는 1830년에 이미 정확한 대답을 내놓았다.

— 우리 역사를 돌이켜보면 오직 발전밖에 없었는데, 앞으로 퇴보만 남았다고 예상하는 것은 어떤 근거에서인가? 1930년이 되면 현시대의 영국인보다 더 잘 먹고, 잘 입고, 잘사는 5,000만 인구가 이

당신이 모르는 자유주의

섬나라에 가득할 것이라고, 서섹스와 헌팅던셔가 현재 요크셔 웨스트라이딩의 가장 부유한 지역보다 더 잘살 것이라고, 신중한 계획을 거쳐 제작되었지만 세상에 알려지지 않은 기계들이 훗날 모든 가정에 보급될 것이라고 예언한다면 많은 사람이 말도 안 되는 소리라며 손가락질할 것이다.[3]

비록 매콜리가 휘그당원Whiggish, 자유주의자, 부르주아, 진보 성향, 통속적인 사회 개선 찬성론자이지만, 그는 1930년 영국 인구에 대해서도 딱 맞게 예측했다. 매콜리 시대 이후 약 1세기 후에 분리된 아일랜드를 포함한다면 그의 예측은 오차가 2%도 안 된다.

매 위기 이후에 등장하는 비관주의와 반휘그주의 경제 전문가들(신문 편집자들 사이에서는 보통 '비관론적인 글을 써서 팔아먹는 사람들gloomsters'이라고 불린다)조차도 지금껏 인류가 50~100년 걸려 달성한 성장세를 보면, 이제 남아공, 브라질, 아이티, 방글라데시와 같은 중하위권 소득 국가들도 이미 놀라운 평균 실질 소득 수준에 먼저 도달한 수많은 부국들을 따라잡을 수 있다는 예측을 부정하지 않는다. 비관론자 중에서도 노벨상 수상 경력의 에드먼드 펠프스Edmund Phelps는 많은 선진국이 역동성을 잃었다고 믿는다.[4] 그러나 20세기 후반 이후 중국과 인도는 예전보다 훨씬 더 자유 시장 경제에 가까워진 만큼 급속히 선진국을 따라잡고 있으며 1인당 연간 약 6% 성장률에 달하는 두드러진 역동성(그리고 상당한 변화)을 보여주고 있다(중국의 경제 성장률은 매년 꾸준히 10%가 넘었다). 세계의 1인당 평균 실질 소득은 매년 약 2%씩 빠르게 증가하고 있다.[5] 대단한 수치로 들리지 않겠지만 복리라서 상승 기세가 거침없다. 그 결과 이른바 역동성이 부족하다는 선진국으로 건너가 사회를 개선할 방법을 고안하는 과학자, 디자이너, 작가, 음악가, 엔지니어, 기업가, 그리고 평범한 사업가의 수가 엄청나게 증가할 것이다. 전 세계가 성장하는 가운데 자국이 더욱 번영하기 위해 '경쟁'해야 한다는 중상주의 사고방식이나 경영대학원의 가르침을 믿지 않는 한, 펠프스가 말한 비역동적 국가들의 물이 새는 배도 다시 수면 위로 떠오를 것이다.

1800년 이후 세계 경제에 어떤 일이 있었는지, 그리고 향후 50년이나 100년 동안 상업성 검증을 거친 개선에 대해 어떤 일이 일어날지 충분히 이해하려면 잠시 멈추고 '72 법칙'에 대한 설명을 듣는 것이 좋겠다. 공부를 좀 했다는 사람이면 다들 아는 법칙이다. 이 법칙은 예를 들어 1인당 실질 소득이 연 1%씩 증가한다면 약 72년 후에 2배가 된다는 것이다. 계산하기 전까지는 확실히 알 수 없다. 완만한 성장률을 보인 국가들을 보니 결과가 그렇게 나왔다. 계산기를 꺼내 원래 값에 1.01을 72번 곱하면 사실인지 확인할 수 있다.

이 법칙에 담긴 함의는 어떤 것이 성장 속도가 1%가 아닌 2%로 '2배' 빨라지면 그것이 2배가 되기까지 걸리는 시간은 절반으로 단축된 36년이 된다는 것이다(우리가 말했듯이, 세계 1인당 소득이 2배로 증가하는 속도를 가장 보수적인 값으로 예측한 것이다). 남보다 2배로 빨리 달리는 주자는 결승선에 절반의 시간 내에 도달할 것이며, 72의 절반은 36이다. 비슷한 원리로 1년에 3%씩 성장한다면 3분의 1인 24년 만에 2배가 될 것이다. 마찬가지로 4%씩 성장하면 4분의 1인 18년 만에 2배가 될 것이다. 계속 그런 식이다. 그러면 기본 공식은 매년 i%씩 성장하는 것은 72/i년 후에 2배가 된다고 정리할 수 있다. 72 법칙의 근사치는 성장률이 매우 높은 경우에는 정확도가 떨어진다. 가령연 72%로 성장한다면 1년 만에 2배로 증가하지 않을 것이다. 하지만여기에서 언급하는 성장률, 즉 연 2%나 7%, 12%라면 충분히 적용할만하다.

그렇다면 이제 적용해보자. 전 세계 인구의 37%인 중국과 인도 인구를 합쳐 연간 1인당 실질 소득 증가율이 9%라고 본다면, 세계 나머지 국가가 말 그대로 성장률이 '제로'가 된다 해도 전 세계 1인당 실질 소득의 연평균 증가율은 0.37×9, 즉 3.3%가 되므로 1950~1972년의 침체 및 전쟁기로부터 경기가 반등하고 전후 호황에 이르던 때보다 조금 더 빠른 속도다. 나머지 국가들이 1973~2003년과 같은 완만한 속도로만 성장해도(즉 개선된 삶의 질을 고려하지 않고 전통적 방식으로 측정한 1인당 연 1.56%) 중국과 인도의 경이로운 성장세를 참작한 전 세계 결과는 인구 비율이 변치 않는다는 가정하에 연간 (0.37×9.0)+(0.63×1.56)=4.3%라는 역사상 가장 높은 수치가 도출된다.[6]

전 세계적으로 가령 1인당 연 4%라는 다소 낮은 성장률이 지속되더라도 규모의 경제 원리에 따라 혁신도 더욱 가속화되면서 한 세대도 안 되는 짧은 기간 내에(다시 설명하자면, 72를 4로 나눠서 18년이다) 세계 평균의 물질적 후생이 2배로 증가할 수 있다. 그렇게 두 세대(36년)가 지나면 4배가 될 것이다. 그러면 전 세계 평균 실질 소득이 노르웨이 규모 이상의 국가 중 세계에서 가장 높은 1인당 소득 수준을 한 세기 훌쩍 넘게 유지해온 국가인 미국이 2012년 달성한 수준으로 올라갈 것이다. 이 정도면 훌륭하다. 그리고 환경이나 인류가 직면한 모든 문제를 해결하는 데 도움이 될 것이다.

세계가 전쟁이나 혁명에 영구적으로 빠져들어 황금알을 낳는 거위를 죽이지 않는 한, 당장 전 세계 1인당 소득의 급격한 성장세를 막을 요인은 우리 세대에도, 다음다음 세대까지도 나타나지 않을 것이다. 이후 2120년에는 모든 인류가 지금의 미국인보다 2배나 부유해질 것이며, 수백 배 더 많은 엔지니어와 기업가가 원자력 발전과 이산화탄소 포집 기술을 개선하기 위해 구슬땀을 흘리고 쓰레기를 생분해성 플라스틱으로 만드는 작업을 연구하면서, 인류는 성장의 한계에 대한 생각이 바뀌게 될 것이다.

부르주아 딜의 수용 여부에 상관없이 작금의 세계에 72 법칙을 적용해보자. 중국과 인도 같은 지역은 부르주아 딜을 정책적으로 급속도로 수용하면서 매년 6%씩 성장하며 소득 수준은 (72를 6으로 나눈) 약 12년 만에 2배로 증가한다. 중국의 시진핑Xi Jinping 주석이 반체제 인사들을 탄압하기 전에 종종 달성했던 12% 성장률이라면 불과 6년 만에 가능하다. 요즘 중국 도시들을 보면 놀라울 정도로 현대적이다. 6년 만에 2배로 성장하면 24년, 즉 한 세대 안에 이와 같

당신이 모르는 자유주의

은 속도로 삶의 질과 국력이 향상되는 과정을 4번(2×2×2×2=무려 16) 목격할 수 있는 셈이다. 중국은 이를 해냈고, 인도는 속도가 조금 더 느릴 뿐 역시 현재 진행형이다. 두 나라 모두 매클로스키가 아직 학생이던 1960년대에는 희망이 없어 보였다. 더 일찍이 추격세를 보인 국가들의 사례를 찾자면 19세기 후반의 스웨덴과 일본, 20세기 중후반의 아일랜드와 대만이 있다. 다시 말해 중국의 성과는 규모 면에서 독보적이지만 중국만 이러한 성과를 거둘 수 있는 건 아니라는 얘기다. 이른바 '중국형 모델'을 논하는 것은 혼란을 야기하는 발상이다. 그러나 분명한 점은 중국과 인도가 할 수 있다면 대국이든 소국이든 자유 경제 정책을 채택하기로 결심한 어느 국가라도 해낼 수 있다는 것이다. 부르주아 딜은 적수가 없다(우리는 브라질과 남아프리카의 정치인들에게 부디 경제사의 교훈을 깨닫기를 간청하는 바다).

세계은행에서 예측하듯이 중국이 2030년까지 1인당 연 4%의 완만한 성장률을 기록하더라도 결과적으로는 전 국민이 지금보다 거의 2배 풍족한 생활을 누리게 될 것이다. 2008년 중국 경제 전문가인 드와이트 퍼킨스Dwight Perkins와 토머스 로스키Thomas Rawski는 중국이 2025년까지 연 6~8%씩 성장할 것이며, 그때쯤이면 평균적인 중국인의 생활 수준이 1960년대 미국인의 평균 수준과 맞먹을 것이라 내다봤다. 사실 2020년 현재로서는 얼마 안 남았다.[7] 1950~1970년대에 반자유주의적 집산주의를 실험한 중국과 인도는 그동안 끔찍한 통치 체제를 경험했다. 중국인이나 인도인, 아프리카인, 라틴 아메리카인이 유럽인보다 항상 무능할 수밖에 없다는 유전적 논거는 분명 신빙성이 없다. 마오쩌둥식 공산주의와 간디식 규제주의는 부르주아 딜의 반대말인 볼셰비키 딜Bolshevik Deal이었으니, 그 기치는 다음과 같다. "나는 독재 전문가로서 어젯밤에 마침 예산을 낭비하기 좋은 몇몇 국책 사업을 생각해냈으니, 이를 집행할 수 있도록 당신들에게 물리적 공권력을 행사해야겠다. 그렇게 여러분을 가난하게 해주겠다." 그래서 마침내 1978년 중국과 1991년 인도는 지역의 관료들에게 적정 수준의 뒷돈을 쥐어주는 악습을 끝내고 개방 경제로 전환해, 원하는 때와 장소에 자기 상점과 공장을 열도록 허용함으로써 얼마든지 선진국을 따라잡을 수 있는 길을 열었다. 1880년대 대화재 직후의 시카고를 연상시킨다. 퍼킨스가 일찍이 1995년에 지적했듯이 "중국 정부가 그러한 상업 활동을 금지하기를 그만두자 (…) 상점, 식당, 기타 많은 서비스 업체가 도처에 문을 열었다. (…) (왜냐하면) 중국은 (…) 거래와 자영업이 활발했던 과거 상업 국가로서의 면모를 아직 잊지 않았기 때문이다."[8]

사람들은 부르주아 딜이라는 희곡 3부작 시리즈에 찬성표를 던졌다. "1막에서 여러분은 모두 우리 같은 중산층, 그리고 신문을 배달하던 에디슨이나 직공의 아들 카네기처럼 노동자 계급 출신을 포함한 모든 중산층을 간섭하지 말고 내버려둬야 한다. 저가에 사서 고가에 파는 상행위를 마음껏 하고 우리가 어떤 일을 하기 위한 더 좋은 방법을 생각해낼 수 있게 자유를 허하라. 아마 천재들이 모인 미 정부에서 고안하는 산업 정책보다 우리 중산층의 자율성이 좀 더 효과적일 것이다. 우리가 성공하면 이윤을 갖게 해줘야 한다. 대신 실패하면 우리는 어쩔 수 없이 손실을 받아들일 것이다(아, 솔직히 정부가 나랏돈을 풀어 우리를 구제하는 대책을 세워주면 좋겠지만). 그리고 내심 더 껄끄럽기는 하지만 우리는 2막에서 다른 방해꾼들이 시장에 진입해 우리와 경쟁하게 된다는 것을 깨닫는다(아, 솔직히 정부가 특허나 규제로 우리에게 안정적인 독점권을 주면 좋으련만). 하지만 안정기에 접어들 때쯤인 3막에서 '여러분'은 우리 덕에 어느새 생활이 풍족해져 있을 것이다." 바로 이것이 1800년부터 현재까지 대대적으로 일어난 현상이다.

부르주아 딜과 그에 따른 대풍요가 열악한 환경에 사는 빈곤층을 구제하지 못한 채 단순히 부자들의 배만 불렸다면 우리는 전혀 기쁘지 않았을 것이다. 그렇다면 우리는 차라리 옛 사회주의자 친구들과 나란히 시위대에 합류할 것이다. 은행가들을 단두대로 보내 응징하자고 외치면서 말이다. 그러나 우리가 계속 지적하는 것처럼 빈곤층이 가장 큰 수혜자였다(도대체 언제쯤 우리 말을 들을 셈인가?!). 흔히들 말하는 '부익부 빈익빈'은 대풍요 이전의 제로섬 세계에서나 의미가 있었다. 하지만 이제는 우리가 회심의 미소를 씩 지으며 말할 수 있는 어불성설이 되었다.

슘페터는 1942년 발표한 명저《자본주의 사회주의 민주주의》에서 자신이 생각하는 '자본가의 업적'을 요약했다. "엘리자베스 여왕은 비단 스타킹을 소유했다. 자본가의 업적은 여왕에게 더 많은 비단 스타킹을 제공하는 것이 아니라 꾸준한 생산성 향상의 결과로 여직공들도 손쉽게 비단 스타킹을 구할 수 있게 한 것이다." 그

후, 1942년에서 현재까지 미국의 1인당 소득은 4배 증가했다. 여직 공들이 손쉽게 구할 수 있는 비단 스타킹이 4배 많아진 셈이다. 그 것이 우리가 축배를 들어야 할 이유이자, 우리가 설명하고자 하는 것이다.

7장

환경 문제도 예외가 아니다

한계치에 이른 환경 문제는 정치 성향상 중도파에 속하는 사람들에게도 걱정거리다. 한때는 지방 영주 세력처럼 사냥을 즐길 공간으로 숲과 습지를 벗 삼았던 보수파가 주로 걱정하는 영역이었다. 그들은 저속한 상인들이 숲을 벌채하고 집터와 농장으로 사용하려고 습지의 물을 빼내는 것에 반대했다. 하지만 요즘은 주로 좌파들이 환경을 걱정한다.

경제학자들은 물리학자들과 달리 다음과 같이 72 법칙을 사용하는 경향이 있다. 기후 변화로(의심할 여지없이 화석 연료라는 낡은 기술에서 비롯된 탄소 배출이 원흉이다) 앞으로 100년 동안 세계 소득이 20% 감소할 것이라는 충격적인 가정으로 시작하겠다. 안타깝기는 하지만, 인간의 창의적인 적응력과 대체재를 발견하는 능력을 믿지 않는 경제 비전문가들의 예상과 달리 세계 멸망의 시나리오는 가능성이 희박하다. 이제 모든 실제 증거에서 알 수 있듯이 세계의 1인당 소득은 연 2%만큼 낮은 수준으로 증가한다고 가정한다. 좋다. 이제 72 법칙을 적용하자. 실질 소득은 36년마다 2배가 될 것이므로, 앞으로 한 세기 내로 대략 3배가 될 것이다. 현재 1인당 세계 소득은 브라질의 평균과 거의 비슷한 하루 33달러 수준이다. 따라서 산술적으로 2120년의 세계 소득은 지금보다 8배 더 많은(2×2×2=8) 1인당 264달러(33달러×8)라는 결론이 나오고, 이는 현재 미국 실질 소득의 2배가 된다.

여러분은 의심스러울 것이다. 하지만 의심할 논거가 있는가? 1900년에 오늘날을 예측한 사람이라면 대풍요가 그토록 오래 지속되는 가운데서 과거의 비참한 소득 수준도 대풍요와 맞먹는 기세로 급속히 향상할 수 있을지 의심했을 것이다. 하지만 의심은 현실로 되었다. 미국 경제학자 존 베이츠 클라크John Bates Clark는 1901년에 "평범한 노동자의 일당이 1달러에서 2달러로, 다시 2달러에서 4달러로, 4달러에서 8달러로 상승할 것"이라고 예측했다.[1] 1901년 물가 기준으로 그의 예상은 정확히 맞아떨어졌다.

좋다. 그렇다면 지금부터 한 세기 후 기후 변화로 입는 손실은 얼마일까? 1인당 264달러의 20%, 즉 53달러를 차감하면 된다. 비통하다. 그러나 그러고도 세계는 33달러에서 211달러로 발전한다. 여전히 온실가스 감축에 투자하고 세계 빈곤층의 삶을 변화시킬 수 있

당신이 모르는 자유주의

는 많은 액수다.

기후 변화는 피할 수 없는 현실이다. 그러나 많은 사람이 주장하는 것처럼 '실존적' 위기라 할 정도인지는 모르겠다. 탄소 포집, 채식 고기, 원자력 확대(인도는 2014년 러시아로부터 원자로 10기를 발주했다)와 같은 수준 높은 기술을 구현하는 수준 높은 엔지니어와 기업가의 힘으로 극복되리라고 합리적으로 예상할 수 있기 때문이다. 한편 이러한 진지한 노력을 차치하더라도 세계는 놀라울 정도로 위기를 잘 극복할 것이다. 인류의 번영을 진정으로 위협하는 것은 독재주의와 이에 딸려 오는 끔찍한 빈곤, 즉 좌우를 막론하고 포퓰리즘이 필연적으로 수반하는 자유주의 이전의 제로섬 세계로 회귀하는 것이다. 그러므로 진짜 위협은 기후 변화가 아니라, 가당찮은 포퓰리즘의 유혹을 부채질하는 인간의 두려움 그 자체다.

그리고 환경에 대한 걱정은 종종 현실을 외면한 단순한 수학적 논증에 기초하고 있으며, 그러다 보니 사람들이 그토록 확신에 찬 분노로 환경의 심각성을 외치고 자신에게 의문을 품는 사람을 향해 적대감을 표출한다는 사실을 깨달아야 한다. 그들의 주장은 72 법칙과 같이 논리적, 산술적으로는 사실이다. 그런데 여기에 우리가 아까 사용한 72 법칙처럼 세계의 실제적, 역사적, 경험적, 기술적 수치까지 전부 충족한 근거를 갖춰야 과학적으로 타당하다. 예를 들면 "결국 영원히 성장하는 것은 없다"라는 말이 있다. 알겠다. 그러나 실제 한계치는 현재 수준보다 더 큰 값으로 계속해서 경신된다. 인구 변화를 예로 들자면 네덜란드나 자바섬과 같이 인구 밀도가 높은 지역에서 판단할 수 있듯이, 지구의 실제 수용력은 인구수를 100억 내지 110억으로 잡아도 훨씬 여유가 있으며, 그나마 이 인구수도 곧 정점에 도달했다가 1인당 소득 증가 추세와 함께 감소하기 시작할 것이다. 그래도 "어차피 자원은 한계가 있다"라고 말하는 사람도 있다. 알았다. 그러나 1990년대에 경제학자 줄리언 사이먼Julian Simon이 입증했듯이 무엇을 '자원'으로 규정할 것인지는 인간의 창의성을 따라 끊임없이 변화하고 있다.[2]

보크사이트 광석은 한때 쓸모없는 흙으로 취급됐으나 충분한 전류를 가해 알루미늄을 얻을 수 있게 되자 그 진가를 인정받았다. 또 여기에 필요한 전기도 한때는 집 안에서 실험하던 정전기가 시초였지, 처음부터 실용적인 '자원'은 아니었다. 희토류는 컴퓨터 배터리로 사용되기 시작해서야 경제적 희소성을 인정받았다. 헬륨은 우주복 등과 같이 엄격한 누설 검사에 쓰이며 경제적 가치가 드러나기 전까지는 웃음을 유발하는 장난감에 불과했다. 가치 있게 여겨지던 고래기름은 1859년 '석유'가 채굴되어 새로운 자원으로 부상한 이후 별 쓸모가 없어졌다(덕분에 그 후 오랜 기간 고래의 생명을 지킬 수 있었다). '석탄'이라는 이름을 얻은 검은 돌은 중국이 2,000년 앞섰다는 설도 있지만 수 세기 전 유럽에서 재발견되었으며, 런던에서는 난방과 유리 제조에 유용하게 사용되기 시작했다. 또 기존의 기술로는 접근할 수 없던 지하수가 갑자기 시추가 가능해졌다. 이미 풍력과 태양광도 발전한 웨스턴오스트레일리아주가 저렴한 역삼투 방식의 해수 담수화 기술을 일부 건조 지대와 유람선 등에서 활용하고 있듯이, 인간의 독창성을 믿는다면 조만간 물 부족에 비록 제한적이나마 적잖은 도움이 될 것이다.

환경의 한계는 역사적, 경제적 사실에 비춰 애초에 대풍요를 일으킨 자유주의자들의 독창성으로 해결할 수 있는 문제로 보인다. '로컬푸드 먹기'와 같은 생뚱맞고 반경제적인 주장으로는 해결되지 않을 것이다. 우리의 한 친구는 말했다. "다음은 또 뭐가 나올까? 100마일(약 160킬로미터) 이내에서 진료받기? 100마일 이내에서 아이디어 구상? 100마일 이내 지역의 경제사 연구 운동이 나타날 것인가?"[3] 이러한 관점의 비이성적인 환경 운동가 중 일부는 비타민 A를 강화한 유전자 변형 바나나가 매년 70만 명의 어린 목숨을 구하고 30만 명의 실명을 막을 수 있는 사회 개선책임에도, 이에 반대하는 캠페인을 벌였다.[4]

그러나 부유한 국가들에서 이성적인 환경 운동가들은 수십 년 동안 이러한 문제, 예를 들어 난방용 석탄 소비가 초래하는 스모그나 지능 감퇴를 일으키는 납 성분을 배출하는 자동차 배기가스 등의 문제를 해결해왔다(우리는 비타민 A 결핍으로 해마다 70만 명의 아동이 죽거나 30만 명이 실명하지 않았다면 이러한 문제 중 얼마나 많은 문제가 해결되었을지 궁금하다). 그들은 우리 경제학자, 경제사학자, 자유주의 철학자들의 진심 어린 응원 속에 고결한 노력을 계속할 것이다. 2014년 노스캐롤라이나 주의회가 과학 교과 과정에서 해수면 상승이 위험하다는 뉘앙스를 줄이도록 수정을 요구하거나 플로리다 주지사가 공식 문서에서 '지구 온난화'라는 문구 사용을 금지하기로 한 것과 같이, 성장과 직결되지 않는 명목적 목표를 종착지로 삼아서는 안 된다. 대신 상업성이 검증된 사회 개선에 '실질적으로 기여'하는 목표를 세워야 한다. 예를 들면 빈곤층의 생활을 더 풍요롭게 하거나 불평등을 본질적으로 줄이자는 것인데, 사실 전자도 후자도 이미 현실이 됐다. 빈곤층이 오염된 공기를 마셔 중병을 앓는다면(또는 유전자 변형 작물로 아이들의 생명을 구할 수 있다는 생각을 부정한다면) 이는 윤리적이지도 않고 인류 발전에 도움이 되지도 않는다. 그건 그렇다 쳐도, '기업'들도 원하지 않는다. 나이키와 도요타는 시민을 물리적으로 억누르며 지역의 독점 노릇을 하는 몇몇 정부와 달리 자사 직원과 고객이 병들거나 죽기를 바라는 마음이 절대 없다. 그럴 이유가 없지 않은가? 고객이 죽으면 소비할 수 없으니 말이다.

예를 들어 1980년대의 부유한 국가들은 에어컨 냉매제와 (다름 아닌!) 헤어스프레이로 인한 오존층 위기를 심각하게 받아들이기로 했다. 특히 보수당 영국 총리이자 헤어스프레이를 많이 애용하던 마거릿 대처Margaret Thatcher가 이 노력을 주도했다. 이제 극지의 오존층 구멍은 다행히도 축소되고 있다. 19세기 말 효과적인 폐기물 처리법이 개발되기 전까지는 개방된 하수도나 다름없었던 선진국의 수로들은 대부분 깨끗해졌다. 1930년대와 1940년대 미국 도시에서 가정용 난방으로 연소되는 석탄 때문에 발생하는 미세먼지(앞서 언급했듯이 당시 미국의 1인당 소득은 지금의 브라질과 비슷한 수준이었다)는 오늘날의 빈곤국과 비슷한 수준이었다가 20세기 후반에 8분의 1 수준으로 떨어졌다. 매클로스키는 1948년 보스턴에 살 때 어머니가 아침

당신이 모르는 자유주의

에 창틀을 깨끗이 닦으면 저녁에 그을음이 잔뜩 끼곤 했던 기억을 가지고 있다. 1912~1913년에 빈곤하고 연기가 자욱한 도시였던 시카고는 1980~1993년 기준 중국의 가난한 도시 58곳과 견주어, 공기 중 단위 면적당 1.5배 더 짙은 농도의 부유 물질 때문에 숨이 막힐 지경이었다.[5] 남녀노소 할 것 없이 보온 이외의 목적으로도 모자를 쓰고 다녀야 했다. 편서풍을 타고 오염 물질이 몰려오는 북반구의 동쪽 도시들 역시 같은 이유로 가난한 지역이다.

영국이 1954년에 석탄 사용을 금지하고 1968년에 규정을 더욱 엄격히 하자, 현재는 부유한 도시가 된 런던시는 왕립재판소 벽면을 박박 청소해 본래의 하얀 벽돌 색깔을 되돌렸다. 작지만 강한 나라 덴마크는 탄소 기반 연료의 사용을 억제하기 위해 아낌없는 돈을 지출하고 있으며, 풍력 발전에 있어 전 세계에서 단연 돋보인다. 〈시카고 트리뷴〉의 자유주의 칼럼니스트 스티브 채프먼Steve Chapman은 "1980년 이후 미국의 일산화탄소 오염도는 83%, 납은 91%, 이산화황은 78% 감소했다. 반면에 물가 상승률을 반영한 1인당 총 경제 생산량은 77% 증가했다. 우리는 부유해질수록 더 친환경적이고 건강해졌다."[6] 환경 문제에 관심이 있다면 사람들이 신중하고 적절하게 부를 쌓도록 기회를 줘야 한다. 그러면 이제 부유한 사람들이 환경을 살리는 일로 보답할 수 있을 것이다.

그러나 현재 빈곤국들이 배출하는 오염 물질은 어떻게 해야 할까? 1인당 실질 소득이 연간 7~12%에 달하는 거침없는 속도로 한 세대에 4배로 증가한 것은 당연히 중국과 인도의 일반 국민에게 자랑거리다. 그러나 중국과 인도의 소득이 증가하자 그들처럼 과거 빈곤국의 길을 걸어온 덴마크와 영국은 이제 환경을 더 중요시하기 시작했다. 그 노력은 때로 비이성적인 판단으로 이어져, 예를 들어 원전 건설을 중단함으로써 과거 오염의 주범인 석탄을 전 세계적으로 가장 급성장하는 에너지원으로 되살리는 결과를 낳기도 했다. 한편 과거보다는 발전했지만 여전히 빈곤국인 중국에서는 국민들이 진정한 민주주의를 외치는 시위를 할 수 없는 대신 이제 활발한 환경 시위 운동(탈원전이 아니라 탈석탄 운동)을 전개하고 있다. 이 운동을 보고 초조해진 탓인지, 또는 공공선이라는 명목 때문인지 모르지만, 2014년 1월 중국 정부는 1만 5,000곳의 공장에 대기와 수질 오염도를 실시간으로 보고하고 그 결과를 대중에게 공개할 것을 요구하겠다고 발표했다. 만일 실제로 그렇게 한다면(숨죽여 기대는 하지 말자. 스모그가 심한 겨울에 베이징을 방문하면 숨을 죽여야겠지만) 오염을 통제하는 중국의 투명성 기준이 미국보다 높아질 전망이다. 또 2014년에 중국은 오바마Obama 정부와 대기 중 탄소 배출 억제에 대해 진지하게 노력하자는 협약에 서명했으나, 트럼프 정부가 이를 무산시켰다.

현재의 중국은 1870년대 영국이나 1890년대 미국의 산업화 단계와 유사한데, 그 시대에 영국 버밍엄, 워릭셔, 미국 앨라배마주 버밍햄에서 유황 성분을 내뿜던 석탄 연기는 시위의 대상이 아닌 찬양의 대상이었다. 1890년대에 출생한 매클로스키의 조부모는 1940년대 미시간 호수의 남쪽 가장자리를 따라 시카고로 운전할 때면, 인디애나주 게리에 있는 유에스스틸US Steel 공장에서 피어오르는 연기를 뿌듯한 마음으로 바라보곤 했다(1930년대 대공황의 여파로 공장들이 폐쇄된 살풍경과 비교하면 발전의 상징이었다).

1960년대부터 현재까지 성장에 한계가 있다는 예측의 실패가 보여줬듯이 석유 공급 역시 장기적으로 보면 한계가 없다. 자연과학자들은 예측을 할 때 증거가 자신들에게 불리하게 작용해도 개의치 않는 듯하다. 경제학에 무지한 자연과학자들이 확신에 차 예측한지 수십 년이 지난 지금도 전 세계적으로 '피크 오일peak oil(원유 생산량이 정점에 이르면 그 후 급감하는 현상이다 – 옮긴이)'은 아직 일어나지 않았다. 예를 들어 그리 오래전도 아닌 1995년 말, 고생물학자인 나일스 엘드리지Niles Eldridge는 1960년대 컬럼비아대학교의 한 지질학자의 예측을 찬성의 의미로 인용해 "대규모 퇴적 분지의 규모를 간단하게 측정한 결과"를 바탕으로 1990년대 중반이 되면 전 세계의 회수 가능한 석유는 바닥날 것이라고 주장했다.[7] 오호, 그렇다. 간단하게 측정해서 그렇다.

하지만 실제로는 1960년대 이후 전 세계적으로 입증된 석유 매장량이 증가했다. 그 '입증'이 다름 아닌 경제 활동이라는 것을 모른다면 기적으로만 보일 것이다. 세계 원유 생산량은 1970년 이후 50% 이상 증가했다.[8] 펜실베이니아주에 매장된 셰일가스와 앨버타의 오일 샌드, 포클랜드/말비나스 제도의 바다와 호주 변방에서 발견된 석유 등은 유가가 오를 때마다 새로운 유전을 찾으려 노력하던 지질학자들의 공헌에서 비롯되었다. 그리고 화석 연료 매장량이 상향 조정되고 나면 유가는 전반적인 물가 상승분을 제외하면 하락한다.

이것이 시장 진입의 기본 원리로, 미리 시장을 선점한 공급자로서는 짜증스럽고 소비자로서는 기쁜 일이다(이 원리는 고생물학자라면 생태학의 틈새시장에 진입하는 것, 지질학자라면 물이 항상 수평을 이루는 것과 비슷하다고 생각한다면 이해하기 쉬울 것이다). 석유 고갈설이 나돌던 1990년대 실제 유가는 1940년대 말과 같은 수준이었다.[9] 예컨대 1970년대 후반과 2003년 이후처럼 석유수출국기구OPEC가 종종 카르텔 지위를 이용해 감산에 돌입할 수 있었을 때는 세계 경제 성장으로 급증하는 원유 수요에 공급이 못 미치니 유가가 폭등하기도 했다. 그러나 퇴적 분지를 간단히 측정해 쉽게 예측할 수 있는 피크 오일 때문에 유가 상승이 일어나지는 않았다.

그러나 '원자력' 발전을 공격하는 특유의 수사학적 승리는 지구 온난화를 악화시켰다. 독일의 녹색당은 안전한 원자력보다 치명적인 석탄 화력을 지지한다. 그래도 일부 합리적인 주장을 따른다면 이런 수사학적 공격도 극복할 수 있다. 그러기 위해서는 먼저 1986년 구소련의 무능한 관리 능력을 보여준 체르노빌 원자로의 파괴 사건(사회주의 체제의 환경 관리의 실상을 보여주는 역사다)조차도 희생자 수가 많지 않았다는 사실부터 인식해야 하겠다. 직접적인 사망자 수가 56명, 생명이 단축된 사람이 수천 명이었으니 애도할 일이긴 하지만 오히려 '매년' 같은 지역에서 석탄 관련 질병으로 사망하는 희생자 수가 2~3배 더 많다. 위치 선정이 잘못된 탓에 2011년에 일본을 강타한 쓰나미로 파괴된 후쿠시마 원전 사고는 지금까지 봐도 희생자 수가 훨씬 적고, 미국 역사상 유일한 대형 핵 사고였던 1979

당신이 모르는 자유주의

년 스리마일 섬Three Mile Island 원전 사고는 (좌파의 음모론을 믿지 않는 한) 희생자 수가 없었다. 후쿠시마 원자로 사태 이후 독일의 단계적 탈원전 계획을 연구하는 경제학자들에 따르면 "원자력에서 석탄으로 전환하는 사회적 비용은 연간 약 120억 달러로, 원전 사고의 위험과 폐기물 처리를 감안한 비용보다 훨씬 크다"라고 한다. 그리고 이 비용의 약 70%는 화석 연료가 초래하는 대기 오염으로 인한 사망 위험의 증가에서 비롯된다고 주장한다.[10]

요컨대 사회는 개선된 원자력 기술로 돌아갈 수 있다. 아니면 만약 여러분이 프랑스의 선진 원전 기술을 믿는 대신 계속 석탄에 대해 낙관적이고, 원자력에 관한 실제 증거를 받아들이는 걸 거부하고, '단 한 번의 대재앙'의 가능성을 계속 걱정하는 쪽을 선택했다면, 서던일리노이대학교가 연구에 열을 올리고 있는 청정 석탄 기술에 기대를 걸면 된다(서던일리노이대학, 파이팅!).[11] 현재 기술 수준은 어쨌든 깨끗하다. 유럽에서 가장 저렴한 비용으로 전력 공급 수단의 80%를 원자력에 의존하는 프랑스는, 환경을 사랑하지만 석탄으로 먹고사는 이웃 독일과 비교해 탄소 오염도가 5분의 1 수준이다. 역사를 돌이켜보면 오직 발전밖에 없었건만 앞으로 퇴보만 남았다고 예상하며 원자력을 호되게 나무라는 것은 어떤 근거에서인가?

8장

오래된 7가지 비관론은 틀렸다

여러분은 요즘 뉴스를 듣거나 지역 서점에서 종말론적 소설과 픽션에 가까운 논픽션물들을 접하면 세상이 근본적으로 더 나아졌다는 생각이 들지 않을 것이다. 우리는 비관주의가 잘 팔리는 현실을 목격했다. 그리고 기존의 7가지 비관론과 새로 등장한 3가지 비관론은 우리 같은 낙관주의자들의 말에 "아냐, 아니라고!"라고 소리를 꽥 지르고 있다.

그러나 비관주의는 경제학 및 경제사학에서 지구가 평평하다고 외치는 것과 같으며, 이성과 증거를 따르는 대신 신문 사설과 블로그 게시물의 설득에 넘어가게 한다. 예를 들어 찰스 디킨스Charles Dickens는 세간의 믿음과는 달리 런던에서 멀리 떨어진 북부 지역에

산업 혁명이 초래한 영향을 잘 알지 못했기에 그가 집필한 작품은 경제사의 올바른 이해를 돕는 지침서로 간주하기에는 부적절하다. 그가 묘사한 빈곤은 산업화 이전의 전통적인 런던과 같은 빈곤이었다. 북부 공업 도시를 그린 1854년 소설 《어려운 시절》은 산업화가 진행되던 영국 북부 지역을 디킨스가 가끔 잠깐씩 방문한 경험에 기반을 두고 있을 뿐이다. 그래서인지 산업에 대한 이해도가 떨어진다. 디킨스와 동시대에 살았던 역사가 토머스 배빙턴 매콜리는 이 책이 '음침한 사회주의'를 띤다고 평했다.[1] 그러나 대부분의 사람들은 디킨스의 소설이 '자본주의'를 예리하게 비판했다고 생각한다. 마찬가지로 프랑스 소설가 오노레 드 발자크Honore de Balzac도 어떤 사회학자보다 프랑스 사회를 더 잘 안다고 평가받는다. 그러나 우리는 동의할 수 없다. 그도 디킨스처럼(제인 오스틴이나 허먼 멜빌Herman Melville, 에밀 졸라, 존 스타인벡, 로버트 프로스트Robert Frost와는 달리) 굳이 수고스럽게 경제나 경제학을 이해하려고 전혀 노력하지 않았다. 마찬가지로 일부 독자들은 카를 마르크스Karl Marx와 프리드리히 엥겔스의 1848년작 《공산당 선언》에 빠져들 것이다. 그러나 그 안의 열정과 영민함은 높이 사나 역사적, 경제적으로는 전반적으로 허구라고 볼 수 있다.

오래된 비관론 중 첫째는 1798년과 1848년에 등장한 것으로, 가난한 사람들은 영원히 가난을 면할 수 없다는 맬서스식 논리다. 1916년의 둘째 비관론은 오직 유럽인들이 일일 3달러의 빈곤에서 벗어날 유전적 능력이 있다는 것이다. 셋째 비관론은 1933년 등장

후 1970년대와 1990년대, 특히 2008년 이후에 다시 반복된 것으로 '자본주의의 마지막 위기'가 머지않았다는 것이다. 1945년 등장한 넷째는 성장은 끝났고, 침체가 시작되었으며, 초과 저축이 소득을 감소시킨다는 것이다. 1968년에 나타난 다섯째는 어떻게든 (마지막이 아니었던 위기에서 벗어나고 그 후 기술적 침체도 실제로 일어나지 않았음이 드러났을 때) 소비주의가 인간의 영혼을 타락시켰다는 것이다. 1980년의 여섯째는 '중심국'들이 남반구 주변국들을 군대를 동원해 착취해 대풍요를 이룩했다는 것이다. 일곱째는 1890년대로 거슬러 올라가 시작되었다가 비교적 최근인 1990년대 재등장한 것으로, 유럽과 미국이 다른 국가들에 1인당 생산량을 따라잡히고 추월당하면서 순위에서 밀려날 운명이라는 것이다. '경쟁력'이 떨어지고, '역동성'이 부족하기 때문이다. 이 중 하나도 사실로 판명되지 않았다. 심지어 사실과 비슷한 것도 없다.

첫째 비관론, 즉 맬서스식 근거에 따라 가난한 사람들이 계속 가난을 면치 못할 것이라는 점은 실제로 전 세계의 빈곤이 얼마나 급감했는지를 통해 잘못임을 확인했을 것이다.

제국주의와 유럽 중심주의에 기초한 둘째 비관론도 그간의 경제성장을 통해 거짓임이 드러났다. 1916년 이후 특히 1980년 이래 대풍요는 엄청나게 세계화되었다. 비유럽국 국민들이 유럽 등지로 진출해 꾸준히 거둬온 성공은 말할 것도 없고, 아시아의 호랑이들과 켈트 민족권과 아이슬란드, 그리고 중국과 인도의 급성장하는 신흥 중산층은 오직 유럽인들이 유전적으로 대풍요를 이룰 능력이 있다

당신이 모르는 자유주의

는 주장을 반증한다. 비관주의자와 인종주의자들의 예측은 경험이 뒤집었다.

그리고 셋째 비관론도 마찬가지였다. 자본주의의 마지막 위기가 찾아왔다는 주장은 1857년부터 지금까지 대여섯 번 정도 고개를 내밀곤 했다. 1930년대 대공황은 정부 개입으로 완화되기는커녕 악화되었다. 1800년 이래 40여 차례의 경기 침체가 발생할 때마다 늘 그랬지만, 1930년대가 지나고 1인당 생산량이 역대급으로 증가했다. 2008년 대침체 때도 1930년대만큼 심한 불황은 아니었지만 마찬가지였다. 포퓰리즘과 사회주의의 정치적 잔재는 매번 반복된다. 체제가 망가졌으니 현 체제를 타도하자는 주장은 단골 레퍼토리다.

또한 넷째 비관론, 즉 성장이 끝났고 초과 저축이 소득을 둔화시킨다는 케인스식 '침체주의stagnationism' 논리는 지금까지 세계의 거침없는 성장 행진을 통해 거짓임이 입증되었다. 카든에게 개인적으로 전화로 문의하는 분에게는 이른바 침체주의라는 주장에 대해 안심해도 된다는 답변을 해주겠다. 통신 기술이 지속적으로 개선된 데다가, 저축이 침체를 일으키지 않고 투자로 이어진 결과 덕에 전화 요금은 얼마 들지 않을 것이다. 아마 여러분은 페이스타임 채팅, 스카이프, 줌 영상통화, 구글 행아웃을 통해 발전의 한계와 절약의 역설을 주제로 카든과 일대일 대화를 나눌 수 있을 것이다(지금 하는 말의 속뜻이 이해되는가?).

다섯째 비관론은 사람들이 그래도 '소비주의'때문에 타락하지 않았냐는 것이다. 확실히 자유와 풍요를 이용해 돼지 같은 욕심쟁이로 살 수 있기는 하다. 그런 사람들도 없지는 않지만(프로 레슬링을 좋아한다고 고백한 카든의 남부끄러운 취미를 기억하라), 다시 말하건대 부르주아 딜의 혜택을 등에 업고 악덕한 습관에 빠지는 사람들이 있다고 해서 부르주아 딜 자체를 악하다고 볼 수는 없다. 원래 옛날부터 사람들은 나쁜 소비 습관이 있었다. 예를 들어 곰을 묶어두고 전투견을 풀어 싸우게 하는 베어 베이팅bear baiting을 취미로 즐기거나 명금류를 잡아먹기도 했다. 우리가 앞서 장황하게 주장했듯이 〈카다시안 가족 따라잡기Keeping Up with the Kardashians〉 식으로 살고 싶은 사람은 그렇게 살 수 있다. 그러나 다른 수십 억 사람들은 교양을 쌓는 쪽을 택한다.

이번에는 "하지만 서구 국가들은 세계 빈곤층의 몫을 탈취해서 번영을 이룩하지 않았는가? 서구의 부는 빈국의 희생과 맞바꾼 게 아닌가?"라며 여섯째 비관론을 바탕으로 질문을 던질 사람들에게 답할 차례다. 다행히 이 또한 틀렸다. 대풍요는 예컨대 스웨덴(그리고 아일랜드, 일본, 기타 등등)이 제3세계를 침탈하는 빈도가 잦아져서가 아니라 스웨덴(그리고 아일랜드, 일본, 기타 등등) 내에서의 생산량이 증가해서 거둔 성과다. 그리고 다시 말하지만, 침탈 행위로 대풍요를 달성할 수 있었다면 수천 년 전에 이미 가능했을 것임을 기억하자. 침탈은 고대 인간의 습관에나 해당한다.

매클로스키는 1970년대 시카고대학교에서 밀턴 프리드먼Milton Friedman과 교수 생활을 함께했다. 프리드먼(참고로 그는 카든의 큰아들, 조앤 K. 롤링Joan K. Rowling, 해리 포터, 그리고 《해리 포터》의 교열 편집자의 남편과 생일이 같다. 안 궁금했다는 대답은 사양한다)은 1970년대 중반부터 '세계화'와 '신자유주의'에 기여한 그의 역할에 대해 좌파들에게서 맹렬한 비난을 받았다. 2009년 프리드먼의 초상과 그 밑에 "밀턴 프리드먼: 전 세계에 불행을 일으킨 자랑스러운 아버지Proud Father of Global Misery"라는 캡션이 딸린 포스터가 유포되었다. 현명하고 존경받는 인물이던 프리드먼이 전 세계의 불행을 '원할' 까닭이 있을지는 신경 쓰지 않고서 말이다. 실제로 프리드먼의 《자본주의와 자유》에 영감을 받은 중국 개혁가들이 인류 역사상 역대급 규모와 속도로 중국의 경이로운 경제 성장을 이룩하고 극심한 빈곤에서 탈출한 사실도 관심 밖이었다. 이걸 '불행'이라고 부르면 할 말이 없다. 프리드먼과 같은 적들과 싸우려면 세계의 빈곤층은 국가 통제주의자 친구가 필요한가?

일곱째 비관론은 유럽과 미국의 소득이 다른 국가들에 따라잡힐수록 소득 수준이 상대적으로 떨어질 것이라고 암시한다. 그러면 뭐 어떤가? 다른 국가들도 부자가 되니까 좋은 일이지 나쁜 일은 아니다. 장기적으로 모든 사회는 자유롭게 재화와 서비스를 생산한 사람들의 노력 덕에 기술과 제도가 평준화되고 있으므로, 거의 동일한 1인당 실질 소득을 달성할 것이다. 세계 경제는 축구 정규 리그나 월드컵 같은 순위 경쟁 싸움이 아니다. 19세기 초 영국의 논평가들은 1920년대 재즈 시대의 호황기를 보낸 미국인들이 그랬듯, 자국이 산업 선도국의 자리를 쉽게 차지한 사실에 얼떨떨했다. 일부 식자층은 작은 섬나라가 세계 경제를 지배하는 일류국이 되다니 의아

해하며 초조한 반응을 보였다. 1840년대 영국은 세계 철 생산량의 무려 3분의 1을 담당했다. 영국 전성기의 초기 무렵이던 1839년에 관료 제임스 디컨 흄James Deacon Hume은 영국이 보호 무역주의를 추구하겠다고 밀 수입에 관세를 매기면 다른 국가들은 주력 산업을 농업에서 공업으로 갈아타게 되므로 영국은 세계 제조업의 '주도권'을 잃게 될 것이라며 의회에 다음과 같이 경고했다. "우리는 제조업의 우위를 다른 국가에 빼앗길 위험을 자초하고 있다. (…) (그렇게 된다면) 나는 영국이 지금까지 번영을 쌓아 올린 속도보다 훨씬 빠른 속도로 쇠퇴할 것이라는 점이 불 보듯 뻔하다고 생각한다."[2]

말도 안 된다. 이 논리는 '경쟁력'을 문제 삼아 수사학적으로 그럴듯하게 포장한 주장에 불과할 뿐이며, 항상 옳은 적이 없었음에도 정부의 잘못된 정책을 이끌어내는 강력한 동인으로 작용해왔다. 1840년대나 1990년대, 그리고 최근에도 영국이나 미국은 세계의 다른 국가들이 공업화하고 나서 더 쇠퇴한 것이 아니라 오히려 더 발전했다. 예컨대 개인도 자신과 기꺼이 거래할 더 숙련되고 건강한 사람들이 모여 있는 이웃으로 이주한다면 더 장사가 잘되는 것과 같은 원리다. 영국의 성장은 1840년부터 현재까지 쭉 이어져 영국인을 나날이 풍요롭게 하고 있다. 미국도 마찬가지로 일본이나 중국이 자동차 생산이나 TV 조립에서 우리 미국을 '패배시키거나', '지적 재산을 훔치게' 놔둘 때 더 발전한다. 왜냐하면 그렇게 해야 '우리(민족주의의 환상이 담긴 집산주의자가 아니라 무엇을 할지 스스로 결정하는 진정한 개인들이라는 의미)'가 예컨대 금융업이나 콩 재배 등 남들보다

당신이 모르는 자유주의

상대적으로 강점이 있는 쪽에 주력하기 때문이다. '우리'는 일본, 이어서 한국, 그다음에는 중국이 가전제품을 열심히 만들게끔 내버려 뒀다.

영국은 경쟁에서 패한 것이 아니다. 집에서 자녀가 성장할수록 아버지의 벌이가 차지하는 비율이 줄어든다고 해서 아버지 역할이 '실패'하는 것이 아니듯, 영국이 세계 시장에서 점유율이 하락했다고 해서 '실패'의 지표라 볼 수 없다. 대신 성숙의 지표다. 미국도 마찬가지다. 경제의 목적은 수출(최대 생산)이 아니라 수입(최대 소비)에서 더 유리한 조건을 형성하는 것이다. 사회가 추구해야 하는 것은 '일자리' 창출이 아니다. 재화와 서비스 창출이 답이다. 여러분은 본인의 삶에서 더 많이 일하고 싶은가? 전보다 덜 고생하고도 똑같은 소비량을 지속할 수 있다면 더 좋지 않겠는가? 당연히 그럴 것이다. 애덤 스미스는 "각 가정에서의 개인의 신중한 행위들이 대영 제국에 어리석은 일이 되는 일은 거의 없다"라고 했다.[3] '일자리 보호'는 어리석은 개념이다.

9장

새로운 3가지 비관론도 틀렸다

기존의 7가지 비관론은 나름대로 학문적 조예가 깊은 식자층 사이에서 나타났다가 잊을 만하면 또 나타나고는 매번 역사학계와 경제학계에서 논박 대상이 되었다. 여기에 또 최근 3가지 신종 비관론이 끼어들었다. 첫째, 환경 파괴는 실존적 위기다. 둘째, 새로운 불평등의 시대를 맞아 인류가 몰락하고 있다. 셋째, 인공지능으로 인해 기술적 실업을 전반적으로 피할 수 없다. 새로운 비관론들도 앞서 우리가 개략적으로 증거를 제시했듯 역시 부적절하다. 1800년 이후로 비관주의보다 낙관주의가 현명한 사고방식이 되었다.

환경에 대한 걱정이 잘못된 이유는 이미 설명했다. 줄리언 사이먼의《궁극의 자원The Ultimate Resource》, 매트 리들리Matt Ridley의《이성적 낙관주의자》, 로널드 베일리Ronald Bailey의 《파멸의 끝The End of Doom》은 생활 여건이 악화하는 게 아니라 개선되고 있다며, 수십 년 동안 계속된 종말 예언에 입을 모아 반대한다. 환경 문제의 해결책은 좌익 식자층이 좋아하는 중앙집권적 계획 체제를 녹색으로 재포장하는 것이 아니다. 부를 창출하기 위해서는 상업성 검증을 거친 개선을 계속하도록 개인에게 해결책을 맡겨야 한다. 더 많은 사람이 눈앞의 끼니를 걱정하기보다 환경을 걱정하는 여유를 누릴 수 있도록 부를 더 쌓아야 한다. 그리고 예컨대 마이애미의 해수면 상승에 영향을 받는 부동산 가치의 신호를 시장에 알리는 방법을 찾아야 한다. 그 다음 마이애미 주민들은 해수면 상승의 가능성을 부정하는 주지사에게 표를 주지 않는 등의 방법으로 행동에 나설 수 있다.

불평등은 어떤가? 물질적 평등을 보장하려면 피터의 물건을 빼앗아 폴에게 주기 위한 '정치적 불평등'이 불가피하다. 이번에도 정치인들이 그러한 공권력을 현명하고 자비로운 방식으로 행사하리라고 기대하면 오산이다. 부자들이 정치인들에게 돈을 대주는데 왜 그러겠는가? 그리고 물질적 평등은 윤리적으로 적절한 목표가 아니다. 중요한 것은 다른 사람이 나보다 더 잘살고 있다는 상대적 박탈감에 따른 분노가 아니라 절대적 수준의 물질적 풍요다. 불평등에 대한 집착은 영혼을 좀먹는 질투의 죄악이다. 셰익스피어는 소네트 29번에서 다음과 같이 표현했다. "앞날이 창창한 그 사람 같기를 / 친구가 많은 저 사람도 닮고 싶고 / 이 사람의 기예와 저 사람의 능력을 부러워하며 / 내가 가진 것은 가장 보잘것없다네." 이처럼 거의 누구에게든 부러워할 대상이 있다는 점을 감안하면 부러움은 완전히 해소될 수 없다. NFL 쿼터백이나 유명 셰프가 소비자들이 자발적으로 지갑을 열어 지불 의사를 표현하게끔 수준 높은 경기력을 펼치고 서비스를 제공함으로써 수백만 달러를 버는 것은 윤리적으로 지탄받을 문제가 아니다. 그러나 인구의 약 10%가 하루 1.90달러 미만으로 생활한다는 것은 윤리적으로 매우 중요한 문제다. 억만장자의 요트를 부러워하는 대신 이 10%의 극빈층을 돕는 데 집중해야 한다. 윤리적으로 중요한 것은 상대 소득이 아닌 절대 소득이다.[1] 일일 1.90달러 미만으로 사는 10% 인구의 이익을 위해 그들의 빈곤을 초래한 장본인도 아닌, NFL 쿼터백이나 유명 셰프, CEO들의 부를 빼앗는 것은 경제적으로도 윤리적으로도 실수다. 부유층의 부는 빈곤층을 영원히 부양할 수 있는 화수분이 아니다. 빈곤층을 살리는 길은 재분배가 아니라 성장이다.

어쨌든 평균 소득이 증가함에 따라 현금 소득은 부유층과 빈곤층이 이용할 수 있는 관련 재화와 서비스의 차이를 측정하는 척도로서 신뢰도가 점점 떨어지고 있다. 바지를 입을 때 한 번에 한 발씩 넣어야 하듯, 백만장자와 특히 억만장자는 일반인보다 훨씬 더 많은 소득을 벌어도 그만큼 소비도 불평등하게 하기에는 돈을 쓰는 데 한계가 있다. 따라서 경제 성장이 아무리 불평등한 소득 분배로 이어질지언정 소비 분배에 있어서는 비교적 평등한 양상을 보인다. 존 베이츠 클라크가 말한 대로 일당이 1달러에서 8달러로 인상된 것을 기억하자. "부자들에게 자산 가치 상승이 의미하는 것보다 노동자

당신이 모르는 자유주의

층에 일당 인상이 의미하는 것이 훨씬 더 값질 것이다. (…) 바로 이 변화로 진정한 평등에 대한 접근법이 안락한 생활 쪽으로 무게 중심을 꾸준히 옮길 것이다."[2] 유의미한 격차는 줄어들 것이다. 팡틴이 현대인이라면 하루에 약 25달러어치 재화와 서비스를 소비할 것이다.

드웨인 존슨Dwayne Johnson은 2018년 세전 수입이 1억 2,400만 달러(일 33만 9,726달러)로 팡틴의 일일 소비액 대비 1만 3,000배 이상이었다. 그렇다면 존슨은 식량을 1만 3,000배 많이 사 먹을까? 아니면 그만큼의 옷, 주택, 기회, 행복을 구매할까? 대신 그는 아마 세계 최고 수준의 양주 컬렉션을 보유하고 있을 것이다. 그중에는 60만 달러를 호가하는 아주 오래된 매캘란 위스키도 포함되어 있을 것이다. 그러면 퇴근길에 15달러짜리 버드라이트 12개들이 팩을 사서 마시는 팡틴보다(사실 팡틴은 한 캔 반만 마시고 나머지는 집에 놀러 온 친구들이 마실 것이다) 존슨이 술 한잔에 느끼는 즐거움이 정말 4만 배나 큰 것인가? 1950년대에 초크풀너츠Chock full o'Nuts 커피는 "천상의 커피, 록펠러도 돈 주고 못 사는 양질의 커피"라고 광고했다. 가장 비싼 최고급 커피, 초콜릿, 와인 등등은 팡틴 같은 평범한 사람이 구매할 수 있는 제품보다 정말 수천 배나 질이 좋은가? 2020년의 부르주아 딜이 작동하는 사회라면 그렇지 않다. 아니, 이왕 한마디 보태자면 어느 시대의 어느 곳에서라도 그렇지 않다. 그리고 고급 초콜릿과 고급 위스키 시장에 진입 장벽을 제거함으로써 광범위한 경쟁과 그로 인한 가격 하락, 혁신의 기회를 활짝 열어둔다면 사회는 더 순조롭게 돌아갈 것이다.

기술적 실업에 대한 오싹한 공포심도 근거가 없다. 기술이 발전하면 사람들은 부유해진다. 레이저 절단기의 등장으로 기계공이 실직할 때 그들이 공격하는 대상은 사실 '자본주의'가 아니다. 그 공격 대상의 다른 이름은 바로 '진보'다. 우리가 앞서 6~7번은 언급했을 테지만('이제' 좀 알아듣겠는가?) 사회 개선은 빈곤층에 더 큰 도움이 된다.

물론 기술의 진보로 실업자가 된 사람들에게 도움의 손길을 내미는 것이 후한 인심이라고 흔히들 생각하기 쉽다. 어떤 계획이 누군가에게 피해를 입히면 그들을 도와주자는 얘기다. 우리는 그 생각이 훌륭하다고 인정한다. 남에게 대접받고자 하는 대로 남을 대접하라지 않는가. 하지만 여기서 잠깐, 따지고 보면 인간의 모든 행동이 '계획'의 결과다. 헨리 데이비드 소로Henry David Thoreau가 1840년대 실제 아버지의 사업을 도왔을 때처럼 고품질의 연필을 생산하는 새로운 방법을 개발한다면 그는 효율성이 떨어지는 다른 연필 제조업자에게 손해를 끼치는 셈이다. 웨스트버지니아주의 석탄 광부와 르아브르의 조선업자들처럼 이렇게 피해를 입은 다른 제조업자들에게 금전적으로 보상하는 것이 실질적 대책이라면, 모든 사람의 모든 계획에 그에 대한 금전적 보상을 해줘야 한다. 이건 뭔가 잘못되었다.

'창조적 파괴'라는 무시무시한 표현은 두려움을 불러일으키고 보호주의론이 고개를 들도록 부채질한다. 진심으로 사회 개선을 원하지 않고 1800년 이후 일본과 핀란드 등지에서처럼 빈곤층이

3,000% 부유해지는 결과를 바라지 않는다면, 좋다. 그런 사회는 과거의 직업을 고수하면 된다. 엘리베이터 운전원과 전화 교환원, 오래된 기계식 언더우드 타자기를 쓰는 타자수가 있고, 식료품점에서 앞치마를 두른 점원이 선반에서 콩 통조림을 건네주던 옛 시절에 계속 머무를 수 있다. 그러나 1916년 9월 멤피스의 피글리위글리Piggly Wiggly가 셀프 서비스로 식료품점을 혁신하거나 1956년 노스캐롤라이나주의 한 담배 트럭 운송업자가 선적 컨테이너를 도입했듯이, 개선이 일어나면 공장주들은 기존의 인력과 기계, 설비를 줄여야 한다. 인적 자본과 물적 자본은 재배치해야 한다. 당연한 이치다.

규모는 얼마나 될까? 노동부 통계에 따르면 놀랍게도 연간 전체 일자리의 14%다. 경제가 발전함에 따라 노동자 7명 중 1명은 '매년' 완전히 일자리를 잃는다.[3] 기업들은 파산한다. 공장들은 다른 국가로 떠난다. 사무실에서 타자기를 쓰는 직원은 거의 없어졌다. 반면에 뉴스에서 보도하는 월간 노동 통계는 '순증감' 수치를 제공한다. 그래서 미국에서 노동자의 이동이나 사회 개선으로 새로 생긴 일자리에서 창조적 파괴로 사라진 일자리를 빼고 나면 순수치는 월 20만, 즉 연간 240만으로 계산된다. 이를 기준으로 하면 14%가 아니라 1.5%에 불과하다. 그러나 일반인들에게는 총 수치가 더 익숙하다. 경제가 발전하려면 노동자와 기계가 이동하고, 재배치되고, 재교육받고, 변화하고, 대대적으로 혁신해야 한다. 이것도 당연하다.

따라서 정부 관료들이 5년 안에 어떤 일자리가 새로 생길지 실제로 알지 못하는 상태에서 보상, 보호, 정부 보조 재훈련 계획을 제공할 때 실질적인 문제는 매년 노동 인구의 14%에 달하는 사람들에게 국가가 보상할 '여력'이 없다는 것이다. 몇 년 안에 노동 인구의 절반이 실업 수당을 받거나, 과거의 급여 수준으로 과거 직업을 유지하거나, 엉뚱한 새로운 직업 훈련을 받게 될 것이다. 그리고 머지않아 거의 모든 사람이 모든 행위에 대해 나랏돈으로 보상받을 것이다. 또 국가는 창조적 파괴의 흐름에 발맞춰 인력과 공장을 재배치하는 대신, 공장과 지역들에 보조금을 지급하면서 물적 자본을 원래 자리에 유지하려 할 것이다. 그러나 상업성 검증을 거쳐 개선된 사회에서든, 완벽하게 계획된 사회주의 체제에서든 이러한 생산 요소의 이동은 역시 불가피하다. 공산당이 명령하든 시장에서 소비자의 선택을 받든, 이는 순리다. 철학적 일관성을 지키면서 보호 정책을 펴려면 경제 전반에 걸쳐 일리노이주 남부의 탄광업도, 매사추세츠주의 신발 제조업도 똑같이 계속 지켜줘야 한다. 앞서 설명했듯이, 오하이오주 영스타운의 일자리를 보장하거나 기술적 실업을 보상하거나 자본과 노동력을 유지하려는 계획은 문제가 있다.

"하지만 인공지능은 얘기가 다르다. 철도 같은 단순한 기술은 인간의 땀과 육체노동을 대체했다. 반면 스마트한 기술은 문제 해결 능력과 정신노동을 대체할 것이다. 바로 내가 지금 하는 일 말이다"라고 주장할 사람도 있을 것이다. 그러나 인류는 이미 수천 년 동안 '인공지능'에 의존해왔다. 활과 화살은 작은 창을 정확하게 던지기 위한 자동 계산기였다. 여기서 처음에는 활, 그다음에는 궁수들의 훈련이 지능 역할에 해당하는데, 아쟁쿠르 전투의 궁수들은 이렇게 훈련을 거쳐 기계의 경지에 오르게 되었다. 증기 엔진의 안전밸브는 증기 배출에 관한 인간의 판단을 대체했다. 휴대용 계산기는 물론 기계식 계산기와 계산자slide rule도 인공지능 기계다. 원자 폭탄을 개발하기 위한 맨해튼 프로젝트에서 그랬듯이 '컴퓨터'는 원래 사무실에 앉아 긴 일렬의 숫자를 계산하던 여성이었다. 타이피스트는 20세기 후반에 거의 무용지물이 되었으며, 21세기 초에는 개인용 컴퓨터의 보급과 그 결과 등장한 인터넷으로 인해 여행사 직원들이 거의 무용지물이 되었다. 익스피디아와 카약과 같은 온라인 여행 웹사이트는 '인공지능'을 이용해 비인공지능이 수행하던 작업을 대신한다. 인공지능은 비슷한 창조적, 파괴적 잠재력을 지니고 있다. 경제사학자 조엘 모키르Joel Mokyr는 "인공지능이 일상적인 직업뿐 아니라 숙련된 지식 노동자도 대체할 것이라는 많은 우려를 낳고 있으나 사실 세계 최고의 연구원은 절대 될 수 없는 대신 세계 최고로 효과적인 연구 보조원 역할을 해줄 수는 있다"라고 말했다.[4] 물론 인공지능이 자기 학습 기능이 있는 것은 맞다. 그러나 우리는 모키르와 마찬가지로 기계가 아닌 인간이 굳이 기계를 모방하지 않아도 되게끔 이 자기 학습형 기계가 도움을 줄 것이라고 믿는다.

아니면 인공지능의 발전을 거부하면 된다. 만화가 버클리 브레디드Berkeley Breathed의 연재물 〈블룸 카운티Bloom County〉에서 스티브 댈러스Steve Dallas라는 캐릭터는 "어려움에 처한 업계에 보탬이 되기 위해 특별한 기금 마련 콘서트를 기획 중이야"라고 얘기한다. 그리고 탁자를 쾅 내리치더니 "정부가 손을 놓고 있으니 미국의 생활 양식 전체가 사라져가고 있어!"라고 외친다.[5] 여기서 콘서트 명칭은 '계산자 돕기 콘서트Slide-Rule Aid'다. 그러나 만약 실제로 법을 동원해 계산자업계를 인공지능 같은 다른 기술로부터 구했다면 세상은 지금처럼 부유해지지 않았을 것이다(그래도 계산자와 함께 자란 세대인 매클로스키는 댈러스가 주최한 콘서트에 기꺼이 참석했을 것이다. 그녀는 공학자와 심지어 경제학자도 계산자로 곱셈을 계산할 때 매 단계에서 자릿수에 집중할 수밖에 없었다고 지적한다. 안 그랬다간 자릿수가 적게는 10배, 많게는 100배나 틀리기 십상이었기 때문이란다. 반면 요즘 친구들은 '쓰레기를 입력하면 쓰레기가 출력되는garbage in, garbage out' 리스크를 무시한 채 계산기나 통계 소프트웨어에서 출력되는 모든 값을 그대로 맹신하고 자릿수를 꼼꼼히 살펴보지 않는다. 모든 진보가 꼭 진보적인 것은 아니다).

10장

윤리 의식의 중요성이 더욱 커졌다

근거 없는 비관주의를 넘어서려면 사실을 똑바로 인식하고 그다음에 윤리를 생각하는 것이 현명하다. 전 세계가 이를 따르고 자유주의적인 부르주아 딜을 수용한다면, 대풍요의 시대가 열리면서 빈곤을 역사로 묻어버리는 임무를 완수할 수 있다. 1991년 미국의 좌파 역사학자 찰스 G. 셀러스Charles G. Sellers는 전 세계적으로 "가족, 신뢰, 협력, 사랑, 평등이라는 불변의 인류 가치를 상실했다"라고 열변을 토했지만, 그의 말과 달리 부르주아 시대는 이 가치들을 내팽개치지 않았다.[1] 우리는 지금 이 가치들과 어우러져 좋은 삶을 살고 있다. 존 쿠말로가 돌아온 고향은 여전히 족장이 가부장제, 신뢰의 부족, 강요된 협력, 배타적 사랑, 강제적 평등, 그리고 덧붙여 자신만의 사익과 독단적 의지라는 것을 불변의 인류 가치로 삼도록 강요하는 전통 사회였다.

부르주아 세계의 모든 것이 훌륭하거나 부르주아들의 행동이 전부 선하고 옳고 윤리적이라고 주장할 수는 없다. 겉으로만 윤리적이거나 그보다 못한 사업가도 많다. 그러나 다수의 정치인, 교수, 성직자, 남아공 전통 마을의 늙고 무지한 지배자, 셀러스의 관점에서 본 식민지 시대와 초기 아메리카 대륙의 교회 개척자와 신도들도 피장파장이다.

정치 철학자 마이클 왈저Michael Walzer는《자유 시장이 도덕성을 타락시키는가Does the Free Market Corrode Moral Character?》라는 소론집에서 동명의 질문에 "물론 그렇다"라고 답했다. 그러나 그는 '모든' 사회 체제가 어떤 형태의 덕성이든 타락시킬 수 있다는 현답을 덧붙였다. 부르주아 시대 이후로 사람들이 "탐욕은 좋은 것이다Greed is good"(영화 〈월 스트리트〉에서 주인공 고든 게코가 주주총회 장면에서 말한 명대사로 유명하다. 월가의 기업 사냥꾼 이반 보스키Ivan Boesky가 한 대학 강연에서 했던 말에서 따왔다고 한다-옮긴이)라는 사고에 이끌리게 되었다고 주장하는 왈저는 "자유 시장 그 자체에 반론을 제기할 생각은 없다. 민주 정체도 도덕성을 타락시켰다는 점을 생각해보자. 정권을 차지하려는 경쟁은 사람들을 커다란 압박에 시달리게 해 (…) 공식 석상에서 거짓말을 외치며 지키지 못할 공약을 남발한다".[2] 2016년과 2020년 미국의 대선 캠페인이 대표적 사례다. 때 묻은 인간이란 그런 존재다. 또는 아무리 온건한 사회주의라도 국가가 어떻게 사람들을 시

당신이 모르는 자유주의

기, 계급 간 반목, 경솔한 환경 관리라는 죄악을 저지르도록 거대한 압박에 처하게 주도했는지 생각해보라. 또는 셀러스가 주장하기를 이른바 "상업 혁명"이라는 것이 미국 건국 초기에 나타나기 전에 역시 그의 표현인 "전통 사회에서 사회 재생산으로 맺어진 정감 있고 이타적인 관계"로 말미암아 여성은 매사에 남편에게 순종해야 하는 커다란 압박에 시달렸고, 눈엣가시로 여겨진 퀘이커파와 재세례파는 박해당했으며, 비교적 최근에는 윌리 메이스가 피부색 때문에 식당 출입을 거부당했다는 점을 생각해보라.

다시 말해 어떤 사회 체제든 홉스식의 만인의 만인에 대한 투쟁에 빠지지 않으려면 구성원들이 채택한 윤리가 필요하다. 그리고 도덕성의 쇠퇴를 억제하기 위해 그 사회가 채택하는 표준에 따라 윤리를 전달할 설교, 노래, 영화, 언론, 육아, 또는 금주법 시대에 다급했던 정부 등과 같은 매개체가 있어야 한다. 부르주아 시대는 그 어느 때보다 여러 면에서 더 '높은' 사회적 표준을 설정했으며, 노예제를 폐지하고 여성과 빈곤층에 투표권을 부여했다. 공동체주의자인 왈저는 사회가 더 발전하려면 기존의 보수주의적 주장대로, 경찰국가가 결과야 어찌 되든 좋은 의도로 법을 집행해 시민에게 윤리를 가르쳐야 한다고 믿는다. 그러나 그러한 법률을 집행할 만큼 강력한 정부가 오랫동안 부패하지 않을 것이라 장담할 수 있는지 의심하더라도 이상할 바 없을 것이다. 금주법의 결과를 보라.

독일 북부의 한 곡물상 가족을 그린 토마스 만Thomas Mann의 1901년 소설 《부덴브로크가의 사람들》에서 이 가족의 가르침은 이렇다.

"아들아, 낮에는 온 힘을 기울여 네 사업에 열중해라. 그러나 밤에 방해되는 일은 하지 마라."[3] 부르주아는 "묵묵하고 끈질긴 근면성"과 "양보심과 배려심이 있으며" "자신감 있고 우아한 태도에 (…) 재치 있고 매력적인 매너로" "공정하게 거래하는 상인", "자유주의 정신과 관대한 성격"과 "사교성과 여유로움 (…) 결정의 기로에서 놀라운 결단력"을 발휘하는 지방의원, "무엇이 유익한지에 대해 빠른 결정"을 내리는 "행동하는 사람", "권력과 정복욕 뒤에는 충동에 선을 그을 줄 아는 강직하고 실용적인 마음을 지닌" 자부심 있는 사람들이다. 다만 모두 부정한 수단에 의지하지 않는다는 전제가 깔려 있다.[4] "사업가 남성들은 더 이상 비난거리가 되지 않는 자신들의 지위를 자랑스러워하며 당당히 거리를 활보했다."[5] "발트해 연안의 작은 상업 도시에서도 카이사르Caesar 같은 위대한 사람이 탄생할 수 있다고요."라고 말하는 것이 그렇게 사악한가? 우리는 그렇지 않다고 생각한다. "오랜 전통을 자랑하는 가족, 가문, 가업을 보존하려는 꿈"에 무슨 잘못이 있다고 탓할 수 있겠는가?[6] 어쨌든 900년 된 가문을 수호하려는 귀족들이 흘린 피나 20세기 내내 식자층이 부추기고 이후 주도하기까지 했던 대량 학살로 희생된 자들의 피와 비교하면 큰 잘못은 아닐 것이다. 반대로 우리 같은 나머지 평범한 사람들에게 개선을 지속해 누이 좋고 매부 좋은 사업 거래를 정착하면 만인에게 이롭거늘, 이것이 부르주아 딜이다.

부르주아 시대가 도래한 1848년 이후 사업을 존중하는 문명이 형성된 후에도 인간의 영혼은 유혹에 흔들릴 수 있었음에도 예상

당신이 모르는 자유주의

과 달리 절대 타락하지 않았다. 사실 오히려 영혼을 고양시켰다. 왈저가 전술한 논설에서 "지난 수십 년간 경제계 엘리트들은 놀라울 정도로 오만방자한 태도를 보여왔다"라고 불평한 것은 옳았다. 그건 그렇다. 그러나 이 오만은 애덤 스미스와 존 스튜어트 밀John Stuart Mill, 밀턴 프리드먼이 당대에 주위에서 목격했고 지금도 계속 퍼지고 있는 교화된 교환 경제 때문이 아니라, 탐욕은 좋은 것이라는 어리석은 이론 때문에 생겨난 부작용이다.

현대 기독교와 현대 사회주의는 둘 다 유유자적한 에덴동산을 타락한 인간 세계와 대조하는 우를 범했다. 영국의 정서에 획기적 변화가 일어난 18세기 후반에 활동한 대중 시인 윌리엄 쿠퍼William Cowper는 1785년에 이미 고대 그리스 시대에도 있었던 뻔한 클리셰를 다음과 같이 표현했다. "도시가 시골을 물들였다. 그리고 얼룩은 / 성녀의 예복에 흔적을 남기고, / 갈수록 타락으로 내몬다."[7] 물론 이곳 인간계의 부르주아 도시가 유토피아는 아니다. 그렇다고 그 반대도 아니라고 우리는 앞서 주장했다. 구체적으로 부르주아 세계는 '부르주아'에 대한 냉소와 역사적으로 근거 없는 왜곡된 정의에 의해 지옥이라고 결론지어서는 안 된다. 판단은 경제와 역사에 무지한 채 좌파, 우파, 중도로 나뉜 반자유주의적 정치 논리의 클리셰가 아니라 사실적 탐구에 의거해서 내려야 한다.

어쨌든 사업가들은 예컨대 정직과 관련해 다른 직업의 종사자들과 비교해 못할 게 없다. 확실히 사업가는 거짓말을 하다가 발각되면 고객과 동료를 잃는 손해를 입는다. 어떤 분야의 전문가나 정치인들은 공개 석상에서 큰소리치며 거짓말해도 치르는 대가가 비교적 가볍다는 점과 비교된다. 거짓말은 사업에 국한되는 성질이 아니다. 다시 말해서 부르주아가 도덕적으로 타락한 이유는 그들이 '사업하는' 사람들이어서가 아니라, 사업하는 '사람'들이기 때문이다.[8] 그러니 당연히 그들은 절대 완벽하지 않다. 하지만 우리가 자주 언급한 정치학자 존 뮬러가 1999년 발표한 제법 괜찮은(음, 사실은 아주 훌륭한) 저서 《자본주의, 민주주의, 그리고 랄프의 제법 괜찮은 식료품점Capitalism, Democracy, and Ralph's Pretty Good Grocery》에서 게리슨 케일러Garrison Keillor가 상상 속 마을로 상정한 미네소타주의 레이크 워비곤처럼, 제법 괜찮다고는 볼 수 있다.[9]

초창기 자유주의자였던 1748년 프랑스 귀족 몽테스키외Montesquieu와 비교하자면 몽테스키외는 "상법은 사람들의 태도를 망가뜨릴 수 있고 그만큼 같은 이유로 태도를 향상시킬 수도 있을 것이다. 또 상법은 '가장 순수한' 도덕성을 부패시킨다. 플라톤Plato은 상업의 이러한 점이 불만스러웠다. 그래도 우리는 상법들이 '인간의 가장 야만적인 본성을 다듬고 순화하는' 모습을 매일같이 보고 있다"(작은따옴표 부분은 필자가 강조 표시한 것이다)라고 했다.[10] 순수성을 귀족 정치와 호메로스식Homeric 학살로 구현한다고 상상한다면 우리는 그가 '가장 순수'이라고 표현한 대목에서 고개를 갸우뚱하지 않을 수 없다. 그리고 우리는 무역과 민주주의에 반하는 귀족 출신 플라톤의 냉소를 장려하고 싶지도 않다. 하지만 여기서 옳은 점, 시장은 다듬어지고 순화된다.

우리는 부르주아 시대가 사람들의 윤리 의식이 최저점으로 떨어진 시기가 아니었다고 주장한다. 그리고 덧붙여 빈곤층을 길거리로 나앉게 하는 사회적 다원주의의 비윤리성이나 빈곤층을 다시 노예 상태와 가난에 처하게 하는 권위주의의 비윤리성도 아닌, 시장 경제의 윤리성을 계속 추구할 것을 권장하고자 한다. 나아가 윤리적 시장 경제는 프랑스나 미국 정부 등이 주도한 산업 정책이 아니라 주인의 지배가 없는 자유로운 사회, 즉 현대 자유주의가 가장 잘 달성했다고 주장하려 한다.

생각해보자. 윤리에는 세 가지 차원이 있으니, 바로 자기 자신을 위한 선, 타인에게 유익한 선, 인생의 초월적인 목적을 위한 선이다. 자신을 위한 선은 가령 첼로 배우기나 묵상 기도와 같은 자기 수양으로 마음가짐을 바로잡는 것이다. 금욕적인 삶이 곧 덕망 있는 삶을 의미하지 않는 게 바로 그런 이유에서다. 신의 피조물인 인간은 자기 계발의 의무가 있다(금욕적인 어머니들 중 수명이 다한 전구를 새것으로 갈아 끼울 사람이 얼마나 될까? 없다. 그들은 차라리 컴컴한 방에서 견디기를 택한다). 윤리적 행동 중 가장 고차원에 있는 초월적인 목적을 위한 선은 "그래서 어쩌라고?"라는 질문의 답을 추구하는 믿음, 희망, 사랑이다. 가족, 과학, 예술, 축구팀, 신은 인간이 찾는 답을 제시한다.

이 둘 사이의 중간 차원은 타인을 위한 선에 관심을 두는 것이다. 기원전 1세기 후반 바빌론의 유대인 현자 힐렐Hillel은 이를 부정 어법으로 표현해 "자신이 당하고 싶지 않은 일을 다른 사람에게 행하지 마라"고 했다. 이것은 강인한 남성적 자유주의이자 정의의 복음이며, 1950년대 '자유 지상주의자'라는 단어가 (당시의) 우익 자유주의로 의미가 변한 이후 자유 지상주의자들이 강조했던 이른바 불가침 원칙에 가까운 개념이다. 맷 키브Matt Kibbe는 2014년 베스트셀러의 제목을《남을 해치지 말고 남의 물건을 빼앗지 마라Don't Hurt People and Don't Take Their Stuff》라고 지음으로써 이를 잘 표현했다. 반면 1세기 초에 유대인 현자인 나사렛 예수는 이를 긍정 어법으로 "남에게 대접받고자 하는 대로 남을 대접하라"라고 표현했다. 이것은 여성적 자유주의이자 사랑의 복음이며, 사람들에게 서로 건너편에서 그냥 지나치기보다 더 능동적인 행위를 할 윤리적 책임을 부여한다. 착한 사마리아인이 되고, 서로 친절히 대하라는 것이다.

인도적 자유주의는 타인을 대하는 태도에 관해 두 가지 황금률을 강조한다. 첫째, 간섭하기 좋아하고 강압적인 사람들을 교화하고자 한다. 둘째, 비인도적이고 영혼을 좀먹는 이기심에 경종을 울린다. 이 둘이 합쳐지면 현대 자유주의라는 제삼의 윤리가 탄생한다. 황금률Golden Rules을 사회적 다윈주의 또는 권위주의 형태로 왜곡한 "황금을 소유한 자가 지배한다Those who have the gold, rule" 같은 정신은 세상에 절대 필요 없다. 또한 세계는 플로리다대학교와 플로리다주립대학교 간의 지역 라이벌전을 하루 앞둔 미식축구 선수의 말마따나 "나는 성경 말씀을 따른다. 그래서 '상대방에게 당하기 전에 내가 먼저 기선 제압'을 하겠다"를 따를 필요도 없다. 둘 다 불가침 원칙에 반할뿐더러 점잖지도 않은 생각이다.

두 가지 황금률은 모두 철저히 평등주의적이다. 유대교, 기독교, 이슬람교 같은 아브라함 종교에서는 모든 사람이 자기가 대접받고 싶은 방식으로 상대방을 대해야 한다고 가르친다. 십계명은 신을 경배하고 안식일을 거룩하게 지켜야 한다는 가르침으로 시작하지만, 이어지는 나머지 계율은 거짓 증언이나 간음을 하지 말라는 등 인간사에서 자신이 대우받고 싶은 대로 남을 대하라는 내용이 주를 이룬다. 대조적으로 힌두교 같은 유신론이나 유교식 민간 신앙 등에서는 브라만과 황제를 우월한 존재로 본다. 따라서 불가촉천민, 여성, 장자가 아닌 아들은 동등하고 호혜적인 대우를 기대해서는 안된다. 남에게 다정하게 대하라는 아브라함 종교식 평등주의 지론을 초기 기독교 급진파나 후기 이슬람 성인 외에 웬만한 규모의 사회에서 모든 구성원이 실행하기 시작한 것으로 여겨지는 때는, 당연히 18세기 후반 유럽의 부르주아 시대에 이르러서였다. 토머스 페인이나 애덤 스미스의 시대가 도래하기 전까지는 한번 공작부인은 영원한 공작부인, 한번 술탄은 영원한 술탄, 한번 헤롯왕은 영원히 위대한 헤롯왕이었다.

두 가지 황금률은 다른 사람을 대하는 태도에 대한 가르침이다. 사람들은 신중하고 공정함을 넘어서 신중하고 자비로워야 한다. 그리고 자유 경제는 이 두 가지를 모두 독려한다. 반면 비자유 경제는 둘 중 하나에 위배된다. 예를 들어 보조금, 보호무역, 금주법, 산업정책, 그리고 기술적 실업으로 생겨난 실업자에게 손을 뻗는 정책을 생각해보자. 특정 이익 집단에 특혜를 부여하는 관행은 안타깝게도 흔히 볼 수 있지만, 이를 그만둔다면 예수의 가르침에 부합할 수 있다. 그러나 가령 피터를 돕기 위해 폴의 물건을 압수한다면 이는 힐렐이 굉장히 노할 일이다. 그러면 안 된다. 인간은 남녀의 조화처럼 자비와 공정 사이에 절제된 균형이 필요하다.

예수의 규율을 무분별하게 경제적 '보호주의'에 적용하면 힐렐의 규율에 위배된다. 경제적으로 말하면 인간은 외딴섬이 아니어서 전체가 모여야 의미가 있다. 각 개인은 대륙을 구성하는 본토의 일부다. 다시 말해 물품 구매, 매매 제안, 거래의 참여, 신제품 개발 등 모든 인간의 행동은 그 결정의 결과에 따라 다른 사람에게 좋게도 나쁘게도 영향을 미친다. '보호'하에서는 누구나 다른 사람의 노예가 될 수 있다. 경제학자 도널드 부드로가 말했듯이, "누구에게도 허용되어서는 안 될 자유가 있다면 자신이 선택한 것을 두고 다른 사람들에게 원조를 요구하는 것이다. 예를 들어 나는 시인이 될 자유가 있어야 하지만 그렇다고 내가 남에게 내 시집을 사라고 강요하거나 경쟁 관계에 있는 추리 소설, 영화 등을 남이 소비할 자유를 방해할 자격은 없다"라고 했다.[11] 내가 빵 한 덩어리를 사면 대신 다른 사람은 먹을 수 없다. 그렇다면 질문하겠다. 내가 빵을 사면 다른 사람에게 불법 행위를 구성하므로 나는 빵을 사지 말아야 하는가? 그렇다고 치면 모든 사람은 인간사의 모든 행동에 대해 다른 누군가에게 보상해야 한다. 세상에, 그러면 우리 두 필자는 이 책이 아닌 다른 책을 구매한 독자들에게서 그 대가를 보상받을 때까지 꿋꿋이 기다려야겠다. 그동안의 모든 종류의 변화, 모든 진보, 그리고 지구상의

당신이 모르는 자유주의

빈곤층에게 돌아가던 모든 이익이 갑작스레 종말을 맞이한다. 모든 거래가 중단된다. 그리고 인생은 고독하고 가난하고 지저분하고 미개하고 단명하게 될 것이다.

11장

진정한 자유주의는 부를 넘어 삶을 찬미한다

이번에는 "그러나 인생은 부가 전부가 아니다"라는 예상 반론을 짚어보기로 하자. 물론 맞는 말이다. 〈내겐 너무 가벼운 그녀〉의 주인공 할 같은 속물만이 자신의 가치를 소득으로 평가하고 인생을 소소한 쾌락의 추구로 여기지만, 카든은 특히 자신의 소득에 감사하고, 매클로스키에게 편집을 끝낸 수정본을 되돌려주기로 한 당일에도 치과 예약을 뚝딱 잡고 근관 치료를 받을 수 있게 해주는 가격 체계가 비록 완벽하지는 않게나마 존재한다는 것을 다행으로 여긴다(문득 궁금해진다. 시장 한계론을 외치는 마이클 샌델이나 그 외 철학자들은 이런 내 행동을 두고 비난받아야 할 새치기라고 생각할까?). 내 대학 제자들은 인생의 목표가 뭐냐고 물으면 그럴싸한 아파트와 멋진 차를 사는 것이라고 거침없이 답할 것이다. 좋은 치과 보험을 드는 것일 수도 있겠다. 하긴 그래도 이제 겨우 19세이니 또 모른다. 그들의 부모, 특히 조부모 세대는 더 오랫동안 연륜을 쌓아왔다. 우리도 그들의 부모와 조부모뻘로서 물질적 소유를 초월하는 현명하고 나름의 가치 있는 인생의 목표를 어떻게 정할 것인지 학생들에게 방향을 제시해주기 위해 노력한다.

사실 물질만능주의는 영혼을 위협한다. 경제학자이자 인구통계학 역사학자인 리처드 이스털린Richard Easterlin은 1974년에 "경제 성장은 인류가 점점 더 많은 경제적 재화를 추구하려는 덫에 영원히 탐닉하도록 단단히 묶어놓는 물질문화의 자생적 매개체"라고 경고했다.[1]

하지만 잠깐 생각해보자. 물론 인간은 소소한 쾌락에 '탐닉'하기도 하고 때로는 거의 쾌락에서 헤어나지 못하는 노예 상태가 되기도 한다. 그러나 20세기의 사회과학은 부분적이기는 하나 중요한 답을 발견했다. 바로 하루 3달러든 130달러든 '상관없이', 소득이란 이미 '물질문화의 매개체'라는 것이다. 이스털린에 따르면 그것도 '영원히' 그렇단다. 인류학자와 심리학자들은 월가의 증권거래소 트레이더에서 칼라하리 사막의 부시맨까지 누구나 식사, 집 짓기, 뒷담화 등 '어떤' 행위라도 '탐닉'할 대상이 있다고 지적한다. 인류학자들이 관찰한 것처럼 인간은 스스로를 소비로 무장한다. 인류학자인 메리 더글러스Mary Douglas와 바론 이셔우드Baron Isherwood는 다음과 같이 썼다. "식음료처럼 단순히 신체적 욕구를 충족시키는 재화도 발레나 시 못지않게 의미의 매개체이기도 하다. 생명과 건강을 유지하기 위한 재화와 정신과 마음의 욕구를 충족시키는 재화(또는 영적 재화)를 구분하는 잘못된 이분법적 통념은 사라져야 한다."[2] 영국 노동자 가정의 식사의 상징적 구조를 실례로 들어 설명한 더글러스의 논문이 대표적이지만, 어떤 의미에서 보면 모든 인류학 주제가 이 문제와 얽혀 있다.[3] 재화는 신성과 세속의 경계를 방황하듯 넘나든다(인류학자 리처드 찰펜Richard Chalfen은 스냅 사진과 홈비디오가 가족생활에 미친 영향을 예로 들어 설명한다).[4] 또는 인류학자 마셜 살린스Marshall Sahlins가 1972년 그의 대표작인《석기시대 경제학》의 개정판 서문에서 썼듯이 "경제 활동은 (…) 어떤 사람의 인생에서 그의 가치관과 상호 관계를 드러내는 물질적 측면의 표상"이다.[5]

이스털린은 '우리' 인간이 소비주의에 저항하고 '성장의 주인'이 될 것을 촉구한다.[6] 반면 누군가는 '우리' 인간이란 워낙 타락하기 쉬워서(가령 광적 민족주의, 또는 단순히 부유층과 고학력층의 속물근성 때문에) '우리'가 어떤 행동을 하도록 촉구하는 것을 경계해야 한다고 생각한다. 하지만 분명히 윤리적 측면에서 이스털린의 말은 옳다. '우리'는 대풍요의 혜택이 카다시안 가족을 따라잡고, 더 많은 감자칩을 먹고, 황금으로 치장한 화장실이나 과시적 소비를 통해 세상에 뽐내는 것 이외의 다른 형태로도 얼마든지 누릴 수 있다고 서로 설득해야 한다. 인정하건대 모든 인간은 선조들이 동굴에 살던 시절부터 이미 이런저런 탐닉에 빠졌다. 그러나 물질적 범위가 더욱 광범위해진 현대 사회에서는 이 탐닉이 종종 바흐의 선율이나 미사 거행, 또는 (매클로스키 왈) 6월의 어느 완벽한 날에 런던의 로즈 크리켓 경기장에서 열리는 잉글랜드와 호주의 결승전 관람에 탐닉하는 것처럼 가장 높은 수준의 인간성에 걸맞은 형태로 구현될 수 있다는 점에 기대를 걸어도 좋다.

이처럼 탐닉할 만한 고상한 취미를 추구하라는 조언은 종교와 문학이 탄생한 이후, 아니 아메리카 원주민들이 모닥불을 피워놓고 코요테 전설을 주고받던 더 먼 과거 시절에도 흔히 있어왔다. 그것은 대풍요나 이른바 '소비주의'라는 것과는 큰 관련이 없다(대풍요 덕분에 훨씬 더 많은 인류가 이 조언을 쉽게 따를 수 있게 됐다는 점을 제외하면 말이다). 식자층은 평민들의 소비가 불쾌하다고 생각하며, 심지어 훌륭한 경제학자 중에도 식자층의 경멸에 동참하는 일부 학자가 있다. 문화사학자 대니얼 호로비츠Daniel Horowitz는 "대부분 현대 도덕주의의 중심에는 경제를 비판하는 목소리가 주를 이루고 있으며 개중에는 간혹 급진적인 목소리도 있지만 적대적이기는 다들 공통적이다. (…) 평민층의 과소비 행태와 교양의 부족을 비난하는 것은 그렇게 말하는 본인도 정작 똑같다는 것을 시인하는 것과 같다"라고 설득력 있게 주장했다.[7]

다시 말해 식자층은 평민들의 소비가 아니꼽다. 특히 미국의 식자층은 순진한 평민층이 소수의 광고주 그룹의 손아귀에 넘어갔다고 한 세기째 주장해오고 있다. 따라서 탄산음료와 가스 불판, 자동차를 소비하는 행위는 숨겨진 설득에 넘어간 결과, 또는 식자층이 상업적 표현의 자유를 가리켜 즐겨 쓰는 표현을 빌리자면 '조종'에 넘어간 결과다. 특히 미국에서 30초짜리 TV 광고가 거대한 권력을 낳는다는 주장은 경제학자 입장에서 보면 당혹스럽다. 식자층의 말대로 광고가 거대한 권력을 탄생시키는 원흉이라면, 광고 문구에 무한한 부의 원천이 숨어 있을 수 있다. 그러나 광고 시장은 GDP의 2% 미만이며, 그마저도 대부분은 상점 간판이나 업계 전문 잡지의 광고처럼 매우 수준 높은 구매자를 겨냥해 정보를 전달하는 역할에 충실한 경우가 많다는 것이 주지의 사실이다.

이스털린은 경제학자의 관점에서 또 한 가지 지적하기를 "사람들이 추구하는 생활 수준은 (…) 소득에 비례해 올라간다. 그래서 소득이 증가하면 자신의 열망을 성취하기가 더 수월해지지만 그만큼 열망도 커지기 때문에 더 행복해지지는 않는다"라고 지적한다.[8] 다른 경제학자, 특히 좌파 또는 중도 성향의 일부 경제학자들은 소비 기준은 사회적이므로 사람들이 마치 군비 경쟁을 하듯 남들의 소비에 뒤처지지 않기 위해 뉴욕시의 소형 아파트에 비싼 가죽 가구를 들여놓는 등 더 많은 돈을 지출한다는 데 동의한다. 왜냐하면 그것이 바로 '현시대를 남부끄럽지 않게 살아가는 방식'이라고 다들 생각하기 때문이다.

글쎄, 그래서 뭐 어떻단 말인가? 점점 더 많은 인구가 이 풍요를 누리고 있고, 조만간 전 인류가 누릴 것이다. 따라서 살기 적당한 아파트가 몇 평이어야 하는지에 대해 사람들이 생각하는 이상도 갈수록 확대된다. 더 안락하고 때로는 영적으로도 충만한 방식으로 자신의 이상적 삶을 그려볼 기회가 늘어나고 있다. 좋다. 그러나 경제학자들이 '행복'을 주제로 쓴 문헌들을 보면 마치 군비 경쟁 같은 현대의 소비문화를 저속하고 퇴폐적이라고 간주하는 경향이 있다.[9] 이들의 강령은 식자층이 '소비주의'에 반대해 주도한 100년 묵은 캠페인의 체계적 지지대 중 하나가 되었으며, 경제학자 프레드 허시Fred Hirsch, 로버트 프랭크Robert Frank, 티보 시토브스키Tibor Scitovsky, 사회학자 줄리엣 쇼어Juliet Schor, 특히 한 세기 전의 위대한 사회경제학자인 소스타인 베블런Thorstein Veblen이 각자 저술로써 설명했듯이 비非식자층은 안타깝게도 이 소비주의에 말려들고 말았다고 한다.

신학자 크리스틴 피어러 힌지Christine Firer Hinze는 소비에 대한 가톨릭적 및 급진적 사고에 대한 연구를 통해 그러한 소비문화에서 형성되는 자아가 인간의 덕성, 특히 절제의 미덕을 잃어버릴 수 있다는 우려를 드러낸다. 그녀는 20세기 초에 존 A. 라이언John A. Ryan 주교가 집필한 경제서에서 사치의 대가로 훼손되는 존엄성을 비용으로 계산한 내용을 떠올린다. 힌지와 매클로스키는 반소비주의 식자층의 주장 중에서도 인간이 스스로 비뚤어질 수 있다는 데는 동의한다(힌지와 매클로스키는 덕망 있는 삶에 대한 관점에 있어 아리스토텔레스Aristotle와 토마스 아퀴나스Thomas Aquinas를 지지한다). 우리는 소비에 가치 중립적으로 접근하는 공리주의자가 아니다. 1980년대 이후로 미국의 경영대학들을 부패시킨 일종의 무도덕주의에 대해 경제학자들이 비판받는 것도 당연하다. 소비 사회학에서는 '죄악의 구조화Structures of sin'를 주장하기도 한다. 힌지와 매클로스키는 다른 것과 마찬가지로 "소비문화에 도덕적으로 접근하자"라고 촉구했다. 그러나 "시장이 기본적 도덕성에 대한 존중 정신을 생성할 수도, 확고히

할 수도 없다"라는 근거는 실제로 어디서 찾을 수 있는가?[10] 윤리적 노력 없이는 당연히 불가능하다. 그런데 '안 된다'라고 못 박을 건 없지 않은가?

즉 온전한 스토리의 맥락에서 언급되는 '자본주의'라는 단어는 통상 자본주의 체제를 칭찬하는 의미로 쓰인다. 그러나 이 단어 자체만 단독으로 떼놓고 보면 사람보다 이윤을 중시하는 순전한 탐욕의 의미로 쓰일 때가 많다(즉 자본 소유자의 이익을 증진하는 것은 무엇이든, 죄악의 화신으로 취급한다). 매클로스키는 2006년 저서 《부르주아의 덕목》에서 자본주의를 "중앙 정부의 계획이 아닌, 법치와 윤리적 합의에 의해 규제되는 사유 재산 및 자유 노동의 체제"로 정의한다.[11] 그러나 나중에 그녀는 이 정의 방식이 지나치게 정적이고, 상업성 검증을 거친 개선에 담긴 자유주의 정신이 결여되어 있다는 것을 깨달았다. 그보다 더 바람직하고 윤리적인 체제는 자유주의적 혁신주의 체제다. 북서부 유럽을 기점으로 이제는 전 세계에 급속히 부를 안겨주고 있는 자유주의적 혁신주의는 대중이 창의성의 새로운 주체가 되어 아이디어를 궁리하고 원하는 대로 이동할 새로운 자유를 얻을 수 있게 한다. 자유주의적 혁신주의가 부패하고 있다는 근거 없는 누명을 묵묵히 방치해서는 안 된다. 다 같이 잠시 멈춰서 곰곰이 생각해봤으면 한다.

부르주아 딜과 그에 뒤따른 대풍요는 1848년 들어 대대적인 정밀 검사를 통과한 후 서서히 사회주의 체제의 품으로도 안기기 시작했다. 그러다가 20세기 들어 혁신주의와 자유주의는 거의 파괴되었다.

당신이 모르는 자유주의

특히 1914~1989년, 즉 유럽이 자멸에 빠진 75년 동안이 극심했고, 그사이 민족주의와 사회주의, 그리고 (아, 신이시여) 국가 사회주의와 같은 반부르주아적 사상이 "지옥의 뚜껑을 열어젖히고" 말았다.[12] 그 와중에도 대풍요는 여전히 건재하다. 인간의 품위 있고 윤리적인 삶을 위해서라도 우리는 이 풍요를 지켜야 하겠다.

2부

LEAVE ME ALONE
AND
I'LL MAKE YOU RICH

대풍요가 찾아온 이유는
자유주의 덕분이다

12장

자유주의가 꽃피운 새로운 아이디어는 시계태엽과 같다

그러면 대풍요의 원인은 무엇일까? 정치 성향상 온건한 우파에 속하는 우리 친구들은 보수 성향 역사학자인 니얼 퍼거슨Niall Ferguson이 말한 '킬러 앱Killer App'(본뜻은 등장과 동시에 시장의 판도를 바꾸는 애플리케이션 내지 신기술을 말하며, 퍼거슨은 저서 《시빌라이제이션》에서 서구가 세계를 지배할 수 있었던 힘을 '킬러 앱'으로 비유해 설명한 바 있다 - 옮긴이)을 찬양한다. 퍼거슨이 꼽은 6가지 킬러 앱은 재산권, 직업 윤리, 소비 사회, 경쟁, 현대 의학, 과학이다.[1]

우리는 괜찮은 사회라면 이 6가지를 더 필요로 한다는 데 동의한다. 그러나 어떤 지역은 매우 부유한 반면 다른 지역은 매우 가난한 이유를 '킬러 앱'으로 설명할 수 있다는 데는 동의하지 않는다. 재산

당신이 모르는 자유주의

권 보호는 물론 꼭 필요하다. 홉스가 그토록 열렬히 주장했듯이, 재산권을 보장받지 못하는 사회는 풍요로워지지 않을 것이다. 그러나 리바이어던의 간섭 없이도 재산권은 어느 사회에나 번듯하게 존재했다(그렇지 않으면 사회라고도 볼 수 없는, 만인의 만인에 대한 투쟁 상태였을 것이다). 영국 법률의 역사를 다룬 고전이자 1895년 프레드릭 폴락Sir Frederick Pollock과 프레드릭 윌리엄 메이틀랜드Frederic William Maitland가 발표한(특히 메이틀랜드가 주로 집필했다) 저서 《에드워드 1세 이전 영국 법의 역사The History of English Law Before the Time of Edward I》라는 제목에서, 1272년 이전에도 영국의 재산법과 계약법의 큰 틀이 형성되어 있었다는 것을 알 수 있다. 경제학자 바트 윌슨Bart Wilson은 손잡이와 아교, 노끈, 뾰족한 돌 조각을 가지고 최초로 창을 만든 사람이 '내 것'이라고 주장하기 시작하면서 호모 사피엔스가 부동산 소유자이자 상인이 되었다고 설득력 있는 주장을 펼친다.[2] 고대 로마와 중세 중국도 18세기 스코틀랜드만큼 재산권이 잘 보장되어 있었다. 그러나 중국인이 아닌 스코틀랜드인이 지금의 세계를 형성했다. 따라서 재산권은 충분조건이 아니라는 결론이 나온다.

그러면 필요조건인가? 물론이다. 그러나 사유 재산은 흔했으므로 현대 유럽에 국한된 킬러 앱 후보로 꼽기는 어렵다. 어쨌든 논리학에서 필요조건은 충분조건이 아니다. 더글러스 노스(1993년 노벨 경제학상을 수상했는데 이것 말고 다른 주제의 업적으로 받았다)의 말처럼 재산권 보장의 발전 '때문에' 경제가 발전했다고 주장하는 것은, 대기 중의 산소 '때문에' 1871년 시카고 대화재가 발생했다거나 영어라는 언어 '때문에' 1811년부터 1818년까지 제인 오스틴의 소설이 탄생했다고 말하는 것과 같다. 재산권이 물론 필요조건은 된다. 하지만 충분조건은 당연히 아니다.

퍼거슨이 제시한 다른 앱도 마찬가지로 충분조건이 아니고 잘해야 가끔 필요조건이 될 뿐이며 킬러라는 수식어를 붙일 만큼 기발한 것은 결단코 아니다. 직업 윤리와 소비 사회에 관해서 말하자면, 언제는 가난한 농민들이 열심히 일하지 않았겠는가? 또 인간이 자신이 가진 부를 열심히 소비하지 않던 때가 그전에는 없었겠는가? 퍼거슨이 말하는 시장 경쟁은 광범위한 내수 시장과 과하지 않은 조세 부담, 수 세기에 걸쳐 평화기였던 당나라부터 가장 늦게는 마지막 황제에 이르기까지의 중국을 특징으로 삼았다(로마 멸망 이후 미친 듯이 다투고 분열된 유럽보다 더 경쟁 시장이 발달하기에 좋은 조건이었다).

그리고 현대 의학과 과학은 대풍요의 원인이라기보다 결과에 가깝다. 예를 들어 세균성 전염의 원리에 대한 이해가 부족했던 유럽의 부국들은 대체로 19세기 들어 중국에서의 도시 보건과 맞먹는 수준으로 하수도를 개선했다. 그리고 첨단 과학은 1900년경까지는 현대의 발전과 거의 무관했다가, 실제로 1945년 이후에야 중요한 역할을 하기 시작했다. 1930년대에 발견된 페니실린은 제2차 세계대전 이후에야 민간용으로 보급되기 시작했다. 1943년 갓난아기 매클로스키는 전기 코드의 치명적 부분을 물어뜯고 한 달간 입원해야 했다. 유일하게 쓸 수 있는 항생제는 당시에 따끈따끈한 과학적 발견이었던 설파제였으며, 게다가 영유아를 위한 적정 복용량은 아직

당신이 모르는 자유주의

정확히 알려지지 않은 터였다. 그래도 설파제 덕분에 입술 수술 과정에서 감염을 면했으니 감지덕지했지만 신장은 약간 손상되었다. 여러분은 '과학기술science and technology'이라는 합성어를 자주, 특히 그 것도 자신의 고귀한 사업을 위해 여러분의 주머니에서 더 많은 자금을 가져가길 원하는 물리학자나 생물학자들에게서 주로 들어봤을 것이다. 그러나 세계 복지의 대부분은 고에너지 물리학이나 토성과 대우주로 가는 우주 탐사선 같은 '과학'보다는 '기술'에서 비롯된 측면이 더 크다.

반대로 우리의 좌파 친구들은 서방 국가들이 나머지 국가들을 침탈하고 원주민을 노예로 만들고 제국을 건설함으로써 부를 축적했다고 말한다. 그러나 퍼거슨이 올바르게 지적했듯, 제국의 착취는 유럽인이 1492년 이후에 벌인 일 중 유럽인 고유의 특징으로 꼽기에는 가장 개연성이 떨어진다. 노예제와 제국주의는 풍요의 원인으로 단골로 지목되지만 실제로는 대풍요에 전혀 기여한 바가 없다. 흑인 노예 무역은(북쪽으로는 백인 노예인 슬라브족Slav이 있었다. 여기서 '노예slave'라는 말이 생겼다) 카이로와 콘스탄티노플, 이스탄불 등지의 시장으로 노예를 팔아넘기던 아프리카 동해안 쪽이 서해안 쪽보다 더 오래 지속되었고 규모 면에서도 만만치 않았으나, 결과적으로는 서해안에서 팔려간 노예들이 미국을 부국으로 키우는 데 일조했다. 반면 동해안의 노예 무역은 이집트나 비잔틴 제국, 오스만 제국을 부국으로 이끌지 못했고, 이들 나라는 대풍요 근처에도 가지 못했다. 비슷하게 브라질과 카리브해 국가들도 멀리 떨어진 미국보다 어떤 이유에선지 서아프리카 출신의 노예를 훨씬 더 많이 수입했지만 마법처럼 풍요를 일으키는 노예의 힘을 똑같이 누리지 못했다.

그러니 제국주의도 답이 아니다. 오래전에 경제학자 랜스 데이비스Lance Davis와 역사학자 로버트 후텐백Robert Huttenbach은 해가 지지 않는 나라인 위풍당당한 대영 제국조차도 제국주의 때문에 재정 고갈에 시달렸다고 단호하게 주장했다.[3] 벤저민 디즈레일리Benjamin Disraeli 전 영국 총리는 1872년 제국주의로 선회하기 전인 1852년에 "이 계륵 같은 식민지들이 (…) 우리한테 목을 죄는 듯한 중압감으로 다가온다"라고 불평했다. 1852년 그의 말은 옳았고, 1872년 그의 행동은 틀렸다. 소수의 영국인들이 부를 쌓았고, 옥스퍼드에 있는 크라이스트처치대학교Christ Church College 출신의 몇몇 인도 총독은 모교의 휴게실 벽에 자신의 초상화를 길이 남기는 영예를 안았으며, 그보다 낮은 수준의 사립학교에 다니던 덜떨어진 상류층 자제들은 대다수가 매일 밤 클럽에서 당구와 진토닉을 즐기다가 졸업 후 자국에서 취직했다. 그러나 이들을 제외하면 스코틀랜드나 런던, 요크셔의 평범한 대다수 주민들은 전쟁광들이 자국 영역을 지구상의 4분의 1까지 넓혀가는 모습을 지켜보는 즐거움 외에 얻는 것이 없었다. 가난한 사람들은 영국 왕립 해군을 지원한다는 명목으로 맥주세와 담뱃세를 납부했으며, 1880년에는 영국령 인도로, 1916년에는 서부 전선으로, 1943년에는 혼돈의 버마로 파병되어

당신이 모르는 자유주의

객지에서 전사하곤 했다.

이처럼 우파의 킬러 앱도, 좌파의 착취론도 대풍요를 설명할 수 없다. 그들 중 유럽, 그리고 이후 전 세계에 초래한 소득 증가분은 크지 않다. 중국과의 차 무역을 생각해보자(그러나 아편 전쟁을 낳았다). 유기 화학을 생각해보자(그러나 독가스를 낳았다). 운하의 건설, 금융의 발달, 학교 교육 보편화도 정답이 아니다. 이들 각각의 요인은 그 자체로 1인당 3,000%의 소득 증가를 설명하기에는 영향력이 미미했고, 게다가 그중 상당수는 큰 영향 없이 다른 지역에서도 예상 가능한 것이었다. 예를 들어 1492년에만 해도 중국이 유럽보다 문해율이 더 높았고 그 전에도 훨씬 많은 발명품을 배출했다.

더 깊은 설명이 필요하다. 한 국가에서 자원 투입량의 1%나 심지어 10%를 차지하는 산업에서 1~2%씩만 개선을 일으켜도 꽤 선방일 것이다. 예를 들어 여기서 단 2분의 1만 되어도, 즉 미국 국민 소득의 300위 정도만 해당해도 잘 지낼 수 있을 것이다(연간 86억 달러다. 감지덕지한 액수다. 영국의 인도 총독인 로버트 클라이브Robert Clive가 1757년에 귀국한 후 7년 동안 누렸던 것과 같은 금액을 오늘날 물가로 환산한 수치에 해당한다).⁶ 그러나 위대한 인물 한 사람이 역사를 바꾸기도 하는 정치사와 달리 경제사에서는 위대한 발명 하나가 역사를 바꾼다는 가설이 성립되지 않는다. 철도 건설이나 중등학교 건립 운동과 같이 국가 총소득의 2% 정도를 차지하는 대규모 국책 사업을 20개 벌인다 해도 1800년 비참한 수준의 1인당 소득에 비해 1,000~10,000%라는 어마어마한 성장을 일으키지 않는다. 또는 달리 말하면 1800년 이후의 독창적인 킬러 앱은 쌓이고 쌓여서 해일이 된다. 하지만 그다음에는 증기 기관이나 인터넷, 잡종 옥수수 연구가 아니라, 바로 이 총체적인 해일이 진짜 근인이 된다. 이것은 물 분자가 아니라 거대한 해일에 비견할 만하다.

그렇다면 무엇이 창의성의 거센 해일을 일으켰을까? 우리는 경제와 역사에 관한 최근의 연구에서 얻은 확고한 증거를 바탕으로 주장하건대, 윤리와 수사법, 이데올로기가 변화하면서 영국은 부유해졌고, 뒤따라 서양과 세계의 많은 국가도 부유해졌으며, 그리고 다음 몇 세대 후면 모든 인류가 부유해질 것이다.

뜻밖이지 않은가? 어떤 실체가 아니라 단지 생각이 세상을 바꿨다니 말이다. 그러나 생각하면 할수록 답은 더 분명해진다. 인간의 의도가 담긴 새로운 아이디어는 새로운 행동보다 선행한다. 판에 박힌 이윤 추구나 판에 박힌 착취로는 한 개인도 그 개인이 속한 사회도 부유하게 만들 수 없다. 모든 사람의 생활 수준을 개선하기 위한 새로운 아이디어가 있어야, 그것도 무수히 많아야 한다. 물 분자가 모여 파도를 일으키려면 파격적인 새로운 윤리와 자유주의의 수사법 및 이데올로기에서 자극을 받은 새로운 모험 정신이 근본에 깔려 있어야 한다. 평범한 사람들에게 고대의 전제 정치(그리고 요즘으로 치면 각종 규제, 산업 정책, 사업 독점권 부여 등)가 아닌 생존권, 자유권, 행복 추구권을 부여하자. 그러면 그들은 이런저런 새로운 아이디어

당신이 모르는 자유주의

를 궁리하기 시작하다가 여기에 아이스크림 가게를 열고, 저기에 첨단 농장을 세우며, 마침내 아이폰까지 개발할 것이다. 그다음에 사람들은 1800년부터 현재까지 자유주의적 혁신주의가 발판을 마련해준 자유주의 경제에서 수십 억 가지의 크고 작은 참신한 아이디어를 마음껏 행동으로 옮길 수 있다.

기계식 시계에 빗대어 설명해보겠다. 대풍요를 설명할 때 물리적 측면에서 유력한 용의자는 시계의 톱니바퀴와 같다. 즉 필요하지만 시곗바늘을 움직이지는 않는다. 현대의 사회 개선을 가능케 한 시계 태엽은 자유인의 평등주의와 자유주의라는 탁월한 사상으로 꽃피는 개인들의 아이디어에 비유할 수 있다. 사람들은 새로운 자유주의 (18세기에는 상상의 관념이었다가 그 후 불완전하게나마 천천히 도입되기 시작했다) 체제하에서 서로 대화하는 화법이 달라지기 시작했다. 이전의 모든 시대를 지배하던 위계질서에 반대하며 지위와 기회, 법적 권리의 평등이 대세론이 되었다(한편 우리는 정부 중심의 새로운 계층제가 대두되는 오늘날의 현실이 걱정스럽다).

요즘도 여전히 그 잔재가 남아 있지만 과거의 수사법을 보여주는 예로, 13세기 프랑스 남부의 한 간수가 선처를 호소하는 한 부자의 부탁에 코웃음을 쳤다는 다음 일화가 있다. "보시오, 아르노 테세르 씨, 당신은 그처럼 풍요에 둘러싸여 방탕하게 살았습니다! (…) 그런 당신이 어떻게 무죄일 수 있겠습니까?"[5] 그러나 마침내 애덤 스미스와 토머스 페인 같은 진취적 사상가들이 부르주아 딜을 믿기 시작했다.

진화 생물학을 대표하는 문구로 "변이를 거친 유전descent with modification"이라는 말이 있다. 이 말을 응용하자면, 대풍요가 가능했던 이유는 사람들이 변화를 원하는 반대자dissent with modification들을 포용했기 때문이다. 그들은 반골들을 치켜세우기 시작했고, 또는 적어도 교수형이나 화형에 처하자는 정서에서 탈피했다. 새뮤얼 존슨은 동시대에 살던 귀족과 세상 물정 모르는 성직자들, 그리고 훗날의 식자층에게서 흔히 들을 수 있던 반경제적, 반소비주의적, 반영리주의적 불평에 동참한 적이 없다. 1753년에 그는 '혁신innovation'이라는 단어가 요즘처럼 빛을 발하기 훨씬 전부터 이미 "혁신 이후 이 시대는 정신없이 나아가고 있다. 세상의 모든 비즈니스는 새로운 방식으로 탈바꿈해야 한다. 하다못해 교수형을 집행하는 방식도 새롭게 바뀌어야 한다"라며 혁신주의를 예찬했다. 그리고 가령 새로운 양조 기법 같은 정보를 접하고 이에 관심을 보이기도 했다. 그는 미래의 건국 세력들을 옹호했다.

— 그러한 사람들의 새로운 시도가 종종 실패하리라고 예상하는 것도 당연하다. 그러나 그러한 사람들로부터, 그리고 그들만이 할 수 있는 능력을 믿고 우리는 아직 미개간 상태의 자연을 경작하고 삶의 행복에 필요한 기술이 발명되기를 희망해야 한다. (…) 성공에 대한 확신 없이 이전에 시도한 것이 무엇이든 (…) 편견에 둘러싸인 채 (…) 창작자는 비난과 경멸을 감내해야 했다. (…) 사람은 누구나 자신이 이해하지 못하는 것을 비웃게 마련이다. (…) 아무리

당신이 모르는 자유주의

훌륭하거나 새로운 디자인이라도 전부 기획 단계에서 비난받곤 한다.[6]

이것은 부르주아의 위엄과 사회를 개선할 자유에 반대하는 적들을 향한 선언이었다. 1620년이라면 이렇게 선언하기가 거의 불가능했을 법하다(그래도 그 시기에 프랜시스 베이컨Francis Bacon 같은 예외도 있었다. 귀족 특유의 까칠한 성미를 지니긴 했어도 그의 사고관은 당시에는 너무 이른 봄에 찾아온 울새처럼 시기상조였다). 미국을 설계한 주역인 벤저민 프랭클린은 존슨과 거의 같은 시기에 비슷한 취지로 글을 쓰면서, 자신을 비롯해 사회를 개선하려는 뜻이 있는 자가 "인류를 이롭게 하고자 해도 (…) 아무리 좋게 생각해봤자, 실패하면 매우 부당하게도 세간의 조롱과 경멸과 맞닥뜨린다. 반면 성공하면 시기, 약탈, 모욕의 대상이 된다"라며 평소 낙관적인 그답지 않게 불편한 심사를 내비쳤다.[7] 독일의 사회학자 막스 베버Max Weber가 1904년에 지적했듯이, 창조적 파괴자의 등장은 "일반적으로 평화로움과는 거리가 멀었다. 불신과 때로는 증오가 쏟아졌고 무엇보다도 최초의 혁신가들에 반대하는 도덕적 분개가 끊이지 않았다".[8] 그러나 갈수록 사람들은 상인들의 이윤을 제로섬 게임의 착취나 요사스러운 것이 아니라, 모든 사람을 이롭게 하는 창의성과 기민성에 대한 대가로 인정하기 시작했다(이런데도 '어떻게 무죄일 수 있냐'라고 묻겠는가?).

13장

자유주의는 혁신주의와
수익성 검증을 뒷받침했다

지금까지 우리는 사람들이 자유주의적 평등사상에 입각해 탄생시킨 새로운 아이디어를 '혁신주의'라고 일컬었다. 오해를 일으키기 쉬운 '자본주의'보다 혁신주의가 학문적으로 더 정확한 표현이다. 자본주의라는 단어는 예컨대 '퀘이커Quaker', '토리Tory', '휘그Whig'와 마찬가지로, 부르는 쪽에서는 비웃고자 붙인 명칭이지만 정작 듣는 당사자들은 딱하게도 영문도 모른 채 자랑스레 채택한 명칭이다. 네덜란드어 중에는 'geu'zennaam'이라고 이에 딱 맞는 단어도 있는데, 그 어원을 거슬러 올라가면 '거지의 명칭'이라는 뜻이 담겨 있다. 〈포브스〉의 모토인 "자본주의의 도구Capitalist Tool"도 그런 경우다.

　자본주의라는 단어는 마르크스주의자들이 만든 용어다. 마르크스 자신은 '자본주의Kapitalismus'라는 단어를 사용한 적이 없지만 여기서는 거기까지 깊게 들어가지 말자. 아무튼 마르크스는 원래의 자본 축적에 더해 잉여 가치를 재투자하는 업자들을 가리켜 별로 심각한 의미 없이 '자본가capitalist'라고 칭했다. 그 전에는 자본가란 단순히 투자금이 넉넉한 사람을 지칭할 뿐이었다. 그러다 마르크스가 그 단어에 이론적 뉘앙스를 부여했다. 그 시기 전후의 경제학자들을 필두로 많은 사람이 그랬듯 마르크스도 자본의 축적이 근대화를 이끄는 시계태엽과 같다고 주장했다.

그래서 자본주의라는 단어를 쓰는 사람은 세계가 부유해진 원인을 자본 축적이라고 설명하는 특정 이론을 자신도 모르게 수긍하는 셈이다. 그러니 오류에 빠진다. 예를 들어 마르크스주의 사회학자 이매뉴얼 월러스틴Immanuel Wallerstein은 1983년에 "자본주의라는 단어는 자본에서 유래했다. 따라서 자본이 자본주의의 핵심 요소라고 봐도 타당할 것이다"라고 썼다.[1] 하지만 그렇지 않다. 점성술astrology이라는 단어의 첫 부분이 '별'을 뜻하는 라틴어에서 유래했다고 해서 별이 인간의 운명을 결정하는 핵심 요소라고 가정해도 타당하다고 볼 수는 없지 않은가. 사람들이 '자본'이라는 것에 대해 많은 생각을 한다고 주장할 수 있겠지만 그 축적이 사실 근대성에만 국한된 특징은 아니다.

실제로도 그랬다. 로마인과 중국인은 물론 동굴에서 살던 선조까지 거슬러 올라가도 항상 소비를 자제하면서 자본을 축적해온 것은 모든 인류의 공통점이었다. 새로운 아이디어가 없이 순전히 자본만 축적하면 뚜렷한 수확 체감의 법칙에 맞닥뜨린다. 입지나 메뉴 등 피자집 창업에 대한 신선한 아이디어도 없이 이미 몇 블록 내에 피자집 대여섯 군데가 모여 있는 폴크와 디어본 거리의 모퉁이에 거금을 들여 또 하나의 피자집을 개업한다면 개인적으로나 사회적으로나 어리석은 계획이다.

오늘날의 세계를 부유하게 만든 것은 자본 투자, 노동력 배치, 토지 자산 집결에 대한 새로운 아이디어였지, 투자 자체는 필요조건일 뿐 풍요를 일으킨 주체는 아니었다. 매클로스키는 자유주의자 친구인 경제학자 마크 스카우젠Mark Skousen과 이 문제에 대해 약간의 논쟁을 주고받은 바 있다(이 토론은 스카우젠의 주최로 매년 8월 라스베이거스에서 열리는 멋진 행사인 프리덤페스트FreedomFest 콘퍼런스에서 진행되었다. 정말 재미있으니 한번 가보시길). 스카우젠은 자본이 아닌 아이디어가 시계태엽이라는 우리의 견해에 뻔한 이유를 들어 반대를 표명했다. 그는 매클로스키에게 "경제 성장을 위해서는 자본이 있어야 합니다. 기업가들에게는 세상을 바꿀 만한 훌륭한 아이디어와 신기술이야 많지만 자금을 조달해야 실행에 옮기죠"라고 말했다.

맞다. 하지만 스카우젠도 인정했듯이 자금 조달은 충분조건이 아니라 필요조건일 뿐이다. 반대로 1800년 이후 폭발한 인간의 창의력은 충분조건이었다. 철도와 전등의 발명, 컨테이너화 등은 아이디어가 워낙 훌륭했으므로 자금 조달은 별로 문제가 되지 않았다('별로' 대신 '절대'라고 표현했다면 여러분은 어떤 반응을 보일까?).

1871년 시카고 대화재 이후 일어난 일은 결정적 시험대였다. 도

당신이 모르는 자유주의

시의 3분의 1이 잿더미가 되었다. 그러나 그 직후, 폐허가 된 건물들 속의 잔불이 미처 꺼지기도 전에 각계각층의 기업인들이 이번에는 목재 대신 벽돌과 석재로 도시를 재건하기 시작했다. 화재로 발생한 폐기물은 인접한 미시간호에 투척했고, 호안선을 400미터가량 확장했다. 그리고 방방곡곡에서 건축가를 섭외해 철근으로 고층 건물을 짓는 공법을 개발했다. 몇 년 만에 시카고는 되살아났고 이에 의기양양해진 시카고를 본 외지 출신의 한 언론인이 일종의 거지 명칭인 '바람(허풍)의 도시The Windy City'라는 별명을 붙였는데, 이 때문에 호수에서 불어오는 바람이 겨울에는 따뜻하게 하고 여름에는 시원하게 해서 시카고의 적정 기온을 유지하는 역할을 한다는 오해가 오늘날까지 널리 퍼져 있다.

왜 그들은 그렇게 속전속결로 높디높은 건물을 짓고, 또 그토록 의기양양했을까? 시카고의 입지가 밀워키나 세인트루이스보다 뛰어나다는 아이디어를 냈기 때문이다. 이 아이디어는 기업들이 시카고에 재투자하자마자 즉시 막대한 수익을 창출했다. 그렇게 해서 수십 년 동안 시카고는 오늘날 계급을 가리지 않고 정부 부패로 악명이 높음에도 세계에서 가장 빠르게 성장하는 도시 중 한 곳인 중국 선전Shenzhen에 비견할 성장세를 보였다. 육로 수송률이 가장 낮은 오대호와 미시시피강 사이 지역이 자연스레 국영 철도 시스템의 중심지로서 적합하다는 판단과 정치권의 지원에도 힘입어 투자지로 낙점되었다('국가적 차원의 화물 취급자'라고 볼 수 있겠다. 대통령이 되기 전에 일리노이주 중앙 철도Illinois Central Railway 측의 변호사였던 에이브러햄 링컨

Abraham Lincoln에게 감사할 일이다). 투자 그 자체가 철도 부지를 결정하지는 않는다. 이곳에 대도시를 세우자는 간절한 아이디어가 시계태엽이었다. 그리고 그렇게 해서 세운 건물은 톱니바퀴였다.

필요조건은 한도 끝도 없으며 원인을 합당하게 설명하기에는 대부분 적절하지 않다. 상온에서 액체 상태의 물을 모으는 것, 또는 어느 정도 안정적인 정부를 수립하는 것도 대풍요라는 거대한 해일을 일으키기 위한 필요조건이다. 그러나 액체 물이나 안정에 접미사 '~주의ism'를 붙여 '물주의water-ism'나 '안정주의stable-ism'라는 명사화를 쓰지는 않는다. 중국은 안정적이었지만 대풍요는 일어나지 않았다. 바꿔 말하자면 중국은 물 분자를 액체 상태의 물까지 만드는 데서 멈췄다. 이처럼 마르크스식의 '자본주의capital-ism'라는 말도 잘못된 표현이다. 적절한 필요조건은 많은 사회에서 공통적으로 볼 수 있었다. 그러나 그중 대다수 사회는 대풍요에 근접하는 경험도 하지 못했다.

스카우젠은 매클로스키에게 "그동안 세계는 투자 자본이 부족해서 성장 속도를 최대한으로 끌어올리지 못했습니다"라고 말했다. 실은 그렇지 않았다. 이러한 생각은 뉴욕대학교의 개발경제학 교수 윌리엄 이스털리William Easterly가 세계은행에 재직하던 긴 시간 동안 그가 명명한 이른바 '자본 근본주의capital fundamentalism' 개념과 함께 세계은행의 중심 기조를 형성했다.[2] 그러나 역사적, 경제적 증거는 그러한 생각과 반대 방향으로 갔다. 가나는 자본을 쏟아부었지만 실패했다. 중국은 땡전 한 푼 주지 않았지만 성공했다. 중요한 것은 인간의 마음속에서 창의력을 해방시키는 것이다. 대외 원조의 성과는 그간 성적표를 보면 형편없다. 반면 부르주아 딜은 대풍요를 이끈다. 사람들에게 자유를 주면 그들은 인간다운 삶을 살 수 있다.

'자본주의'는 학문적 오류가 한 단어로 농축된 것이다. 자유를 반대하는 적들이 고안한, 상당히 오해를 일으키기 쉬운 단어다(그리고 안타깝게도 스스로 자유를 지지한다고 믿는 우리 동료들도 심심찮게 잘못 쓰고 있는데, 그들은 국가 통제주의 속의 자본 근본주의에 얽매여 결국 은연중에 자유를 외면한다). 그보다는 자유주의가 낳은 '혁신주의', 그리고 다시 혁신주의가 초래한 '상업성이 검증된 사회 개선commercially tested betterment'을 대체 용어로 쓰는 것이 바람직할 것이다.

혁신주의적인 수사법은 과거 맥주를 양조하던 방식부터 강철을 제련하거나 셔츠를 팔거나 택시 대신 라이드 셰어링으로 사람들을 술집에서 집으로 데려다주는 방식에 이르기까지 기존의 방식에 순응하지 않은 혁신가들에게 경의를 표했다. 무엇보다 혁신주의는 상업성 검증을 포용했으므로 소비자들이 땀 흘려 번 돈을 기꺼이 지출할 만큼 대중의 합격점을 받은 현명한 반대자들과 포드 엣셀Edsel과 뉴코크New Coke처럼 합격점을 받지 못하고 시장에서 쓸쓸히 퇴장한 어리석은 반대자들을 자연스레 구별했다. 유권자가 투표권 행사로써 인간이 다 같이 존엄하다는 것을 표출하듯이, 상업성 검증은 실제 선거에서의 투표보다 더 정확하고 강력하게 상업에서 본질적인 민주주의를 구현하는 장치다. 상인과 혁신가, 그리고 새로움을 추구하는 모험가들은 신속한 상업성 검증을 통해 어떤 점을 보완할지 깨닫는다. 따라서 소비자의 미지근한 반응은 변화를 원하는 반대의 목소리인 셈이다. 설계와 제작을 마친 제품 하나하나는 이렇게 심판대에 오른다. 결국 이윤이란 업자들이 자의적으로 매기는 세금이 아니라, 업자의 손으로 전달되는 소비자의 투표 결과라고 보면 된다.

이윤이란 해당 아이템을 생산함으로써 동일한 노동, 자본, 원자재를 가지고 생산할 수 있었던 차선의 아이템의 가치를 상회해 벌어들이는 수익이다. 사회 전체가 함께 누리는 이익이자, 보이지 않는 손이 투자자의 등을 토닥거리는 격려의 신호다. 소비자들이 지갑을 열며 "참 잘했어요"라고 박수를 짝짝 보내주는 신호다. 반대로 손실은 필요한 노동, 자본, 토지, 원자재로 생산할 수 있었을 차선의 아이템의 가치에 미치지 못하는 수익이다. 예컨대 애플 뉴턴, 마이크로소프트 준Microsoft Zune, 포드 엣셀, 뉴코크, 크리스털 펩시, 맥디엘티McDLT, 익스트림풋볼리그XFL 2001년 버전, (사실상 망한) 아레나풋볼리그AFL, 월드풋볼리그WFL, 북미풋볼리그USFL, 월드리그아메리칸풋볼WLAF, 얼라이언스오브아메리칸풋볼AAF과 같은 미식축구 리그, HP 터치패드, 월드 챔피언십 레슬링, DVD 등장 이후의 비디오 대여점, 넷플릭스 등장 이후의 DVD 대여점, 삼성 갤럭시 노트 7, 구글 글래스, 트럼프 유니버시티, 트럼프 스테이크, 트럼프 에어라인, 〈트럼프〉 잡지, 트럼프 타지마할 카지노, 트럼프 마리나 호텔 카지노, 트럼프 플라자 호텔 카지노, 트럼프 모기지 상품, 트럼프 보드카, 트럼프 보드게임 등등이 있다. 이들은 보이지 않는 손이 날리는 불의의

당신이 모르는 자유주의

일격을 받았다. 이 손은 "당신은 자원을 낭비하고 있으니 다른 일을 찾아보는 게 좋겠다"라는 메시지를 태연하고도 단호하게 전달한다. 상업성 검증은 '시장 지배력'이나 광고에 의한 '조종'과 같은 잔혹 동화와 대조된다. 소비자를 상대로 상업성 검증을 통과하지 않고 그저 대기업의 힘과 광범위한 광고로 마법을 부릴 수 있다면, 아직도 시어스가 세계 최대의 유통 업체로 남아 있을 것이다.

수익성 검증은 중요하다. 미국의 장거리 여객 철도인 암트랙 Amtrak은 적자에도 불구하고 세금에 의존하고 있어서 계속 생명력을 이어가는 중이다. 경제학자 랜들 오툴Randal O'Toole은 암트랙의 여객 마일당(승객 1인 1마일의 수송 원가를 말한다-옮긴이) 비용이 전체 항공업계의 여객 마일당 비용보다 영업 손실이 크다고 계산한다.[3] 비용은 25억 달러이고 예상 투자 수익은 20억 달러인 화성 탐사선은 사회적 손실이 5억 달러에 달하니 양호해 보일 수 있지만, 대놓고 세상을 더 가난하게 만드니 자원 낭비다. 이윤은 자원이 바람직하게 쓰이고 있다고 알려주는 쪽지 같은 역할을 한다. 정부는 대개 쪽지를 받지 못하며, 행여 받아도 읽을 생각을 안 한다. 정치권은 주로 그보다 다른 메시지에 신경을 쓴다. 암트랙 노선은 시카고에서 워싱턴 DC까지 31군데의 역에 정차하며, 이 역 중 3분의 1 이상이 웨스트버지니아주의 좁은 면적에 몰려 있다. 음, 이것은 51년이라는 역사상 최장기간 상원의원을 지냈던 웨스트버지니아주 출신의 로버트 버드Robert Byrd 의원과 관련이 있다고 봐야 할까? 그럴 수 있다. 정부는 당연히 권력, 즉 사람들이 원하지 않는 일을 하도록 강제하는 능력을 행사한다. 그러나 벤앤제리스Ben & Jerry's 아이스크림은 소비자에게 구매를 강제하지 않고 설득할 뿐이다. 만약 벤앤제리스가 리스테린·피마자유 맛의 신제품에 도전한다면 첫날부터 발생하는 손실은 본사에 가장 명료하게 메시지를 보내는 경고장 역할을 할 것이다.

좌파들은 우리 자유주의자들이 이윤이 '인센티브' 역할을 한다고 주장하는 줄 알지만, 그것은 사실이 아니다. 좌파는 벤앤제리스의 벤 코언Ben Cohen이 이미 워낙 부자라서 돈을 아무리 많이 준다고 약속해도 새로운 맛의 아이스크림을 개발하기 위해 노력할 동기 부여가 거의 없을 것이라고 지적한다. 그러나 이윤은 중요한 차이를 창출하는 인센티브가 아니다. 사회적으로 바람직한 생산 활동이 무엇인지를 적은 쪽지처럼 시장이 보내는 신호가 중요한 인센티브로 작용한다. 업계의 선도 기업이 사회를 개선한 대가로 경제의 총소득 증가분에서 10%의 수익을 취하고 나머지 후발주자 기업이 5%의 수익을 가져가는 정도라면 이는 해당 업계의 기업들에 "지금 하고 있는 일에 더 집중하라"라는 경제의 계시다.

바로 이 이유로, 2019~2020년 대선 경선에서 '겨우' 2%의 부유세를 매년 추가로 물려야 한다고 말한 워런 상원의원의 악의 없는 제안은 끔찍하게 잘못된 것이다. 소득은 부에 대한 수익이며, 이 부는 석유 개발이나 병원 건립, 프로 축구팀 창단과 같은 생산 활동에 필요한 물적, 인적 자본의 소유권이라고 볼 수 있다. 석유 개발에 100만 달러를 투자해 투자 수익률이 6%라면, 가령 일반적인 투자 수익률이 5%라 했을 때 1%포인트 우위가 있으니 석유 개발에 투자를 늘려야 한다는 시장의 신호인 셈이다. '겨우' 2%의 과세는 수익을 연 6%에서 4%로 줄어들게 한다. 다른 투자보다 더 높은 수익률을 자랑하는 투자도 과세 이후 수익이 떨어진다. 그러면 투자는 사회에서 필요로 하는 적정 수준에 못 미치게 된다. 나긋나긋하게 들리는 워런의 포부는 경제학적으로 보면 투자 패턴을 근본적으로 왜곡할 것이다. 억만장자의 소득을 강제적으로 빼앗아 그 돈을 현명하게 사용하겠다는 무능한 정부 때문에 엉뚱한 분야에 투자가 이뤄지는 악순환이 더욱 심화된다. 결국 투자를 주도하는 억만장자뿐 아니라 모든 계층이 더욱 가난해질 것이다.

1800년부터 현재까지 이윤이 부르는 소리에 귀를 기울인 국가들은 부국이 되기도 했지만 동시에 그로 인해 모든 자국민을 함께 풍요롭게 했다. 나를 자유롭게 내버려두면 '당신'에게 부가 돌아가는 법이다.

◇◇◇

유럽인들은 최초의 근대 경제학자 애덤 스미스가 말한 "명백하고 단순한 자연적 자유 체제"를 받아들였다.[4] 그렇다면 자유를 얻은 사람들은 어떻게 물 분자를 해일로 바꾸고 북서부 유럽을 휩쓸게 했을까?

1500년대 초부터 시작된 일련의 다행스러운 사건들이 이를 설명한다. 명백하고 단순한 체제의 수용과 그 후 상업성이 검증된 개선에 대한 재평가는 다음과 같은 행운의 4가지 'R'에 달려 있었다.

1. 문해력Reading: 독서가 확산되었다(지금의 인터넷과 비슷하다). 수
   세기 전에 통일 중국에서 발명한 인쇄기는 정치적으로 분열된
   유럽에 진입해 검열을 어렵게 만들었고 새로운 아이디어의 활
   로를 활짝 열어주었다. 노예에 반대하는 자유주의는 이전에는
   비상식적으로 간주되었으나 책이 보급되면서 마침내 북서부
   유럽인들은 이 훌륭한 자유주의 사상을 믿게 되었다.

2. 개혁Reformation: 문해력 향상에 뒤따른 종교 개혁은 교회의 통
   치를 무너뜨리고 사람들에게 영적으로는 물론 경제적으로도
   자율적인 삶을 살 수 있음을 보여주었다.

3. 반란Revolt: 1568~1648년 네덜란드가 스페인으로부터 독립하
   기 위해 반란을 일으켰다.

4. 혁명Revolution: 1640년대 영국 혁명, 1689년 명예혁명, 1776년
   미국 독립 혁명, 1789년 프랑스 혁명은 기존 특권층을 무너뜨
   리고 자유와 평등을 외치는 급진적 정치사상을 애덤 스미스와
   메리 울스턴크래프트, 헨리 데이비드 소로, 존 스튜어트 밀의
   자유주의라는 하나의 새로운 이데올로기로 끌어올렸다. 당시
   일본, 중국, 무굴 제국, 오토만 제국과 같은 세계의 다른 거대
   한 상업 발달 지역에서는 비슷한 일이 일어나지 않았다. 서유
   럽인들은 '혁명권' 덕분에 과감하게 행동할 수 있었다. 토머스
   제퍼슨은 1776년에 "어떤 형태의 정부든 목적을 파괴한다면

당신이 모르는 자유주의

그 정권을 교체하거나 폐지하고 새로운 정부를 수립하는 것이 국민의 권리다"라고 주장했다.

이처럼 R로 시작하는 여러 가지 '우연한 사건'이 있었다. 자유주의의 행운은 자칫하면 불행으로 쉽게 바뀔 수 있었으므로 우연한 사건이라는 표현이 어울릴 것이다. 예를 들어 1588년 스페인의 무적함대가 영국에 상륙하는 데 성공했다면 급진적 종교 개혁이나 계급 없이 평등한 회중교회는 심히 저지되었을 테고, 훗날 영국의 자유주의는 빛을 보지 못했을 것이다. 찰스 1세가 영리한 청교도 장군을 만나지 않았거나, 제임스 2세가 그의 형만큼이라도 비가톨릭 신자들에게 관대했거나, 프레드릭 노스Frederick North 경이 좀 더 똑똑히 처신했거나, 루이 16세가 더 현명한 충언을 들었더라면 자유주의로의 전환, 이어서 혁신주의와 대풍요까지 아마 중국이나 튀르키예에 먼저 내줘야 했을 것이다. 그러나 상징적인 해인 1776년을 맞아 서유럽의 자유주의가 발전하기 시작했다. 누구나 똑같이 존엄하다는 새로운 사상의 등장은 여러분 같은 평범한 사람들에게도 영감이 샘솟게 했고, 그 결과 면방직 기술, 초등 교육, 제강, 여성 참정권, 우편 주문 쇼핑, 에어컨, 와이파이로 구동되는 모바일 컴퓨팅 등 새로운 아이디어들이 탄생할 수 있었다. 다시 말해 유럽은 천재가 아니라 그냥 행운아였을 뿐이다.

14장

대풍요는 자원, 철도, 재산권에서 비롯된 것이 아니다

석탄과 해안, 항해할 수 있는 수로, 비옥한 농토는 바로 대풍요로 이어지지 않고 수천 년 동안 가만히 웅크린 채 때를 기다리고 있었다. 1835년 알렉시 드 토크빌은 이렇게 서술했다. "요즘 영국의 정치 형국을 보면 영국인의 사고방식에 전환점이 찾아온 듯하며, 또 무엇이든 할 수 있다는 자신감을 얻은 그들을 보고 있자니 (…) 자연이 영국인들을 위해 항구 부지를 내주었는지, 또는 석탄이나 철을 내주었는지는 전혀 중요하지 않다는 생각이 든다."[1] '자원'은 새로운 아이디어가 자원의 가치를 창출해야 비로소 중요해진다. 그래도 앨라배마주 버밍햄 주변에 표지판도 있을 만큼 지역의 명물인 레드 마운틴 철광석은 지역 철강 산업의 '토대를 형성'했다고 말할 사람도 있

당신이 모르는 자유주의

을 것이다.

자원이 전혀 중요하지 않다는 뜻은 아니다. 그저 많은 사람이 생각하는 것만큼 중요성이 크지는 않고, 인류가 자유를 얻은 이후 끊임없이 창의력을 발휘해 그 대체물을 발견하는 것이 일반적이기 때문에 비교적 중요하지 않다고 말하는 것이다. 영국인(또는 미국인이나 훗날의 스웨덴인, 일본인)들이 자유주의에서 자극을 받아 무엇이든 할 수 있다는 자신감을 얻고 모험을 감수한 이상, 어차피 세계는 특정 자원이 없었어도 대풍요를 누렸을 것이다. 그들은 난관에 봉착해도 어떻게든 해결 방법을 찾는다. '필수'처럼 보이는 이것저것도 알고 보면 대체물이 있다. 앞서 언급한 고래기름 사례를 떠올려 보자. 그리고 미국 서부의 강 위를 운항하던 증기선은 대부분 유럽 국가들이 석탄 연료로 전환한 지 한참 지나서까지 나무 연료로 운행되었다. 무쇠도 마찬가지다. 목재가 풍부한 미국과 스웨덴은 그렇지 못한 영국이 코크스(콜라가 아니라, 철을 제조하기 위해 고온으로 미리 연소 과정을 거친 석탄의 일종이다)로 전환한 후에도 오랫동안 목탄을 사용했다.

보통 사람들은 자원이 나라를 부유하게 한다고 생각한다. 그렇다면 일본과 홍콩은 가난하고 러시아 연방과 콩고민주공화국은 부유했어야 정상일 것이다. 일반인들 사이에 알려진 잘못된 경제학 지식이 나쁜 결과를 초래할 수 있다. 많은 라틴아메리카 유권자들은 라틴아메리카는 자원이 풍부한데도 국민은 가난하다는 뿌리 깊고도 위험한 확신에 사로잡혀 있다. 그러다 보니 포퓰리즘 혁명의 물결이 계속 끊이지를 않고, 모든 사람을 부자로 만들어주겠다는 안이한 재분배 공약이 만연하다. 그러나 현대 경제에서 영농 인구는 1%에 불과하고(대표적 곡창 지대인 아이오와주에서도 7.6%밖에 안 되며, 그나마 대다수가 부업에 종사하고 있다) 광업과 어업에 종사하는 인구는 더 적다. 현재 도시를 포함해 미국에서 사용되는 천연자원은 국민 총소득의 5% 이하를 차지한다. 따라서 그들은 국민 소득 수준을 그다지 좌우하지 않는다.[2] 라틴아메리카에서도 사정은 같다.

석탄이나 자유 무역, 도로포장, 저축과 같은 다양한 요소들이 대풍요의 극히 일부를 설명할 수 있을지 모른다. 그러나 정작 900%나 2,900%, 9,900%에 달하는 생활 수준의 향상을 설명하기엔 역부족이다.

이처럼 유력한 용의자들이 차지하는 비중이 놀랍도록 작다는 사실은 경제학자들이 자주 쓰는 '하버거 삼각형Harberger Triangles'이라는 별난 트릭으로 확인할 수 있다. 이것은 노벨상을 받아도 손색없는 경제학자 아놀드 하버거Arnold Harberger의 이름을 따서 명명된 개념으로, 어느 한 요인이 경제에서 차지하는 정태적 기여도를 측정한다. 여기서 첫째로 필요한 질문은 '이 섹터의 생산성 증가분이 얼마인가?', 둘째는 '이 섹터가 국민 경제에서 차지하는 비중이 얼마인가?'다. 그런 다음 두 답을 곱한다. 생산량은 해당 섹터에서 비롯된 국민 소득의 증가분이다. 상식적인 수준이니 결국 그렇게 별나지만도 않다.

철도가 전형적인 예다. 철도가 성장 동력이라는 논리는 철도의 등장 이후 저렴해진 운송비로 생산과 소비 입지가 극적으로 바뀌었다는 점에서 그럴듯하다. 예를 들어 아이오와주에는 강이 여럿 있지만 그중에 배가 다닐 만한 강은 거의 없다[예컨대 시더 래피즈Rapids(급류)는 도시명이 모든 걸 말해준다]. 철도가 없었다면 아이오와주의 옥수수는 훨씬 더 비싼 가격에 시판되었을 것이다. 철도는 토지의 가치를 높이고 철강과 석탄 수요를 증가시켰다. 분명히 미국 산업화에서 필요조건이었음은 부인할 수 없겠다. 정말 그럴까?

아니다. 이와 관련한 획기적인 연구로 1993년 노벨 경제학상을 수상한 로버트 포겔Robert Fogel이 설명하는 별나고도 상식적인 트릭에 따르면 이야기가 달라진다.[3] 1890년 당시 미국에서 철도를 경유하는 화물의 운송비는 약 50% 떨어졌다. 꽤 큰 폭이다. 그러나 이 비용 절감의 영향을 받는 철도 경유 화물은 전체 화물 대비 약 50%에 불과했다. 많은 화물과 일부 여객은 여전히 강이나 운하, 연안 해운으로 이동했다. 현재까지도 중서부 지역의 옥수수 수확물이 적잖게 바지선을 통해 운반된다. 그렇다고 해도 화물 수송비가 절반이나 떨어졌다면 대단한 일 아닐까?

아니다. 1890년 미국 운송업은 국민 경제의 약 10%를 차지했다. 여기에 하버거의 트릭을 함께 사용하자. 철도를 통해 국가 전체적으로 운송비 50% 절감의 이득을 누리며, 그리고 이에 영향을 받은 철도가 운송업에서 차지하는 비중인 50%를 곱하고, 여기에 국민총생산에서 운송업이 차지하는 비중인 10%를 곱한다. 이렇게 10%

에 0.5를 두 번 곱해 2.5%다. 한 번에 2.5%라니 상당한 영향이다. 그러나 혁명적이라고 볼 정도는 아니다. 미국의 1년 경제 성장률이 대략 그 정도이니 말이다. 증기 기관차에 대한 낭만적인 이야기는 부풀려졌다.

물론 철도의 출현은 생산 입지를 재배치해놓았다. 철도는 세인트루이스가 아닌 시카고가 중서부의 경제 중심지가 된 이유를 한마디로 정리한다. 철도가 없었다면 강을 끼고 있는 세인트루이스가 우위를 점했을 것이다(그러나 여전히 시카고의 육로 수송력이 수로의 환적을 용이하게 했으므로 시카고 육로의 장점은 배가되었다). 그러나 입지의 재배치는 순소득이 아니다. 자본과 노동이 세인트루이스 대신 시카고로 옮겨갔지만, 이것 자체가 곧 순소득은 아니다. 국가의 순소득 증가분은 2.5%였다.

매클로스키는 전작《부르주아의 위엄》과《부르주아의 평등》에서 하버거 삼각형을 사용해 다양한 사회 개선의 효과를 평가했다. 이것 또는 저것에 대한 정태적 이득이 대풍요의 '결정적' 원인이라고 생각한다면 하버거와 만날 약속을 잡아야겠다. 대외 무역? 미미하다. 면과 면직물? 역시 미미하다. 절약? 이하 동문이다. 그러나 우리가 언급했듯이 매단 천장dropped ceiling(중심 천장 아래에 보조 천장을 덧댄 것으로 현대 건축 기술의 산물이다. 쉽게 들어낼 수 있고 파이프, 배선, 덕트 등을 가리는 등의 역할을 한다-옮긴이), 컨테이너화, 증기 엔진, 영어 교재《맥거피 리더McGuffey's Reader》(19세기 중반부터 20세기 초반까지 미국 학교에서 사용된 교과서-옮긴이) 등과 같은 개선 사례도 한때는 대풍요의 결실이

당신이 모르는 자유주의

었다. 그러나 하버거 삼각형의 논리를 극복하려면 인간의 독창성이 놀라울 정도로 광범위하고 지속적이어야 했다. 바로 이 광범위하고 지속적이라는 특성이 설명이 필요한 부분이다. 이쯤 해서 앞서 언급한 토크빌이 바라본 영국인이나 미국인, 그리고 오늘날의 인도인이나 중국인을 다시 떠올려야겠다. 그들은 무엇이든 할 수 있다는 자신감으로 무장했다.

그리고 어쨌든 '커다란 원인 한 가지'를 꼽는 주장은 각각 시기상으로 봐도 맞지 않다. 경제학적 접근은 차치하고 역사적으로 봐도 잘못되었음이 드러난다. 예를 들어 무역은 고대에도 존재했다. 수천 년 전 인류는 원거리에서 흑요석과 조개껍데기를 활발하게 거래했다. 발트해 연안의 호박과 아프가니스탄의 청금석이 이집트의 고분에서 발견되기도 했다. 중세 후반 유럽에서는 곡물 가격이 차익 거래에 따라 등락을 반복하곤 했다.[4] 대풍요가 시작되기 수십 년 전인 18세기 초 잉글랜드와 스코틀랜드의 곡물 시장은 실제로 긴밀하게 통합되었다. 그러나 긴밀하게 통합되기는 당시 중국이 훨씬 앞섰다. 인도양에서의 무역은 대풍요 이전에 수백 년 동안 행해진 대서양의 무역보다 더 규모가 컸지만 대풍요를 일으키지는 못했다. 무역은 시계에서 필수적인 톱니바퀴였지만 태엽과는 전혀 달랐다.

"잠깐, 물론 최근 이 문제를 연구한 많은 학자가 주장했듯이 '재산권'의 행사는 시계태엽이다"라는 반론이 있을 수 있다. 아니다. 다시 말하건대 필요조건은 맞지만 충분조건은 아니다. 영국 관습법은 대풍요가 시작되기 수백 년 전에 시행되고 있었다. 인류역사학자인 앨런 맥팔레인Alan MacFarlane은 "영국은 1750년이나 1550년, 심지어 1250년에도 '자본주의'를 채택하고 있었다"라고 지적했다.[5] 영국은 재산권과 법치에 의존했다. 일반적으로 사고파는 행위가 안정적으로 자리 잡았다. 사실 1485년 보스워스 전투에서 헨리 튜더Henry Tudor 의 승리는 결국 경제를 파탄 낸 장미 전쟁을 종식시켰으며, 수십 년 동안 재산권이 경시되던 귀족 사회도 같이 저물었다. 그러나 재산권 보장은 수세기 동안 유럽의 대부분 국가와 심지어 영국에서까지 특징을 이뤘지만 현대와 같은 경제 성장을 가져오지는 못했다.

17세기까지는 북유럽보다 이탈리아의 자본 시장에서 대출 거래 가 훨씬 발전했다. 그리고 사실 크고 작은 규모의 대출과 차입은 세계 역사상 어디에서나 흔한 일이었다. '자본주의(단순히 기업의 이윤 추구와 신용 거래를 의미한다면)'는 수백 년을 넘어 천 년까지 이어지며 셰필드와 맨체스터 못지않게 상하이와 뭄바이에도 활발하게 진행되었다. 또한 기원전 2000년경 지금은 이라크의 땅인 메소포타미아에서 노동 및 부동산 계약이나 장거리 거래와 관련해 놀라우리만치 세련된 형태의 신용장과 상업 송장이 점토에 새겨진 흔적도 발견되고 있다.

어쨌든 일련의 법제, 즉 더글러스 노스와 그의 추종자들이 주장하는 '게임의 규칙'이 우리 부의 근간이라고 주장하는 것만으로는 아무래도 불충분하다. 톱니바퀴는 맞지만 시계태엽은 아니다. 18세기

당신이 모르는 자유주의

북서부 유럽에 특별히 국한된 특징이라고 하기엔 흔히 볼 수 있었기 때문이다. 몽골도 법제를 갖췄지만 폭발적인 개선을 불러일으키지 않았다. 왕이 없던 10세기 아이슬란드를 13세기에 기록한 《날의 사가》('사가'는 북유럽 중세 문학의 한 장르이며 '날'은 등장인물의 이름이다-옮긴이)에는 "땅은 법에 따라 건설되어야 한다Með logum skal land byggja"라는 선언이 나온다.[6] 차르가 모든 것을 소유한 러시아와 같은 드문 예외를 제외하면 전 세계 대부분의 사회는 이 점에 있어서 1689년 권리장전 시기의 영국과 완전히 닮았다.

아시리아를 전문으로 연구하는 학자인 노먼 요피Norman Yoffee에 따르면, 고대 근동 국가들에 '규범과 행동 규칙'이 존재했으며, 이들이 준수되는지 감시하는 지역 유지 세력도 있었다고 한다. 기원전 18세기 초에 바빌론의 함무라비Hammurabi 왕이 광범위한 패권을 확립한 후 만든 함무라비 법전은 왕 '자신'의 법을 정당화하기 위한 것이었다. 그러나 요피는 그와 같은 법률은 "메소포타미아 사회의 질서를 확립한 토대가 아니었다"라고 주장한다. 왜냐하면 질서는 아이슬란드처럼 처음부터 이미 존재했기 때문이다. 그러면서 요피는 "다만 (중앙 집권화된) 단일성은 확립되지 않았으므로 법은 이를 공포하기 위한 도구로서 의미가 있었다"라고 덧붙인다.[7] 영국 일반인들에게 수 세기 동안 가장 중요한 법률은 18세기 이전 각 마을 '영주재판소leet'에서 윤작, 토지 및 생명 침해와 관련해 엄격하게 집행되던 지역 법이었다.

그리고 사람들은 빼곡한 성문법 속에서도 나름 혁신할 방법을 찾을 수 있다. 2004년 어느 진취적인 이베이 판매자는 미주리주의 암표 금지법에 걸리지 않기 위해 낙찰자에게 세인트루이스 카디널스와 LA 다저스 간의 플레이오프 게임 티켓 4장을 주겠다는 조건을 걸고 포켓용 경기 일정표나 야구 모자 등을 경매에 내놓았다. 이렇게 둘러 가면 효율성이 좀 떨어지는 건 사실이다. 그래도 번영을 막을 만큼 극복할 수 없는 장벽은 아니다. 대풍요가 '단순히' 규칙(그래서 인센티브가 필요하다는)을 제대로 정하는 것이 관건이었다면, 입법자는 자신이 챙겨갈 수 있는 엄청난 공짜 점심의 기회를 노리고서라도 진작 그렇게 했을 것이다. 법은 어느 정도나마 내생적인 측면이 있다. 경제학자들도 법이 이윤을 창출할 기회를 좇아 제정되다 보니 어떤 때는 공익에 부합하고, 또 어떤 때는 공익을 훼손하면서 자체적으로 생성된다고 말한다. 월마트와 타깃 등 대형마트를 유치하기 위해 노력하는 교외 소도시들을 보라. 반대로 대도시의 지자체들은 경쟁 업체들의 요청에 따라 대형마트의 입점을 막으려고 노력하고 있다.[8]

한 사회에서 상업계를 바라보는 이념과 전문가가 정하는 규율에 대한 이념도 효율성으로 그 사회가 얻는 이득 못지않게 결과를 좌우한다. 사회 민주주의 성향의 유럽 국가들에서는 도심의 부동산 소유주들이 외부에 더 저렴한 비용으로 상점가가 개발되는 것을 방지하는 법을 통과시킬 수 있다. 자유주의 경제 체제에 좀 더 가까운 미국에서는 대체로 그렇게 할 수 없다. 미국에서 나타난 결과는 매력적이지는 않아도 효율적이다. 한편 전문가가 정책을 주도하는 자유

당신이 모르는 자유주의

주의 성향의 유럽 국가들(예: 독일과 에스토니아)에서는 소득 무신고 제도가 일반화되어 있어서 국세청이 이미 소득 정보를 보유하고 있음에도 4월에 또 납세자가 신고해야 하는 번잡한 과정을 거치지 않아도 된다. 대조적으로 로비 집단의 뇌물이 만연한 미국에서는 세금 신고 소프트웨어 터보택스TurboTax와 세무법인 H&R블록H&R Block이 의원들을 매수해 국민들이 매년 4월마다 쓸데없는 일을 하느라 꼼짝달싹할 수 없게 만들었다. 그 시간에 국민들을 차라리 바위를 부수는 노역에 동원해 철도를 건설하는 게 어땠을지 싶다. 여러분의 세금이 그런 식으로 쓰인다.

15장

절약 또는 '자본주의'도 답이 아니다

절약도 오답이다. 우리 두 필자는 물론 경제학자로서 저축과 투자를 참 좋아한다. 시인 프로스트도 "대비하고, 또 대비하라"라고 시를 썼다. 저축과 절약은 자기 자신과 자신의 소유물을 지키는 길이므로 열심히 실천할수록 좋다. 은행이 당신의 저축을 남에게 대출해주면 사회 전체에 도움이 된다. 스크루지 영감도 저축을 열심히 해서 영국의 자본량이 증가하는 데 한몫했을 것이다. 그렇다.

하지만 앞서 매클로스키가 스카우젠과의 토론에서 언급했듯이 저축의 증가, 그리고 그로 인해 포화 상태가 된 첨단 기기와 대졸 고학력자들은 대풍요의 주역이 아니다. 생각해보자. 선조들은 모양새가 수백만 년 동안 바뀌지 않은 이른바 아슐리안 손도끼를 사용했

당신이 모르는 자유주의

다. 엄밀히 말하면 '도끼'가 아니라 단순히 한 손 크기의 부싯돌을 뾰족하게 깎은 것이었으며, 긁개, 자르개, 그리고 인간이 칼질하는 영양의 사체를 보고 달려드는 하이에나 사냥용 찌르개 등의 용도로 유용했다. 손도끼는 유적지에서 수십 개, 때로는 수백 개씩 발견되기도 했다. 일종의 자본 축적이었다. 그러나 아슐리안 병기들을 잔뜩 쌓아두었다고 해도 선조들은 30배 더 부유해지지는 못했다. 축적은 그 자체로 저축 행위일 뿐 더 좋은 도끼를 개발하겠다는 새로운 아이디어는 담겨 있지 않다. 더 많은 주먹도끼가 사용되었지만 수확 체감의 법칙이라는 한계가 있었다. 100번째 도끼부터는 하이에나를 막는 방어력을 높이는 데 별 도움이 되지 않는다. 여러분이 100번째 신발을 구매했다고 상상해보라. 특히 세 번째 집을 장만해 지붕도 꾸준히 관리해야 한다고 생각해보라. 단순히 손도끼나 신발, 집을 수집하는 것은 삶의 질을 (크게) 개선하지 못하며, 세상을 아주 풍요롭게 하지도 않는다. 그러나 더 '양질'의 도구, 집, 신발, 절차의 밑바탕이 되는 참신한 아이디어야말로 보수적 규칙이나 법률, 루틴에서 해방된 인간의 창의력, 즉 시계태엽의 역할을 한다.

다시 한 번 역사적 증거는 경제 논리를 강화한다. 신중하고 적정한 절약과 저축은 어느 사회에서나 존재하고 또 필수적이다. 중세 유럽에서는 종자 한 톨에서 거두는 보리나 밀의 씨앗이 4~5개로 매우 낮은 수준이었다. 봄이면 어른들은 배고파서 우는 자식들을 뒤로한 채 수확물의 4분의 1 이상을 다시 경작지에 뿌림으로써 엄청나게 허리띠를 졸라매야 했다. 중세 시대의 문제는 저축할 돈이 없는 것이 아니라 새로운 투자 아이디어가 없다는 것이었다.

부유한 나라 영국의 저축률은 실제로 유럽 평균보다 '낮은' 수준이었다. 물적 자본에 대한 투자가 국민 소득에서 차지한 비중은 1760년 영국이 6%, 같은 시기 유럽이 12%였으며, 1800년에는 영국이 8%, 유럽은 변함없이 12%였다. 영국의 투자는 증가했지만 영국이 그들보다 뒤처진 이웃 국가들과 비교해 절약 정신이 투철하지는 않았다.[1] 대신 그들에겐 예컨대 브리지워터 공작Duke of Bridgewater이 영국 최초로 강을 다리로 연결하는 운하를 건설한 획기적 업적과 같이 국민의 저축을 놀랍도록 기발한 용도로 사용하는 새로운 아이디어가 있었다.

어쨌든 절약을 권고하는 분위기는 아주 역사가 깊다. 히브리어 성서는 절약을 근면과 연관 짓는데, "게으른 자는 가을에 밭을 갈지 아니하니, 수확물을 거둘 때에는 구걸할지라도 얻지 못하리라"(잠언 20장 4절), "자기 일에 부지런한 사람을 보았는가? 이러한 사람은 왕 앞에 설 것이다"(잠언 22장 29절) 같은 구절이 그 예다. 코란에서도 "신은 방탕한 자를 좋아하지 않는다"(7장 31절)라고 가르친다. 아브라함 계통 밖의 종교 중에서는 특히 불교가 저축을 예찬하는데, '육방예경六方禮經'에는 다음과 같은 가르침이 나온다.

— 재산을 4등분으로 나눠라.

4분의 1은 생활비로 쓰고,

4분의 2는 사업을 확장하고,

당신이 모르는 자유주의

나머지 4분의 1은

만일의 경우에 대비해 저축하라.[2]

남아시아에서 유래된 이 경전은 이처럼 75%의 저축률을 권장하고 있다. 인도의 저축률이 이 목표치에 도달하고(사실 도달하지도 못했지만) 인도인들이 눈치가 빨랐다면, 1800년에 거꾸로 유럽이 인도의 식민 지배를 받았을 것이다.

애덤 스미스 이후 경제학에서 자본 축적이 성장의 시계태엽이라는 확신이 너무나 강력하게 퍼진 나머지, 카든과 매클로스키가 정말 존경해 마지않는, 오스트리아 출신이자 미국으로 망명한 경제학자 루트비히 폰 미제스Ludwig von Mises조차 오류를 범했다. 1956년에 미제스는 "동굴에 거주하며 힘겹게 식량을 구하던 야만인들이 점차 변모해 현대 산업을 일으키게 된 주된 요인은 저축, 즉 자본 축적이었다"라고 썼다. 하지만 이는 사실이 아니다. 자본 축적은 햇빛과 노동력의 존재와 마찬가지로 필요조건이었지만, 컨테이너화와 같이 새롭고 구체화된 아이디어와 결합해야 급격한 소득 증가를 일으킬 수 있었다. 그다음 미제스는 표류하듯 연쇄적 오류에 빠진다. "이러한 발전의 주도자는 생산 수단의 사적 소유 원칙에 따라 자본이 안전하게 축적될 수 있도록 제도적 기틀을 다진 아이디어였다." 낡은 개념이지만 재산권 보호도 물론 필요하다. 그러나 우리가 앞서 반복해서 지적했듯이 재산권 보호는 동굴 거주 시대에도 이미 인간 사회에 널리 퍼져 있었다. 그다음 미제스는 오로지 자본 축적 얘기로 돌아간다. "번영으로 가는 모든 단계에는 저축의 효과가 작용했다." 글쎄다. 저축이 필요한 것은 거듭 인정한다. 그러나 필요조건을 나열하자면 한도 끝도 없다. 언어의 존재, 수 체계, 액체 상태의 물, 천지 만물이 다 필요하다. 그다음 미제스는 실제 시계태엽이 무엇인지 떠오른 듯하나 그것을 인정하지 않고 다음과 같이 말할 뿐이었다. "가장 독창적인 기술을 발명해도 이를 활용하는 데 필요한 자본재를 저축으로 축적하지 않는다면 사실상 무용지물이 될 것이다."[3] 그는 필요조건을 충분조건으로 생각하는 논리적 오류로 곤두박질쳤다. '자본 축적'과 '자본재'를 '액체 상태의 물'로, '저축'을 '물의 액화'로 대체하라. 그런 다음 액체 상태의 물이 경제 성장의 해일로 가는 과정에 대입하라.

1492년 중국은 한 세기에 걸쳐 평화기를 구가하고 있었고, 훌륭한 재산권 보장 제도와 법 집행력이 확립되었고, (유럽과 대조되는 또 하나의 특징으로) 대륙 간 가혹한 관세가 부재했으며, 로마의 주요 건축 계획에 투입된 저축액을 능가하는 규모로 만리장성과 대운하를 무난히 건설할 수 있을 정도의 자본을 충분히 갖추고 있었다. 그러나 중국은 그전에 세계 대부분 국가들이 공통적으로 경험한 기술의 향상만으로는 1800년 이후 북서부 유럽에 대풍요를 일으킨 상업성이 검증된 독창성의 놀라운 폭발을 맞이하지 못했다.

자본이 '무한한' 증식을 되풀이한다는 고전적, 마르크스주의적 사

당신이 모르는 자유주의

상은 아직 건재하다. 13장에서 언급한 사회학자 이매뉴얼 월러스틴은 1983년에 "돌이킬 수 없는 정도의 낭비에 가까워진 자본의 끝없는 축적"에 대해 썼다.[4] '자본주의'의 개념을 설명할 때 빠지지 않고 여전히 잔존하는 '끝없는', '무한한' 등의 수식어는 마르크스에 앞서 이미 22세기 전에 상업을 경멸한 그리스 귀족이 그 시초였다. 상업에 종사하는 사람들은 (귀족 출신 플라톤과 그 귀족의 제자인 아리스토텔레스가 단언하기를) '무한정한apeiros' 탐욕에 의해 동기가 부여된다. 이를테면 아리스토텔레스의 《윤리학》을 보자. 아리스토텔레스가 말하는 '무한정'은 상업을 일컫는 것인데, 여기서 상업은 농업에서와 달리 수확 체감의 법칙이 나타나지 않는다는 전제가 깔려 있다. 13세기에 토마스 아퀴나스는 아리스토텔레스의 말을 빌려(그리고 이 '대철학자'를 향한 거의 습관적인 열정을 역시 빼놓지 않고) 상업은 "이득을 향해 끝을 모르고 무한정 뻗어가는 탐욕에 의존하는 특성이 있다"라며 상업에 대한 당시의 흔한 반감을 드러냈다.[5] 정치학자 존 댄포드John Danford가 논평했듯이, "('무제한'의 이득에 대해) 뭔가 꺼림칙한 요소가 있다는 믿음은 2,000년 이상 지속되어왔다. (…) 상업이나 부의 획득은 단순히 비천한 정도에 그치는 것이 아니라 부자연스럽고, 자연의 왜곡이며, 품위 있는 인간에게는 어울리지 않는다는 관점은 끈질기게 존속하는 유물"이다.[6]

자본 축적이나 기존의 제도, 채굴하기 쉬워진 석탄, 기타 거론되는 필요조건들은 모두 시계태엽이 아니었지만, 이후 애덤 스미스의 '평등, 자유, 정의의 자유주의적 방침'인 자유주의 1.0과 2.0은 북서부 유럽에서 처음으로 활발하게 적용되었다. 평범한 사람들도 자유를 얻기 시작하자 비범한 아이디어를 펼칠 수 있게 되었으며, 결과적으로 자본과 액체 상태의 물, 노동력을 다양한 목적으로 활용할 능력이 있다는 것이 입증되었다. 우리의 친구 스카우젠은 미제스와 같은 맥락에서 자본주의의 오류를 범한다. 역사적, 경제학적 증거로 봐 자본주의라는 단어는 잘못된 개념이다. 1991년 이후의 인도와 1878년 이후의 중국, 1776년 이후의 영미권을 보면 알 수 있듯, 인간의 정신에서 독창성을 끄집어내고 해방시키는 것이 중요하다. 다시 말하지만 사람들은 자유로워야 인간다운 삶을 살 수 있다. 부르주아 딜이라는 희곡의 3막에서 인류는 모든 의미에서 풍족한 삶을 살게 된다.

월 스트리트 이론가들의 자본 근본주의가 옳다면 그들의 적인 사회주의자들도 옳을 것이다. 월러스틴과 같은 사회주의자들은 자본주의의 핵심이 자본이고, 따라서 자본의 축적과 분배가 관건이라고 가정한다. 스카우젠과 같은 월가 친화적 학자들도 마찬가지다. 양쪽 다 아이디어 구상이나 기업가 정신, 기업 경영이 쉬운 줄 안다. 그들은 아이디어를 마치 푼돈 대하듯 폄하한다. 이런 이유로 월 스트리트 이론가들은 창업 오디션 TV 프로그램인 〈샤크 탱크Shark Tank〉에 그토록 열광한다. 이 프로그램에서는 부유한 투자자들이 심사위원으로 나와 참가자의 아이디어를 쉽게 탈락시킬 수 있다. 또 같은 이유로 사회주의자들은 프랑스든 미국이든 정부가 적절한 투자처를 결정할 수 있다고 생각한다. 두 진영 모두 미래를 비축하기 쉽다고 확신한다. 그냥 일단 모으자 이거다. 반면 자유주의자들은 자유인의 예측할 수 없는 아이디어에 미래가 달려 있다는 것을 알고 있다.

이처럼 스카우젠과 스미스, 마르크스, 심지어 필자가 꼽는 현대의 영웅인 미제스도 오류를 범했다. '자본주의', 그리고 이와 유사하게 자본 축적이 풍요의 원천이라는 아이디어는 사라져야 한다.

16장

학교 교육과 과학은
마법의 가루가 아니었다

더 달갑지 않은 소식을 전하게 되어 유감스럽게 생각한다. 사실 필자들은 학교 교육을 좋아한다. 워낙 학교를 좋아한 나머지 졸업 후 직장도 학교를 절대 벗어난 적이 없다. 그리고 과학도 좋아한다. 다만 물리학이든, 신학이든, 경제학이든 어떤 대상을 '체계적으로 연구하는 것'이라는 정확한 의미로서의(현대 영어를 제외한 모든 언어에서 정의하는 방식인) 과학을 좋아한다. 이런 점에서 독일에는 고전과학 Klassischewiisenschaft(그리스어와 라틴어의 체계적 연구), 프랑스에는 인문과학les sciences humaines(문학의 체계적 연구를 포함)이라는 말이 있다. 우리 두 필자는 150년 전에 옥스퍼드와 케임브리지 간에 벌어진 특정 학문적 논쟁 이후 물리학과 생물학 등으로 범위가 좁아진 오늘날 영어식 과학의 정의가 마음에 들지 않는다.[1] 이는 잘못된 정의다. 물리학이든, 인문학이든 모든 학문이 곧 과학이다.

그건 그렇고, 학교 교육과 과학을 통해 인간의 정신 영역이 확장된 것은 두 팔 벌려 환영할 일이다. 여러분은 지금 이 책을 읽을 수 있는 것에 대해 오래전 학창 시절의 선생님들에게 감사해야 한다. 과학의 정의를 물리학적 측면으로 한정하더라도 과학자들은 의기양양해할 자격이 있다. 필자도 물론 과학자를 존경하며, 마찬가지로 시인과 운동선수, 사업가, 영문학 교수, 그 외 다양한 일로 생계를 이어가는 평범한 사람들도 존경한다.

그러나 훌륭한 학교 교육과 영광스러운 과학의 발전을 대풍요의 원인으로 돌리기에는 한계가 있다. 학교 교육이 보편화되기 전에도, 새로운 영어식 정의에서 말하는 이른바 '고차원high' 과학이 발달하지 않았을 때도 어쨌든 대풍요는 꿈틀대기 시작했다. 1900년경까지는 학교 교육도 과학도 경제에 별반 중요한 영향을 미치지 않았다. 경제적 측면에서 교육의 역사를 연구하는 데 선구자인 경제사학자 데이비드 미치David Mitch는 "영국은 1780년부터 1840년까지 산업혁명기에 경제 성장이 눈에 띄게 가속화되었지만 노동 인구의 교육 수준이 향상되었다는 증거는 거의 나타나지 않았다"라고 지적했다.[2] 경제사학자 제이슨 롱Jason Long은 훗날 영국에서 학교 교육이 보편화된 이후 그 효과는 "의외로 미약했다"라고 말했다.[3] 학교 교육이 널리 보급되었다면 확실히 팡틴과 코제트는 정신적으로 더 충만한 삶을 살 수 있었을 것이다. 게다가 두 모녀는 당연히 물질적으로도 2~3배 정도는 더 풍족했을 것이다. 그러나 학교 교육 때문에 프랑스 국민이 빈곤에서 벗어난 것은 아니다. 대졸자가 고교 중퇴자에 비해 얼마나 더 많이 버는지에 대한 최근 연구에서 이 주장의 진위를 알 수 있다. 연구 결과 대졸자의 예상 평생 소득이 2~3배 더 많았다. 이 정도면 학교를 다녀야 할 좋은 이유가 된다. 그러나 지금 우리는 2~3배 소득을 증가시키는 요인이 아니라 인류가 30배 더 잘 살게 된 원인을 규명하려 하고 있다.

교육은 대개 빈곤층도 입신양명을 가능하게 하는 마법의 가루로 여겨진다. 예를 들어 남아프리카공화국에서는 잘못된 법제 때문에 극빈층은 어떤 직업도 가지기 힘들다. 특히 높은 법정 최저 임금은 직원이 도둑질을 해도 해고할 수 없다는 점과 더불어 극빈층이 노조원들의 경쟁 상대가 될 수 없는 환경을 조성한다. 청년층의 50%가 일자리가 없다. 자비로운 정부 관료나 대학교수들은 실업을 가만 보고만 있을 수 없다. 그러나 실업의 원인이 되는 관련 노동법이나 최저 임금제의 폐지는 절대 권장하지 않는다. 그들은 빈곤층이 자발적인 협상 노력으로 일자리를 구하고 결과적으로 모든 사람이 잘살게 되는 것을 절대 원하지 않는다. 대신 그들은 남아공의 학교들을 근본적으로 (그리고 마법처럼) 개선해 청년들을 높은 최저 임금에 고용할 가치가 있을 만큼 충분히 생산적인 인력으로 육성하도록 권장한다. 강제적인 정부 조치로 실업이 발생한다. 그다음에는 실업의 원흉인 정부 조치를 철회하지 않고 오히려 더 강제적인 정부 조치를 추가해 해결하려 한다. 그리고 효과가 없으면 강제력의 수위를

당신이 모르는 자유주의

더더욱 높인다.

의무 교육을 목적으로 세금을 거두고 번듯한 직업을 위해 학교를 다닌다는 생각은 알고 보면 주객전도다. 남아공 국민들이 고용주가 제시하는 임금이 얼마가 됐든 기꺼이 일할 수 있거나, 정부의 인가 없이도 창업할 수 있다면 누구나 직업과 소득원을 갖게 되고 자녀를 학교에 보낼 수 있을 것이다. 케이프타운의 소매점에서 일하거나, 시카고에서 푸드 트럭을 운영하거나, 파리에서 배달원으로 일하려고 대수학이나 영문학을 공부해야 할 이유는 전혀 없다. 케이프타운, 시카고, 파리 등 어느 지역이든 고용이 제약받지 않는 사회라면 자연히 자발적인 교육열도 높아질 것이다. 그러면 사람들은 곧 제프리 초서Geoffrey Chaucer의 이야기 구절대로 "기꺼이 배우고 기꺼이 가르치는" 기쁨을 알게 될 것이다.

하지만 갑의 학교 교육이 을에게도 도움이 되지 않을까? 정부가 규제 없는 자유 시장에 교육을 맡기면 자기 외에 다른 사람들도 이롭게 하는 파급 효과spillover가 일어나지 않기 때문에 사람들은 교육을 충분히 받지 않을 것이라고들 흔히 얘기한다. 예컨대 내가 독감 예방 주사를 맞으면 남들이 독감에 걸릴 가능성도 줄어든다. 학교 교육은 이 독감 예방 주사와 같다. 독감 예방 주사를 자유 시장에 맡기면 아마 과소 공급될 것이다. 같은 논리로, 대체로 문해력과 산술 능력을 갖춘 시민들로 구성된 사회에서 구성원들은 이득을 본다. 학교

진학은 고된 노력과 학비를 들여야 하고 마냥 즐겁지만은 않은 일이기에 정부가 강압적으로 개입하지 않으면 사람들은 사회가 요구하는 수준만큼 충분한 교육을 받으려 하지 않는다.

어떤 사람들에게는 그렇게 보일지도 모른다. 사람들이 기본적으로 읽고 쓰고 셈하는 법을 배우면 남에게도 많은 이점이 파급된다는 것은 분명하다. 그러나 이 파급 효과가 예컨대 8학년을 넘어서 고등학생, 특히 대학생에게까지 막대한 예산으로 의무 교육을 실시하는 것을 정당화할 정도인지는 분명하지 않다. 고등학교 이상부터는 대부분 교육의 이득이 고등학교나 대학교를 졸업한 본인에게 귀속되기 때문이다. 그렇다면 형평성과 효율성을 생각해서라도 그들 자신 또는 부모가 그 비용을 지불해야 한다.

오늘날 기초로 여겨지는 산수는 그나마 귀족과 성직자, 그 외 비상업 종사자 자제들의 교육 과정에 한해서 뒤늦게 포함되었다. 새뮤얼 존슨은 한 부유층 여성에게 "당신의 아들에게 산수 교육을 시키시오"라고 충고했다(막대한 재산의 상속이 예정된 자제들은 보통 산수 공부를 할 생각을 안 하기 때문이다). "그러면 그는 이 도시에 가득한 모든 불량 청소년들의 만만한 먹잇감이 되지 않을 것이외다. 그에게 돈의 가치와 돈을 계산하는 방법을 가르치십시오."[4] 1803년 하버드대학교는 여느 해와 같이 모든 입학 지망생에게 라틴어와 그리스어 구사력을 입학 조건으로 내걸었다. 그러나 동시에 그해에만 산수 능력이 필수 과목으로 추가되었다.

그러나 사실은(참고로 경제학자들이 만찬 모임에서 이 얘기를 하면 대박

당신이 모르는 자유주의

사건으로 취급될 만큼 엄청나게 냉소적으로 들려서 대화 분위기가 착 가라앉는다) 특정 수준을 넘어서는 무상 교육은 교육받는 시간과 노력을 시장성 검증에 따라 다른 데 투입하는 것이 더 효율적인 사람들마저 학교에 밀어 넣는다는 점에서 자원 낭비다. 대표적 사례가 대학 교육으로, 세계의 대부분 국가에서는 자격을 갖춘 지원자에게 무상free으로(또는 그보다 '재량free'으로) 제공된다. 경제학자들은 그 결과 대학 입학에 가장 잘 대비된 계층인 중산층 학생들이 다른 모든 국민이 낸 세금으로 학비 보조 혜택을 입는다고 지적한다. 빈곤국들은 대학생에게 8학년 학생의 학비보다 10배가 넘는 학비 보조금을 지원하고 있다. 프랑스에서 대학 등록금 인상 얘기가 나오면 학생들은 거리에 나와 폭동을 일으킨다. 그들은 대부분 변호사와 의사, 사업가의 아들딸인 중산층이다. 1950년대에 캘리포니아대학교가 이례적으로 낮은 등록금을 책정했다. 가난한 납세자들에게서 거둔 세금으로 부유한 변호사 자녀에게 학비를 보조했기 때문이다. 1950년대보다 덜할 뿐이지 지금까지도 현실은 마찬가지다.

그리고 고등 교육의 파급 효과가 항상 긍정적인지 확실하지 않다. 종교 대학교나 국공립 대학교가 독점적으로 제공하는 교육 과정은 다양성에 어긋남은 물론 잘못된 가르침을 전달할 수 있다. 매클로스키가 일찍이 카네기 도서관에서 표트르 크로폿킨 왕자Prince Pyotr Kropotkin의 무정부주의 책을 읽고, 라디오에서 흘러나오는 조안 바에즈Joan Baez의 포크송으로 사회주의를 배우고, 하버드대학교 시절 모두를 위한 마법의 공짜 점심에 관한 케인스식 경제학 수업을 반복해서 들으며 체득한 인적 자본은 돌이켜보니 생산 요소가 아니라 파멸 요소였다. 사람들은 넛지론자nudger, 참견자, 관료, 행정가, 케인스식 마법사로서의 역량을 더욱 쌓기 위해 공부하는 셈이고 결국 나머지 국민에게 민폐를 끼친다.

세상사를 해결할 인력을 양성하려다 보면 어쨌든 학력 과잉이 발생할 수도 있다. 중국의 과거 제도는 유럽 대학들이 후대에 들어서야 띄엄띄엄 그랬던 것처럼 수백 년 동안 인문학 학습을 장려했다. 기원전 206년 이후 한漢 왕조에 의해 시작된 엄격한 과거제는 1911년 청나라 시대까지 굳건히 시행되어 연간 약 1만 8,000명의 급제자, 즉 학위 소지자를 배출했다. 예를 들어 1600년에 중국의 과거 급제자 수는 중국과 인구수가 비슷했던 유럽의 대졸자 수와 거의 비슷했다(중국 인구는 1억 5,000만 명, 유럽은 1억 명). 그렇게 해서 탄생한 중국의 인적 자본은 과거제 실시 이래 적어도 15세기 동안이나 유럽보다 훨씬 우수했다. 18세기까지도 쭉 유럽을 앞섰다. 그러다가 1810년 이후 유럽의 대학들이 개혁에 돌입한 반면, 중국은 인구가 급증해 인구수와 과거 급제자 수의 격차가 벌어졌다. 중국의 과거 급제 정원은 1만 8,000명으로 그대로였지만 유럽의 대졸자 수는 증가했으며, 특히 화학 및 기타 자연과학 분야에서 인재를 활발히 양성했다.

중국에서 과거제의 효과는 상상할 수 있는 범위에서 최악은 아니었다. 시험 과목에 포함된 중국의 한시는 공부해두면 인간의 정신 수양에 유익하기 때문이다. 요즘의 록이나 컨트리 음악 노랫말처럼

당신이 모르는 자유주의

말이다. 그러나 분명 계산이나 회계에 능한 관료들을 배출하지는 못했다. 사실 중국은 1492년까지 계산에 있어서 세계 다른 나라들보다 훨씬 앞서 있었는데도 말이다. 그리고 유럽의 지배자들이 받은 교육들은 공리주의적 특성과 담쌓은 지 오래였다. 라틴어가 만국 공용어였던 만큼 폴란드인과 이탈리아인이 서로 글로써 소통할 수 있었고, 라틴어 중심의 중등학교 교육은 세상사를 해결하는 데 도움이 되었지만, 그러한 학습의 기회는 역시 식자층에 한정되었고 상류층 또는 귀족들도 오랜 세월이 더 지나서야 일부에게 기회가 주어졌을 뿐이었다.

그러나 역사학자 조너선 데일리Jonathan Daly는 지난 5세기 동안 유럽이 창의성에 눈을 뜨기 시작한 반면 중국은 창의성이 침체된 것을 다음과 같이 설명한다. "사회에서 더 높은 지위나 더 많은 명예로 보상받지 못했다. 몇몇 뛰어난 중국 남성들이 수학, 천문학, 법학을 공부했지만 이들을 위한 공식적인 장려책은 거의 없었다. 또 일부 총명한 식자층 관료들은 비문학 분야에서 연구와 사색을 추구했지만 제도적 뒷받침은 없었다. 따라서 과거제는 중국 문화를 통일하는 힘이었지만 그만큼 창의적 사고를 억누르는 대가를 치러야 했다."[5]

즉 교양 교육과 (19세기 유럽인들이 중국의 전설적인 제도를 명백히 모방해 채택한) 공무원 시험은 좋은 의미와 나쁜 의미 양쪽에서 보수적일 수 있다고 데일리는 지적한다. 위대하고 독창적인 경제학자 존 메이너드 케인스John Maynard Keynes가 1906년 공무원 시험에 응시했을 때

가장 낮은 성적을 받은 과목은 다름 아닌 경제학이었다.

◇◇◇

이쯤 되면 이러한 반론이 예상된다. "글쎄, 교육은 마법의 가루가 아닐 수 있다고 치자. 하지만 과학은 마법의 가루가 맞다. 분명히 대풍요는 흥분을 자극하고 정신에 활기를 불어넣는 지식을 적극적으로 수용한 과학 혁명 때문에 일어났다. 확실히 기초 과학 지식이 발전한 덕에 대풍요가 일어나지 않았는가?"

아니올시다. 태양이 지구를 돈다고 믿거나 최저 임금이 극빈층의 고용을 감소시키지 않는다고 믿는 사람이라도 혁신은 할 수 있다. 데이비드 베컴David Beckham이 특유의 감아차기 슛을 구사하기 위해 물리학을 공부해야 했을까? 바텐더가 환상의 비율로 칵테일을 만들려면 화학을 전공해야 하는가? KFC를 창립한 커널 샌더스Colonel Sanders 할아버지가 11가지 허브와 향신료를 가지고 독창적인 치킨 조리법을 개발하기 위해 고등 교육을 받아야 했던가? 셋 다 아니다. 사람들은 훌륭한 감아차기 슛을 구사하기 위해 부지런히 베컴을 따라 하고 연습함으로써, 그리고 맛있는 칵테일이나 프라이드치킨을 만드는 법을 과학 지식이 아닌 시행착오로 터득함으로써 훨씬 더 많은 혁신을 일으켜왔으며 이 점은 오늘날도 마찬가지다.

최신 과학에서 비롯되지 않은 중요한 개선 사례는 상당히 많다. 콘크리트의 대량 생산, 철근 콘크리트, 열차의 장거리 운행을 가능하게 한 에어 브레이크, 열차가 서로 충돌하지 않도록 정시에 운행

당신이 모르는 자유주의

해야 하는 군용 철도(물론 전신은 과학의 의존도가 높았고 개발 과정에서 과학이 중요한 역할을 했다), 엘리베이터, 자산 시장, 저렴한 종이, 물류 유통, 재고 회전율이 높은 창고형 매장, 건크랜베리, 숯 브랜드 킹스포드Kingsford(포드 공장에서 쓰고 버린 나뭇조각을 활용했다), 강철, 안경, 그 외에도 사회 개선 사례의 목록은 이 책의 지면은 물론 도서관을 한 가득 채우고도 모자란다.

매단 천장, 판유리, 역마차, 배관, 관개, 도시 수도, 도로 자갈 포장, 가황 고무, 통조림, 품종 개량(기존 품종은 강하게 밀려난다. 예컨대 개, 말, 다윈의 비둘기 교배, 이후에는 목화, 목우까지), 철강 양산, 태엽 구동 시계, 중앙난방, 트위스트 전선(플라스틱이 필요했지만) 등 헤아릴 수 없다. 1800년 이전에는 잠잠했다가 1800년 이후에 혁신이 폭발했다.

믿기 어려운가? '과학기술(흔히 쓰이는 합성어)'이 쇼의 주인공이라고 생각하는가? 음, 상업성이 검증된 개선 사례 중에서 과학이나 복잡한 기술의 힘을 빌리지 않고 순전히 제도적 접근의 변화로 달성한 업적의 목록을 마음속으로 나열해보자. 고속도로의 중앙분리대, 컨테이너화, 현대의 대학 교육, 호텔 체인, 레스토랑 체인, 프랜차이즈, 콘도미니엄 부동산, 재산 등록부, 일기 예보, 우편, 우편물 분류, 선박 및 철도 운행 시간표, 표준 시간대, 도량형 통일, 금본위제, 경찰제, 양봉업자와 과수원 주인 간의 계약(벌들이 과수원 꽃에 모여들면 양봉업자는 꿀을 많이 채취할 수 있고, 과수원 주인도 더 많은 과일을 얻을 수 있다. 따라서 계약을 맺으면 외부 효과의 비효율을 제거하고 상호 이득이 된다-옮긴이), 고속도로 번호 등 그 예는 헤아릴 수 없다. 1800년 이전에는 별 볼 일 없다가, 1800년 이후에 폭발했다.

서양은 뒤늦게 과학 혁명을 겪었지만 17세기까지 서양 과학의 대부분과 유럽에서 앞서갔던 광학 분야는 대부분 이미 중국에서는 수 세기 전에 알려진 지식이거나 중동에서 다듬어진 고대 수학 지식을 재발견한 것이었다. 예를 들어 자릿값 체계를 이용한 산술법은 남아시아와 과테말라에서 각각 한 번씩, 역사상 두 번 발명되었으며, 서방에는 아라비아 숫자와 함께 뒤늦게 전파되었다. '대수학algebra'이라는 단어는 '나뉜 부분들을 재결합하다'라는 뜻의 아랍어 알자브르al-jabr에서 유래되었다. 중국과 아랍 국가들은 유럽보다 훨씬 더 정교한 과학 수준을 자랑했다.

뉴턴Newton이 오랫동안 연구한 프리즘과 행성 과학은 세속적인 목적에 큰 도움이 되지 않았다. 그러나 마침내 혁신주의가 대중화되면서 주로 실험실이 아닌 작업장에서 유용한 혁신이 쏟아졌다. 예컨대 영화 〈건망증 선생님〉에서 날아다니는 고무인 플러버flubber를 발명하는 주인공부터 〈백 투 더 퓨처〉에서 플럭스 커패시터flux capacitor라는 타임머신을 발명한 에미트 브라운 박사와 그로 인해 시간을 여행하는 주인공 마티 맥플라이, 〈애들이 줄었어요〉에서 배우 릭 모라니스Rick Moranis가 연기한 과학자 캐릭터, 애니메이션 〈릭 앤 모티Rick and Morty〉에서 다중 우주를 넘나드는 릭 산체스 캐릭터까지, 때로 물리학자를 향한 존경심이 유쾌하고 긍정적으로 그려지기도 했다. 그러나 지금까지 훨씬 결정적 역할을 한 것은 어질러진 연구실과 차고에서 이것저것 조물조물 뜯고 고치느라 여념이 없었던 프티 부르

당신이 모르는 자유주의

주아에 대한 세간의 시선이 달라졌다는 점이었다.

과학이 상업에 빚진 사례 중 가장 유명한 것은 고차원 과학에 속하는 열역학에 영향을 미친 증기 기관이다. 경제사학자 조엘 모키르가 말했듯이 혁신의 중요한 원인은 소수의 기술 엘리트들 사이에 관점의 변화가 일어났기 때문이라고 주장할 수 있다.[6] 경제사학자 코맥 오그라다Cormac Ó Gráda와 모건 켈리Morgan Kelly는 함께 쓴 논문에서 다음과 같이 표현한다. "무엇보다 중요한 것은 (영국의) 고도로 숙련된 기계공과 엔지니어였는데, 이들은 노동 인구 중 많은 부분을 차지하지 않았을 것이다."[7] 직접적인 원인에 대해 말하자면 그의 말은 옳다. 모키르가 생각하는 영웅은 "기술의 숙련도 측면에서 노동 인구의 상위 3~5%에 해당하는 엔지니어, 기계공, 기술자, 화학자, 시계공, 도구 제작자, 숙련된 목수, 금속 기술자, 바퀴 제작자 및 이와 유사한 기술자"였다.[8]

일찍이 기계를 제작하는 법을 배운 기술자 헨리 모즐리Henry Maudslay 같은 사람이 없었다면 오늘날 너트와 볼트, 나사못을 대량 생산할 수 있는 혁신적인 기계를 보유할 수 없었을 것이다. 1964년 '도널드Donald'의 이름으로 경제사를 전공하던 22세 남학생 매클로스키는 당시 교수 중에 공작 기계의 역사에 박식한 역사학자인 홀차펠 박사Dr. Holtzappel라는 분이 있었는데 그의 말을 아주 재미있게 들었던 기억이 있다. "모즐리는 예전의 나사 제작 방식은 불완전하고 우연의 산물이었지만 (…) 현대의 정밀하고 과학적이며 요즘 대부분 엔지니어가 따르는 방식으로 변화하는 데 전적으로 영향을 미쳤다고 해도 과언이 아니다. 그는 1831년 사망할 때까지 막대한 비용에 약간의 열정을 곁들여 나사 연구라는 한 우물을 팠다."[9] 그러나 홀차펠교수는 정확히 옳은 말을 했으니, 소수의 엘리트가 중요한 존재였고이윤을 창출하는 것은 그들의 전적인 동기 부여가 아니라는 모키르와 같은 맥락의 주장을 했다.

그러나 그러한 교육 수준과 열정, 자금력을 갖춘 기술 엘리트들은 어디서 왔을까? 네덜란드와 영국, 미국에 등장한 이들 신흥 엘리트는 지난날의 억압 속에서 꿈을 펼치지 못하다가 자유를 얻은 평범한 사람들 출신이었다. 그러한 자유의 획득이, 다수의 기술 숙련자가 출현하고 그들이 놀라운 업적을 달성한 원인을 설명할 유일한방법이며, 희귀한 사치품이나 군사적 승리의 목적이 아닌 철교, 화학 표백, 낙차를 이용한 수력 발전으로 구동되는 양모 직조기 등 대다수 일반인들을 위한 일상용품의 발명을 촉진했다. 그런데 예를 들어 18세기 프랑스에서는 엔지니어들이 나폴레옹Napoléon처럼 대가족귀족 가문에서 장자를 제외하고 군인 양성 교육을 받은 자제들 출신이 많았다는 점이 문제였다. 반대로 영국에서는 노동자 계급의 유능한 청년이 엔지니어나 기업가가 되어 새로운 기계와 새로운 제도를 고안해 부르주아 장인이 될 수 있었다. 아니면 적어도 시계공이나 방적기 기술자 정도로 제법 성공할 수 있었다. 영연방 국가들에서 진취적인 부르주아나 숙련된 노동자들은 나폴레옹의 군대나 넬슨Nelson 제독의 함대처럼 재능에 따라 출세의 길이 열려 있었다.

항해용 시계인 크로노미터를 발명해 드넓은 바다에서 경도를 측

당신이 모르는 자유주의

정하는 문제를 해결한 존 해리슨John Harrison은 링컨셔의 시골 목수였다(말 그대로 고차원 과학인 천문학이 하늘의 뜻으로 문제를 해결해야 한다는 콧대 높은 엘리트가 억지로 창출한 수요에서 비롯되었다는 점과 대조된다). 그의 첫 번째 시계는 나무로 만든 것이었다. 마찬가지로 나사 제조 기계를 개발했으며 나폴레옹보다 2살 젊고 넬슨보다 13살 젊은 모즐리는 12세의 나이에 로열아스널Royal Arsenal 화약고에서 화약을 충전하는 일을 시작해 이후 대장장이가 되었다가 18세에는 자물쇠 제조공이 되는 등 계속해서 경력을 쌓아나갔다. 영국의 직공들이 군수산업의 미래를 어깨에 짊어진 셈이었다. 형편이 넉넉하지 않은 소년들은 화학 교육에 입문해 무엇이든 시도할 수 있는 자유가 허용되었고, 예컨대 니트로글리세린, 다이너마이트, 젤리그나이트, TNT 및 C-4 폭탄 등과 같은 알짜배기 아이디어를 분출하기 시작했다.

모키르는 사실 법 테두리 안에서의 자유, 존중 정신 속의 존엄성, 인간 평등으로 점철된 새롭고도 낯선 윤리가 원동력이 된 역동적 근대사를 원래 주어진 사회 구조처럼 여기고 있다. 경제사학자 카린 반 더 비크Karine van der Beek는 모키르의 의견에 동의하면서 "18세기 영국에서 일어난 혁신과 기술 변화가 이러한 고숙련 기계 기술자에 대한 수요를 증가시켰다"라고 설득력 있는 근거를 내세운다.[10] 그러나 사실 그녀의 사례는 모키르의 주장과 반대다. 모키르는 사회 개선의 원인이 공급에 있다고 보았다.

윤리적 맥락이 완전히 새롭게 바뀌자 엔지니어와 기업가들을 찾는 수요가 생겨나고 그 덕에 덩달아 인력 공급도 증가했는데, 그들의 열정과 기회는 공급을 충분히 가치 있게 만들었다. 기회는 법과 사회에 새롭게 나타난 평등주의에서 비롯되었으며 네덜란드의 유통업이나 영국의 광산업 등에서 새로운 아이디어를 촉진했다. 네덜란드와 영국, 특히 미국에서 부분적으로나마 새로이 출현한 자유주의적 평등은 (영국 계급제의 속물근성과 미국의 노예제라는 고질적 죄악에도 불구하고) 평범한 사람이든 비범한 사람이든 누구나 한번 새로운 시도를 해볼 수 있는 가능성을 제공했다.

물론 유기 화학 같은 고차원 과학이 아니었으면 화학 비료의 개발과 그에 따른 농업 생산성의 향상이 없었을 것이며, 유전학이 탄생하고 그다음에 농경학에 응용되지 않았다면 녹색 혁명도 없었을 것이다. 그러나 대풍요가 시작되지 않았다면 세계는 자금 부족으로 순수 과학을 기술 문제에 적용할 엄두를 내지 못했을 것이다. 제국주의와 무역과 마찬가지로 고차원 과학은 경제 성장의 원인이라기보다 결과였다. 작가 매트 리들리는 다음과 같이 설명했다. "역사상 혁신의 사례를 살펴보면 과학적 돌파구가 (단순히) 기술 변화의 원인이 아니라 결과라는 것을 수없이 발견하게 된다. 대항해 시대의 직후에 천문학이 꽃을 피운 것은 우연이 아니다(네덜란드의 안경사가 우연히 망원경을 발명했듯이 말이다). 증기 기관은 열역학의 덕을 본 게 거의 없지만, 앞서 말했듯이 열역학은 거의 모든 면에서 증기 기관에 신세를 졌다. DNA 구조의 발견은 생물체의 분자를 연구하는 X선 결정학에서 유래됐는데, 이것도 사실은 양모 산업에서 개발된 직물의 품질 향상 기술에 토대를 두고 있다."[11]

모키르는 애초에 고차원 과학이 공기에 질량이 있다는 사실을 밝혀낸 후 사람들이 최초의 '대기' 증기 기관(즉 대기압이 피스톤을 밀고 냉각된 증기는 다시 물로 응축되는 진공 엔진)을 머릿속에 구상할 수 있었다는 점에서 중요한 역할을 했다고 믿는다. 맞는 말이다. 그러나 수천 개에 달하는 사회 개선의 사례를 줄줄이 나열하고 이에 맹목적으로 감탄하는 대신 경제적 중요도에 따라 각 개선 항목에 가중치를 부여해 장기적 관점에서 올바르게 계산하면 과학은 1900년 이전까지는 경제에 큰 기여를 한 바가 없었다. 그때까지 인류가 쌓은, 그리고 현재까지 이어져오고 있는 풍요는 대부분(베니어판의 대량 생산과 반질반질한 화강암 바닥재, 고속도로의 중앙분리대 등) 고차원 과학자의 공로라기보다는, 온갖 도구들을 이리저리 만지작거리던 이름 모를 기술 전문가들과 그 후 등장한 엔지니어들의 공이 컸다.

우리는 여러분이 '과학기술'이라는 또 하나의 널리 쓰이면서 위험한 단어를 쓰지 않았으면 하는 마음에 이 책에서 '고차원 과학'이라는 표현을 사용하고 있다. 과학기술은 사실 생물학자와 특히 물리학자들이 기술에 대한 자기네의 기여도를 주장하려고 독일에서 사용하기 시작한 합성어이지만, 대부분 그들의 업적은 기술과 느슨하게 연관되어 있을 뿐이다. 제네바 외곽에 자리한 유럽원자핵공동연구소Conseil Européen pour la Recherche Nucléaire, CERN의 고에너지 물리학자들은 고에너지 물리학이 약 50년 동안 정체되어 있다는 점을(그래서 '암흑' 물질과 '암흑' 에너지라고 불리는 게 태반이다) 부끄럽게 생각해야 하건만, 수십 억 달러의 연구 자금 유입을 잃지 않기 위해 과학기술이라는 명칭을 갖다 붙인다(아무리 경제학에 애착이 강한 필자들이지만 우리는 그 점과 관련해서는 경제학에도 면죄부를 줄 생각이 없다. 그래도 경제학 쪽에 투입되는 연구 자금은 물리학과 천문학에 비하면 1,000분의 1 수준이다. 경제학에 10배 더 투자했다면 사람들은 경제 성장의 원인을 더욱 잘 이해할 수 있었을 테고, 결과적으로 소립자 연구와 화성 유인 탐사에 투입된 비용을 대폭 절감했을 것이다).

자연과학, 기술, 공학, 수학을 뜻하는 이른바 STEMscience, technology, engineering, mathematics 분야가 요즘 각광받고 있다. 일본 교육부 장관은 오직 STEM 분야만 유용하다는 어수룩한 가정하에 국공립 대학교에서 STEM 분야를 '제외'하고 모든 학과를 폐지하자고 제안했다. 그러나 STEM 중에서 M으로 시작하는 수학은 주로 정수론이나 대수적 위상수학 등에서 수식을 증명할 때 그리스 문자를 애용하는데, 이를 기술에 비유하면 알파, 베타도 아닌 저 뒤의 엡실론에 해당할 것이다. 한마디로 수학은 기술에 공헌도가 거의 없다는 얘기다. 마찬가지로 S로 시작하는 과학도 대부분 인간에게 결코 경제적으로 도움이 되지 않을 것이다. 가령 우주론은 우주에서 인간의 위치를 밝히는 고상한 목적은 둘째치고 여기에 해당하는 대표적인 경우다. 하지만 인간의 위치라는 주제에 관해서라면 신학과 시, 그리고 대부분의 그림과 록 음악이 들려주는 얘기가 더 많다. 하지만 과학은 아니다.

17장

제국주의 덕분도 아니었다

서양 국가들이 부국이 된 이유는 정파를 막론하고 동원한 폭력이 성공해서가 아니었다. 특히 전쟁은 확실히 답이 아니다. 나중에 입증되었듯이 침략 행위는 자국민과 그들의 공급자 및 수요자의 목숨을 앗아간다는 점에서 별로 득이 될 게 없다. 전쟁은 전염병과 마찬가지로 가용 토지에 비해 노동력을 부족하게 하므로 임금 상승의 요인으로 작용할 가능성도 있었지만, 예컨대 30년 전쟁(1618~1648) 동안 인구 3분의 1이 사망한 독일처럼 전쟁이 특히 빈번했던 지역에서는 그와 같은 바람직한 결과가 나타나지 않았다. 또한 노예제, 식민주의, 제국주의도 미국 월마트 계산원이 전 세계 다른 지역의 계산원보다 더 많은 소득을 창출하는 이유를 설명하지 못한다.

분명히 말하건대 전쟁, 노예제, 제국주의, 식민주의는 분명 사악했으며 우리도 그 사악함을 정당화할 생각이 없다. 그런데 이 악이 사라지기 시작한 곳은 우리가 연구한 결과에 따르면 확실히 자본주의 국가들뿐이었다. 18세기 후반까지 영국에서 전쟁은 왕들의 흔한 취미였으며 제국주의를 비난하는 목소리도, 노예제에 반대하는 사람도 거의 없었다. 그리고 실제로 '다른 국가들'도 예외는 아니었다. 아프리카 제국들도 고대 로마, 아테네, 이스라엘처럼 노예 사회였다. 아프리카 제국주의자들은 취미로 벌인 전쟁이 끝나면 해안가에서 기다리던 유럽인이나 아랍인에게 포로들을 팔아넘겼다. 아메리카 원주민인 수Sioux족도 다른 부족이 보기에는 폭군이었다. 그러나 '이런저런 사례들'이 있다고 해서 악을 정당화할 수는 없다.

이 사례들에서 어리석음도 정당화할 수 없기는 매한가지다. 특히 우리는 여기서 전쟁, 노예제, 제국주의, 식민주의가 엄연히 말해 경제적으로 어리석은 결정이었다는 사실을 강조하고자 한다. 사람들을 죽이고 물자를 빼앗아 제국을 세우는 것이 '자본주의적 생산 방식'에 힘을 실어줄 '최초의 자본 축적'을 일으키고 결국 대풍요에 도움이 된다고 치자. 그게 사실이라면 우리가 거듭 주장했듯 더 먼 옛날에 북서부 유럽 이외의 지역에서 부국들이 먼저 생겨났을 것이다. 제국주의는 새로운 개념이 아니었다. 프랑스의 자유주의자 장 바티스트 세이Jean-Baptiste Say는 제국주의가 지식인들 사이에서 유행하기 전인 1803년 저서에서 "영토와 영해를 지배하는 것은 그 이익이 전부 통치자에게 돌아가는 반면 자국민들은 아무 이익도 얻지 못한다는 점에서 그다지 장점이 없어 보인다"라고 쓴 바 있다.[1] 제1차 세계대전이 지난 후인 1923년, 이탈리아의 자유주의 경제학자이자 훗날 대통령이 된 루이지 에이나우디Luigi Einaudi도 "제1차 세계대전 이전에는 신흥국들이 세계 패권을 차지하려면 영토 정복이 고귀한 숙명이라는 것이 국가주의자들이 가장 좋아하는 교리였다. (…) 그러나 신생국이나 신흥국이 기존의 강국들을 상대로 전쟁을 벌인다는 것은 역사적으로나 경제적으로나 잘못된 발상이었다"라고 썼다.[2]

시어도어 루스벨트Theodore Roosevelt 전 미국 대통령이나 도조 히데키Hideki Tojo 전 일본 총리 같은 사람들은 생각이 달랐다. 도조 전 총리는 "일본은 번영과 쇠퇴의 갈림길에 서 있다"라고 선언했다.[3] 이런 말도 안 되는 소리가 오늘날에도 들린다. 지리학자 재레드 다이아몬드Jared Diamond는 1997년에 명저《총, 균, 쇠》를 발표했다. 이 책은 뉴기니 고지대에 사는 한 지인이 저자에게 던진 "당신들은 어떻게 그토록 많은 화물을 개발했습니까?"라는 질문의 답을 더듬어간다. 제2차 세계대전 당시 여러 가지 물품을 화물기로 가득 들여와 뉴기니를 두고 각축을 벌이던 일본과 유럽을 가리키는 질문이었다. 책의 전반부는 아프리카와 신대륙을 잇는 남북 방향에 비해 유라시아 대륙의 동서 방향이 더 중요한 차이를 낳는다는 점을 상술한다. 정설대로 닭이 중국에서 먼저 가축화되었다면, 저 멀리 서쪽으로 쭉 나아가 심지어 지구 반대편에 있는 스페인 같은 나라가 비교적 닭을 가축화하기 쉽다는 논리다. 중국과 스페인은 기후가 거의 비슷하기 때문이다. 반대로 중앙아메리카에서 작물화된 옥수수가 페루에서는 견디지 못했고, 페루의 잉카 문명에서 작물화된 감자는 중앙아메리카의 톨텍과 마야 문명에 도달하지 못했다. 따라서 밀과 말, 그 외 여러 동식물을 가장 광범위하게 작물화하고 가축화한 유라시아 대륙 문명이야말로 뉴기니에서 일본, 미국, 호주의 화물기가 상징했던 대풍요를 누리기에 최적의 지역이었다.

그러나 다이아몬드는 후반부로 갈수록 주제에서 벗어나기 시작한다. 그것도 정도가 심각하다. 시답잖은 책 제목에서 예상할 수 있듯이 후반부에서는 이미 누구나 아는 내용을 설명한다. 바로 총, 균(홍역과 천연두), 쇠(갑옷과 검) 덕분에 신대륙 정복이 수월했다는 것이다. 그는 애초 설명하려던 본질에서 벗어나 이미 역사상 입증된 증거에 반하는, 즉 사회는 정복 행위로 진정 부강해진다는 가설을 풀어놓는다. 그가 직접 제시한 사례에서 드러나듯 그의 가설은 사실이 아니다. 멕시코에서 마카오까지 식민지를 건설한 최초의 해외 제국주의 국가들인 포르투갈과 스페인은 대풍요에 도달하기 직전까지 서유럽에서 가장 가난한 나라였고, 20세기 말에야 현대 경제 체제를 제대로 받아들이기 시작했다.

어쨌든 제국주의는 큰 비용을 치러야 한다. 영국 정부는 아프리카 쟁탈전으로 경고 사격을 계속할수록 주택 공급이나 교육 예산을 포기하고 총기 생산에 돈을 써야 한다. 영국은 광물 원자재, 홍차, 향신료 등의 교역량이 증가하면서 일부 상인이 부를 쌓았지만 그들의 수익은 영국 국민 소득에 비하면 비중이 작았다. 폴란드와 같은 주변국과의 교역은 서유럽인 간의 교역에 비해 작은 규모였다. 어쨌든 그들의 대외 무역은 자국민끼리 주고받는 내수 거래량에 비해 미미했다. 1790년에는 유럽의 전체 생산량 중 약 4%만이 수출 대상이었다. 하물며 1590년에는 더 비중이 작았다. 그리고 변변찮은 해외 식민지를 보유한 스웨덴과 그런 식민지조차 없었던 오스트리아도 부국이 되었으며, 침략이 아닌 교역의 결과로 시민들은 아침 식사로 바나나를 먹을 수 있게 되었다. 유럽 경제 성장의 가운데서 주변국들의 교역 규모는 말 그대로 주변을 겉도는 수준이었다. 영국이 인도에 철도 기관차를 내주고 황마를 취한 교역 조건은 인도가 영국의 식민지가 아니었어도 거의 변함없었을 것이다(무굴 제국의 분열을 고려할 때 식민지가 안 되었을 가능성은 희박할 것이다. 아니면 프랑스 식민지가 되었을 수도 있겠다). 어쨌든 영국이 인도에 수출한 물동량은 미국과 유럽에 수출한 물동량 대비 약 5분의 1이었다. 대영 박물관에 전시된 전리품들도 물론 지금과 달라져 있을 것이다. 그러나 영국은 자유주의를 받아들인 이상, 제국 건설에 집착하지 않았어도 어차피 부국이 되었을 것이다.

다른 제국주의 국가들도 마찬가지였다. 벨기에의 레오폴드 2세Leopold II는 대학살을 일으키며 콩고를 점령했고, 여기서 채취한 고무가 부츠와 자전거 생산 등으로 수요가 증가하고 가격이 급등하자 부자가 됐다. 그러나 그 외 벨기에 국민들은 아무 이득이 없었다. 해외 제국 건설에 뛰어든 독일의 시도는 완전히 무모했고, 나미비아의 헤레로Herero족을 상대로 벌인 대학살은 한 세기가 지난 지금도 생생한 악몽으로 남아 있다. 스페인과 포르투갈의 자국민들은 3세기에 걸친 제국주의로 풍요를 누리기는커녕 빈곤 속에서 살았다. 리비아를 비롯해 아프리카 북동부를 점령한 제국주의 시대의 이탈리아는 아프리카와 이탈리아 양쪽에 수많은 전사자를 냈다는 안타까운 점을 차치한다면, 그저 우스꽝스러웠다고밖에 볼 수 없다.

18장

노예제 덕분도 아니었다

대부분 지역에서 모든 사람은 다른 누군가를 노예로 삼았다. 노예제는 인간이 만든 끔찍하고도 흔했던 제도다. 노예제가 대풍요로 이어졌다면 고대 그리스나 로마의 노예 사회에서 대풍요가 일어났을 것이다. 그러나 그렇지 않았다. 경제학자 토머스 소웰Thomas Sowell의 말대로 "마찬가지로 노예제가 흔했던" 아시아, 특히 그중에서도 "기원전 1800년에도 노예제가 존재했다는 기록이 있는" 중국에서 대풍요가 일어나야 했을 수도 있다.[1] 북아메리카보다 더 많은 아프리카 노예를 수입했고 포르투갈어를 사용하는 브라질도 대풍요를 경험했을 것이다. 아니면 1500~1800년 북미로 이송된 노예보다 더 많은 수의 '유럽인'이 노예로 팔려간 아프리카의 바르바리Barbary 해안 지역과 더 폭넓게는 중동 국가들에서 대풍요가 발생했을 것이다. 또 소웰은 대서양을 가로질러 수송된 아프리카인이 약 1,100만 명이었던 데 비해 "사하라 사막이나 페르시아만 등을 통해 북아프리카와 중동 국가로 팔려간 아프리카 노예는 1,400만 명이었다"라고 말한다.[2] 알제리 알제의 노예 시장은 여러모로 봐도 미국 찰스턴과 뉴올리언스의 노예 시장 못지않은 경쟁 시장이자 '자본주의적'이었다.

노예 '무역'에서 얻는 이득이 쏠쏠했다는 이야기가 전해지기도 한다. 결국 마르크스 말마따나 "리버풀은 노예 무역으로 배를 불렸다". 틀린 말은 아니다. 그러나 노예 거래에는 진입 장벽이 전혀 없었다. 사실 진입 장벽이 있어야 초과 이윤을 거둘 수 있다. 또 선박은 더블린이나 다카르를 오가는 운송 수단이라는 점에서 어느 나라든 별 차이가 없었고, 노예 수송은 이 선박만 있으면 그만이었다. 선박은 수송하는 대상이 무엇이든 실어 나르는 만큼 벌어들인다. 다시 말해 노예 거래는 선박에 태운 일부 화물이 비정상적이거나abnormal 자존심이 세서 노예상이 애를 먹었을 뿐, 초과abnormal 이윤을 벌어들이는 사업은 아니었다.

그리고 로드아일랜드주의 뉴포트나 영국의 브리스틀 노예상들이 버는 수입 중 산업화를 위한 투자로 흘러들어간 금액은 미미했다.[3] 무역의 이득이 중요하다고 판단했다면, 예를 들어 비슷한 규모의 도자기 산업이나 소매 유통업으로 훨씬 큰 이득을 노리는 것이 낫지 않았을까? 부끄러운 이윤이 떳떳한 이윤보다 대풍요에 더 효과적이라고 판단할 이유가 있겠는가? (이유가 있다면 어떻게든 '자본주의'를 원

당신이 모르는 자유주의

죄로 취급하고 싶어 하는 바람에서가 아닐까 싶다.)

예를 들어 면직물에 대한 수요가 증가할수록 면화에 대한 수요도 증가하고 면화를 따는 노예 수요도 덩달아 증가한다. 마찬가지로 두 명의 좌익 역사학자가 연구한 흥미로운 사례를 살펴보면, 미국산 밀 짚으로 만든 노끈의 수요가 늘어날수록 유카탄 반도의 마야족과 야키족은 노끈을 꼬기 위해 강제로 선인장을 수확해야 했다.[4] 그러나 면화와 노끈의 품질 개선 때문에 착취가 일어난 것은 아니었다. 애초에 노예제나 기타 착취 행위를 가능하게 했던 기존의 권력 구조는 가장 중요한 원인이었지, 착취당하는 사람들이 봉사하는 대상은 아니었다. 그리고 결국 어느 누구도 다른 사람의 노예가 되어서는 안 된다는 자유주의 사상과 그에 따른 대풍요가 권력 구조를 뒤흔들었다. 바로 그 점을 좌파는 경축하고 장려하려 노력해야 한다. 하지만 좌파는 자유주의가 노예제와 가부장제, 독재 정치를 실제로는 약화했음에도 오히려 이들의 원흉이라며, 그것도 겨냥하는 대상을 '자본주의'로 바꿔 비난한다.

앞서 인용한 아프리카계 미국인 시인 랭스턴 휴스는 같은 시에서 이상적인 미국을 상상하며 "위대하고 사랑이 넘치는 강한 나라가 되기를 / 결코 왕이 음모를 꾸미지도, 폭군이 계략을 세우지도 않는 / 그 누구도 위로부터 짓밟히지 않는 그런 나라"라고 썼다. 노예제가 위로부터 일방적으로 노역을 부리고 탄압한 것은 의심할 여지가 없다. 노예란 말 그대로 그런 것이었으니 말이다. 그러나 자유주의와 대풍요 이전까지 노예제는 어디서나 수용되었다. 노예가 되는 것은 당연히 개인적 불운으로 여겨졌다. 로빈슨 크루소처럼 바르바리 해적들에게 붙잡힌 유럽인들을 봐도, 옥양목을 수입하는 수송선에 태워져 팔려간 프랑스인들을 봐도 잘 알 수 있다. 그러나 아리스토텔레스에서 대니얼 디포Daniel Defoe까지 아무도 강제 노동을 사악한 시스템으로 여기지 않았다. 채찍질을 동원한 강제 노동은 19세기 이전 명목상으로만 자유인이었던 유럽 노동자들 사이에서 흔했다. 가정주부와 도제, 어린아이, 선원, 무직자들은 일상적으로 구타를 당했다. 결국 우리는 어떻게 노예 없이도 양초에 불을 붙이고, 대저택에서 벽난로를 피우고, 면화를 수확할 수 있었을까? 매트 리들리의 표현을 빌리자면 석탄과 석유, 전기의 '노예화'에서 답을 찾을 수 있다. 비유법으로서 이 노예화는 상업성 검증을 거친 개선을 위한 원동력으로, 노예의 노동력 대신 인간의 아이디어에 의존하는 혁신주의의 소산이었다. 그리고 이는 강압으로 가능한 일이 아니다.

그렇지만 반대의 접근법에 마음이 끌린다. 시인의 감수성이 풍부했던 링컨 전 대통령의 말을 되새기고 있노라면 요즘 정치적 수사법의 쇠퇴가 한탄스럽다. 현재 링컨 기념관 북쪽 벽에 새겨진 링컨의 두 번째 취임 연설에는 다음과 같은 선언이 포함되어 있다. "만약 노예들이 아무 대가 없이 250년 동안 쌓아온 모든 부를 잃을 때까지 남북 전쟁이 계속되는 것이 하나님의 뜻이라 해도 (…) 3,000년 전에 말씀하셨듯이 여전히 '하나님의 심판은 진실하며 전부 의롭다'라고

당신이 모르는 자유주의

봐야 한다."

링컨이 어려서부터 평생 얼마나 성경을 열심히 읽었는지를 짐작할 수 있을 만큼 숭고한 감정이 엿보인다. 그는 비교적 덜 유명한 구절인 시편 19장 9절을 인용하고 있다. 그러나 그의 숭고한 감정은, 1619년 이후 미국이 부를 쌓는 과정에서의 노예제 역할을 생각한다면 경제사에서 말 그대로 정설로 널리 인정되고 있긴 해도 사실 옳지 않다. 고매한 신앙심을 넘어서 링컨의 발언은 미국의 국부가 노예제에 의존했다는 경제적 의미로 받아들여져왔다. Teach US History.org 웹사이트에서는 "북부의 자금력이 남부의 면화 왕국Cotton Kingdom을 가능하게 했고, 북부 공장들이 이곳 면화의 수요자였다"라며 따라서 "(링컨이 말한) 전쟁은 일종의 천벌로 이해할 수 있다"라고 이를 기정사실화하고 있다. 북부와 남부가 모두 노예제라는 죄악에서 자유롭지 못하다는 것이다. 양쪽 다 노예제 덕에 큰 이익을 얻었으므로 그들에 대한 피의 심판은 모두 의롭다.

이 믿음은 최근 미국 역사의 이른바 킹코튼King Cotton(남북 전쟁 이전인 1800년대 중반 목화 농장이 남부 경제의 중심 역할을 했다고 해서 목화를 의인화해 당대를 표현하는 말이다-옮긴이) 학파를 형성하고 있는 좌파들 사이에서 널리 칭찬받는 책들을 중심으로 되살아나고 있다. 월터 존슨Walter Johnson의 《어두운 꿈의 강River of Dark Dreams》, 스벤 베커트Sven Beckert의 《면화의 제국》, 특히 에드워드 밥티스트Edward Baptist의 《알려지지 않은 절반The Half Has Never Been Told》 등이 대표적이다. 이들의 주장은 '자본주의'의 부상이 영국 맨체스터와 뉴햄프셔주 맨체스터의 면직물 생산에 의존했고, 이 면직물 생산은 미 남부에서 재배한 면화에 의존했다는 것이다. 그리고 남부의 면화 재배는 노예제에 의존했다고 주장한다. 결론적으로 우리의 선한 좌파 친구들은 '자본주의'가 죄악에서 잉태되었다고 지난 몇 년 동안 주장해왔다. 킹코튼 역사학자들은 해적질에서 최초로 자본 축적이 시작되었다는 마르크스, 영국 노동계급이 당한 착취를 주장한 프리드리히 엥겔스, 국가 간 노예 무역으로부터 이윤이 생긴다는 에릭 윌리엄스Eric Williams, 여전히 유행하는 주장이자 한 세기 전에 제국주의 이익설을 최초로 제기한 존 홉슨John Hobson과 블라디미르 레닌Vladimir Lenin 등을 대체하는 관점에서 원죄의 분석법을 제시하고 있다. 좌파의 목표는 원죄의 근원을 지목하는 것이다.

그러나 킹코튼 학파의 이야기는 각 단계가 오류투성이다. 그들의 이야기는 경제적 접근 대신에 특정 제도에 대해 열띤 분노를 표출한다. 말할 것도 없이 다른 부르주아 자유주의자들을 포함해 우리도 모두 분노하며 킹코튼 학파에 합류하고 싶어진다. 그러나 그 경제학적 논리는 명백히 어리석다. 현대 세계는 면직물 덕분에 풍요로워진 것이 아니었다. 사실 미국과 유럽의 면방직 공장은 면화 산업이라는 특정 업계에서 기술을 개척했을 뿐이며, 가령 같은 직물 산업 내에서만 보더라도 양모, 리넨, 비단, 황마 등 역시 각 직물 공장이 해당 직물의 기술을 개척했다는 점은 똑같았다. 그리고 국가 경제는 직물 공장이 전부가 아니다. 널리 퍼진 독창성(미국의 시계 제조업, 영국의 철강업, 프랑스의 도자기 기술 등)이 근대화로 향하는 직행열차였다.

그리고 면직물 산업은 결코 남부에서 공급하는 면화에만 의존하지 않았다. 남북 전쟁의 면화 기근cotton famine(1861~1865년 미국의 남북 전쟁으로 목화 공급이 부족해지자 영국 랭커셔주의 면직물 공업에 발생한 공황을 말한다 – 옮긴이) 시기에는 이집트산 면화가 대체하기 시작했기 때문이다. 노예의 피땀으로 쌓아 올렸다는 모든 부를 잃을 때까지 전쟁이 정말 계속되었다면 이집트와 인도, 자메이카에서 쉽게 면화를 수입할 수 있었을 것이다. 단기적으로 봤을 때만 기존의 공급지가 '필요조건'이 될 뿐이다. 킹코튼 역사학자들은 공급망의 오류supply-chain fallacy에 빠져 있다. 즉 대체재가 없다고 가정하므로 공급망이 끊기면 게임 끝이라는 얘기다. 그래서 공급망의 매 단계가 빠지면 안 된다고 주장한다. 그러한 비경제적 경제 논리가 예컨대 제2차 세계대전과 베트남전에서의 전략적 폭격을 초래했다. 이들은 윤리적으로도 용납할 수 없었을뿐더러, 당시 군수품 이동 경로였던 호찌민 루트에서보다 독일 산업에서 더 효과적인 결과를 초래하지도 않았다. 노예의 면화 재배에서 현대 산업에 이르기까지, 일련의 공급망 사슬이 서로 필연성을 형성하는 것이 일견 논리적으로 보여도 실제로 그렇지 않은 이유는 어디서든 대체재를 찾을 수 있기 때문이다.

더욱이 면화 재배는 노예제에 의존하지 않았다. 역사적 사실이 이 점을 결정적으로 입증한다. 남북 전쟁 이전에는 백인과 자유 신분의 일부 흑인이 면화를 재배했다. 1870년 백인과 해방 노예들은 자유를 얻은 여성 인력이 면화 농장에서 대거 빠져나갔음에도 불구하고 남북 전쟁이 발발하기 이전에 남부에서 생산되던 양만큼 여전히 많은 양의 면화를 재배했다. 역사적으로 확실히 사탕수수는 시리아, 키프로스, 카나리아 제도, 신대륙 어디에서나 '한때' 노예가 재배하는 작물이었다. 그러나 면화는 고대부터 대량으로 면화를 재배한, 예컨대 인도에서나 중국 남서부에서나 노예에 주로 의존하는 작물이 아니었다.

밥티스트를 위시해 킹코튼 학파 사람들은 대부분 경제와 경제사를 잘 모른다. 사실과 달리 만약 노예제가 일종의 경제 제도가 아니었고, 20세기 중후반에 역사 문헌이 대거 발표되지 않았다고 해도, 경제적 사실을 바로잡는 것은 비난받을 일이 아니다. 특히 경제학자 로버트 포겔Robert Fogel과 스탠리 엥거만Stanley Engerman은 1974년에 《수난의 시간Time on the Cross》을 썼고 그 후로도 후속 작품과 논문을 다수 발표했다. 그들의 글은 킹코튼 학파의 글과 문헌들에서는 거의 찾아볼 수 없는 내용이 대부분이다. 예를 들어 킹코튼 학파는 노예제가 '저임금 노동'을 형성했다고 생각한다. 그러나 포겔과 엥거만, 리처드 서치Richard Sutch 등 모든 경제학자와 케네스 스탬프Kenneth Stampp 같은 일부 역사학자가 지적했듯이 생산성은 노예의 시장 가격으로 환산되었다. 노예를 소유하면 노예 유지비를 제외하고도 노동력의 대체 사용에 대한 기회비용에 직면했다. 말하자면 노예를 간접 구매하거나 많은 돈을 들여 노예를 아기 때부터 키운 사람들에게는 초과 이윤이 발생하지 않았다. 소멸하지 않은 초과 이윤은 주로 아프리카 내에서 직접 노예를 거래한 사람들이 거둬갔다.[5]

킹코튼 학파는 앨런 옴스테드Alan Olmstead와 폴 로드Paul Rhode 두 경제사학자가 조목조목 반박하자 큰 충격을 받았다. 두 사람의 폭로는 깜짝 놀랄 정도다.[6] 그들에 따르면 불평등 전문가인 토마 피케티 Thomas Piketty는 밥티스트가 노예제를 미국 경제사의 중심에 두면서 제시한 사이비 통계를 사용하는 바람에 미국의 국부에서 노예 노동이 차지하는 비중을 엄청나게 과대평가했다고 지적한다. 그리고 옴스테드와 로드는 남부의 면화 중심 경제에 대한 자신들의 연구 결과를 통해, 노예의 몸값이 상승한 원인이 사람들이 노예를 더 혹독하게 부려 먹어서가 아니라 면화의 생산성이 품종 개량의 원리로 놀라우리만치 향상했기 때문이라고 지적한다. 노예제는 이제 모든 사람이 동의하듯 더할 나위 없이 사악한 제도였다. 그러나 노예제는 그다지 수익성이 없었다.

노예제가 폐지되고 일상적인 구타가 사라진 것은 과거 노예 무역을 주도했다가 폐지론자로 돌아섰으며 〈어메이징 그레이스Amazing Grace〉의 작곡가이기도 한 퀘이커 교도 존 뉴턴John Newton, 영국 헐Hull 출신의 거상 가문에서 자란 윌리엄 윌버포스William Wilberforce, 〈공화국 전투 찬가The Battle Hymn of the Republic〉를 작곡했으며 증권 중개인 가문의 딸이었던 줄리아 워드 하우Julia Ward Howe 같은 사람들이 앞장섰기 때문이었다. 공통분모가 보이지 않는가? 이른바 '자본주의자'라는 사람들과 그들의 후예가 노예제를 종식시켰다.

다시 말하건대 착취가 아니라 창의성이 현대 세계의 모습을 설명한다. 오늘날 많은 명문대 역사학부의 강경 좌파도, 강경 좌파에 설득된 온건 좌파와 중도파도, '자본주의'와 어긋나는 요즘 정치계를 따라 노예제에 대한 허구의 역사를 이용하는 것을 멈춰야 하겠다. 노예제는 굳이 역사적, 경제적으로 남긴 오점을 강조하지 않더라도 그 자체로 충분히 악행이었다.

19장

노동조합과 규제로도
임금 노예가 사라지지 않았다

"자본가들이 산업 프롤레타리아트를 무자비하게 착취하던 악습을 종식하거나 적어도 급감하게 한 것은 분명 노동 운동이었다"라고 주장하는 사람도 있다.

절대 아니다. 그리고 더 폭넓게 말하자면 분배를 위한 투쟁은 대풍요를 설명하는 데 도움이 되지 않는다. 분배 투쟁은 경제 역사상 가장 거대하게 포지티브섬으로 이행된 변화를 제로섬 방식으로 설명할 뿐이다. 그리고 노동 투쟁에 네거티브섬의 가능성이 있다는 점은 1970년대 영국의 노사 관계를 살펴보면 잘 이해할 수 있다.

노동자의 실질 임금이 오르고 노동 조건이 개선된 것은 그들이 고용주에게서 양보를 얻어냈기 때문이 아니라, 상업성이 검증된 개선 이후 작업장과 공장에서 노동 생산성이 훨씬 향상했기 때문이었다. 노동의 역사와 노동자들의 장엄한 노동가는 광산 노동자들과 파업 저지자들 사이의 폭력 충돌을 직접적으로 그리거나, 또 한편으로는 고용주들이 노동 운동가 조 힐Joe Hill을 모함해 처형에 이르게 했다는 등의 내용으로 가득하다. 그러나 경제 논리는 분명하다. 고용주들은 노조 결성에 저항했으나 대개 헛수고였다. 월마트도 노조 결성을 허용하지 않아 좌파의 적대감을 샀지만, 유통업계에서 노동 시장은 경쟁 시장인 만큼 노조를 허용하는 다른 유통 업체와의 경쟁 관계를 피할 수 없으므로 월마트는 제시할 임금과 근무 조건을 조정해야 했다. 안 그러면 노동자들은 떠날 것이다.

다른 한편으로 경제적 파이의 더 많은 부분을 차지하기 위한 노조의 '싸움과 투쟁'은 성공할 경우 미국에서 더 다수를 차지한 비노조원들에게 피해를 입힌다. 광부들이 노조를 결성해 임금 인상과 더 나은 노동 조건을 쟁취하면 마법이 개입하지 않는 한, 석탄 소비자들은 필연적으로 더 높은 가격을 지불할 수밖에 없었다. 철강, 자동차, 공무원, 트럭 노조도 마찬가지다. 미시간주에서 전기 기사로 일하며 노조에 가입했던 매클로스키의 삼촌은 비용을 고객에게 전가하면 된다면서 노조 회비를 기꺼이 지불했다. 그러나 이로 인한 건축비 상승분은 누가 지불하는가? 바로 여러분이다.

게다가 어쨌든 노조에 가입한 노동자들이 얻는 이득은 적었다. 경제학자 그레그 루이스H. Gregg Lewis는 수십 년에 걸쳐 신중하게 연구한 결과, 임금 인상을 '가장' 성공적으로 이끌어낸 노조가 약 15%의

당신이 모르는 자유주의

인상을 달성했다는 사실을 발견했다.[1] 즉 3,000%가 아니다. 그리고 팀스터스Teamsters(매클로스키도 팀스터스의 분파 중 하나인 교수 노조에 기꺼이 가입한 상태다. 팀스터스는 조합원 140만 명을 자랑하는 미국 최대 노조이며, 트럭 운수 노조로 출발해 현재는 거의 모든 업계를 아우를 만큼 범위와 규모가 확대되었다-옮긴이)와 같이 여러 업계에 걸쳐 있는 노조는 임금 상승률이 몇 퍼센트포인트에 불과하며 그나마도 고용 조건의 악화로 상쇄되는 만큼 임금에 미치는 영향이 훨씬 적다. 트럭 운전사는 급여가 약간 증가하는 대신 더 장시간을 운전해야 한다.

바로 이것이 오래전 애덤 스미스가 임금 액수에 노동 조건의 금전적 가치를 더해야 한다고 지적한 요점이다. 노동자들의 기술 수준이 동일하다면 전체 경제에서 이들의 임금 액수도 비슷해야 한다. 그렇지 않으면 임금 수준이 다시 비슷해질 때까지 비인기 직종의 노동자가 인기 직종으로 이동한다. 그렇게 그들은 떠난다. 그래서 아프리카계 미국인은 흑인 대이동Great Migration 시기에 북부로 이주했다. 따라서 보수가 좋아도 지나치게 장시간 일하는 게 싫으면 스스로 그 바닥을 떠나게 된다. 광부가 택시 운전사보다 돈을 많이 버는 것은 더럽고 힘들고 위험한 석탄 채굴 환경이 더 열악한 만큼 이에 대해 현금으로 보상받기 때문이다. 즉 이것은 공정성의 문제가 아니라 사람들이 자유롭게 직종을 옮길 때 발생하는 가격의 자연 균형이다.

임금과 노동 조건은 마치 물과 같아서 불가사의한 힘에 의해서가 아니라 사람들의 지극히 평범한 행동에 의해 제자리를 찾는다. 경제적 사고방식의 전형을 보여주는 스미스의 주장은 노동자들이 임금과 근무 조건이 좋은 직종으로 몰려들면 다시 균형 수준에 이를 때까지 임금이 떨어진다는 것이다. 경제학자들은 이 핵심을 금융 쪽에서 흔히 거론하는 차익 거래arbitrage라는 한 단어로 설명한다. 이것이 바로 대학교수들이 소크라테스 이래로 기술이 변한 게 없으면서도, 고대 그리스 도선사에 비해 여행 생산성이 수천 배 더 향상된 기술을 활용하는 항공기 조종사들과 비슷한 소득을 벌어들이는 이유다. 어떤 교수 지망생이 교수의 보수와 근무 조건이 마음에 들지 않으면 대학원 대신 비행 학교에 진학하면 된다. 이 직업에서 저 직업으로 충분히 매끄럽게 이동할 수 있으면 노동 시장은 물처럼 수평을 이룬다.

스미스의 정리는 노동 조건 개선을 위한 민주당의 압력도, 이를 막기 위한 공화당의 저항도 소용없다는 뜻이다. 상추 재배지의 지대가 순수확량의 가치에서 도시에서 근거리인지 원거리인지에 따라 달라지는 상추 운송비를 뺀 값으로 결정되듯이, 임금 액수와 노동 조건의 금전적 가치는 노동의 수요와 공급에 의해 결정된다. 경제학자들이 생산 요소라고 일컫는 모든 것, 즉 석탄 채굴, 택시 운전 등의 노동이나 농지, 교외 주택 등의 토지나 공장, 집, 기계 등의 물적 자본도 마찬가지다. 1870년대 이후 경제학자들이 수천 건의 연구에서 사실로 입증해 밝혀낸 생산 요소들의 총 대가는 마지막으로 추가된 노동, 토지, 자본 한 단위의 산출량, 즉 '한계 생산'에 달린 것이지, 교섭력의 힘이 아니다.

좌우 양 진영을 솔깃하게 하는 반론은 고용주들이 밀실에 황금 더미를 숨겨놓고 있으니 시위대나 의회에서 투쟁을 통해 이 화수분 같은 황금을 빼내야 하며, 이를 통해 노동자의 임금과 근무 조건을 향상하자는 것이다. 이게 정말 가능하다면 훌륭할 방법일 것이다. 법 하나 통과하면 노동자들이 훨씬 잘살게 되니 말이다. 그러면 카든과 매클로스키도 기쁠 것이다.

그러나 상상 속의 금을 빼내는 방식으로는 노동자의 생활 수준을 3,000%까지 개선할 수 없다. 오하이오주의 한 타이어 공장 노동자라면 능숙한 교섭력을 발휘해 5~10%의 임금 인상안을 타결할 수 있다. 그러나 이 효과는 일회성이다. 반면 한계 생산성 개념으로는 1,000%에서 3,000%, 심지어 10,000%까지 생활 수준의 개선도 설명할 수 있다.

분명히 이 국가 경제는 초과 이윤이 국민 소득의 10~15% 정도로 크지 않아서 수탈자들의 금을 다시 수탈하는 방법으로는 노동자의 소득을 30배는커녕 2배로 늘리기에도 역부족이다. 그리고 이 '밀실 속의 황금' 이론은 수탈당하는 고용주들이 모든 역경에도 불구하고 무조건 가만히 참고 더 적은 이윤을 감내하면서 공장에 계속 투자할 것이라고 가정한다. 하지만 지금 당장은 투자자들이 울며 겨자 먹기로 손실을 받아들이더라도 내년에도 가만히 있으리란 법은 없다. 한 번 속으면 속이는 자가 나쁘지만, 두 번 속으면 속는 자가 한심한 것이다.

컨트리 가수 조니 캐시Johnny Cash, 윌리 넬슨Willie Nelson 등의 옛 노래에서 그리는 탄광을 생각해보라. "지하 감옥처럼 어둡고 이슬처럼 축축한 곳 / 위험천만하지만 즐거움은 거의 없네." 또 다른 노래 중에 외딴 탄광 마을의 광부들은 회사 상점company store(자사 직원에게 제한된 범위의 식품, 의류, 일용품 등을 판매하는 매점이다. 또 직원들에게 급여일 전에 외상 구매를 허용하는 바우처 지급 시스템을 운영하기도 했다. 직원들은 빚을 갚기까지 회사에 속박될 수밖에 없었으므로 회사 매점은 직원들의 피를 빨아먹는 독점이라는 오명을 입기도 했다-옮긴이)에 영혼을 빚지고 있다는 가사도 있다.

피바디 석탄 회사Peabody Coal Company가 노동 수요자로서나 주택 및 식료품 공급자로서나 시장 지배력을 이용한 전형적인 예라는 주장이 있다. 이 회사가 임금과 근무 조건 측면에서 둘 다 노동자들에게 인색했다는 견해가 종종 있다. 그러나 잘못된 주장이다. 사실 애팔래치아 탄전의 광부들은 같은 지역에서 고되게 농사지으며 벌 수 있는 것과 비교하면 양호한 임금을 받았다. 그러니까 그들은 광부가 되는 쪽을 택하는 것이다. 가격은 독립 상점보다 회사 상점이 더 높았지만 회사 상점은 외상 조건, 선택권, 납품 등의 측면에서 더 나은 서비스를 제공했다. 애덤 스미스의 공리와 일치하게도, 임금과 노동 조건 사이에는 상충 관계가 있어서 비교적 위험한 광산에서 그 위험을 무릅쓰고 일할수록 그에 따라 더 많은 대가를 지불받았다.[2]

노예든 '자유인'이든 어떤 유형으로나 누군가를 고용한다는 것은 그저 착취라는 좌파의 주장에 대해, 또 한 명의 마르크스(코미디언 그루초 마르크스Groucho Marx)는 할 말이 있었다. 1930년대 그가 배우로서 한창 전성기를 구가할 때 공산주의를 믿는 그의 오랜 친구 한 명이 찾아와 "그루초, 일자리가 간절히 필요하네. 자네는 연줄이 많지 않은가"라고 말했다. 종종 신랄한 유머를 구사하는 그루초는 "해리, 안 되겠네. 자네는 내가 아끼는 공산주의자 친구가 아니겠는가. 나는 자네를 '착취'하고 싶지 않다네"라며 그를 돌려보냈다.

《콘사이스 옥스퍼드 사전The Concise Oxford Dictionary》에서도 드러나는 좌파적 어법과 그 정치 논리는 현재까지 울려 퍼진다. 이 사전은 '임금 노예wage slave'를 "소득을 봉급에 전적으로 의존하는 사람"이라고 냉정하게 정의하며, '비격식'이라는 표기를 달긴 했지만 '장난스러운' 또는 좀 더 낮게 '경제적 이해도가 부족한' 용법이라고 표기하지는 않았다. 따라서 《콘사이스 옥스퍼드 사전》 1999년판의 편집자인 주디 피어솔Judy Pearsall은 런던 NW6 지구의 근사한 주택에 살면서 푸조 옛 모델을 몰고 다니는 '노예'였던 셈이다.

여러분도 아마 노예일 것이다. 카든과 매클로스키도 확실히 노예다. 봉급생활자는 다른 사람에게 제공할 재화와 서비스 생산 가치에 상응하는 급여를 받으며, 그들 중 누구도 무보수로 강요당하며 일하고 있지 않은데도 전부 노예다. 선택지에 있는 다른 직업은 비참할 수는 있겠으나 '임금 노예'는 실제 노예와 달리 그나마 선택지라도 있다. 자유주의 국가의 노동 시장에서는 어떤 고용주도 노동자가 퇴사하지 못하게 압박을 가할 수 없다.

자유 경제 체제라면 어디서나 그래야 정상이거늘, 경제학자 로버트 힉스Robert Higgs, 카든, 매클로스키, 그리고 다른 많은 자유주의자들이 목격한 바와 같이 요즘 자유주의 국가들은 국민이 조세나 징집 등으로 정부의 노예로 묶여 있는 예외가 오히려 더 허다하다. 이런 것이야말로 바로 전형적인 노예제다. 납세와 징집을 거부하면 어찌 될지 상상해보라. 그러나 정부를 주인으로 섬기는 현대판 노예제는 좌파의 대부분, 그리고 우파 중에서도 상당수가 마치 1860년 노예제를 옹호하던 남부를 연상케 하는 수사법을 동원하며 찬양하고 있다. "노예들은 우리의 지도가 필요하므로 우리는 그들을 강제로 일하게 한다. 다들 알다시피 이게 다 노예의 이익을 생각해서다."

노동가의 가사들은 찬란하다. "할란 카운티에서는 / 중립이 있을 수 없다네. / 노조원이 아닌 사람은 / 노조를 탄압하는 세력이 분명하다네." 매클로스키는 이런 노동가들을 사회주의자나 노조원으로 활동하는 친구들보다 더 많이 알고 있다고 주장한다. 그리고 시카고 일리노이대학교의 교수 노조 동료들이 피켓을 들고 섰을 때 그들에게 친히 이 노래들을 가르쳤다. 그러나 노동자들이 투쟁으로 부를 쟁취할 수 있다고 주장하는 노동가 가사는 역사와 경제적 측면에서 잘못되었다.

필자들도 상업성이 검증된 개선 못지않게 법과 파업으로 놀라울 정도로 실질 임금을 향상할 수 있다면 진심으로 대환영이다. 그러나 법과 파업은 효과가 없었다.

3부

**LEAVE ME ALONE
AND
I'LL MAKE YOU RICH**

아이디어, 윤리, 수사법, 이념의 변화가 풍요를 일으키다

20장

북서부 유럽에서 담론과 정책이 변했다

지금까지는 이것도 아니요, 저것도 아니라고 했다. 그렇다면 무엇이 대풍요를 가능하게 했을까? 문명화된 이탈리아반도, 보물이 풍부한 이베리아반도, 혁신적인 발명품의 산실인 중동의 이슬람 권역, 상업 제국을 이룩한 남아시아와 동아시아, 또는 아프리카나 아메리카 등 다른 아쉬운 후보들을 모두 제치고 하필 뭔가 부족해 보이는 북서부 유럽이 대풍요의 출발점이 된 이유는 무엇이었을까?

앞서 말했듯이 1517년에 시작된 우연한 행운의 사건들이 합쳐져 북서부 유럽의 평범한 국민들과 그들의 통치자들이 부르주아 계급을 재평가하고 변화를 원하는 반대자들의 목소리에 귀 기울이기 시작했기 때문이다. 부르주아 계급이 그 자체로 남들보다 특히 탐욕스럽거나 검소하거나 근면하거나 준법정신이 투철한 것이 아니었다. 매클로스키의 2006년 저서의 제목이기도 한 '부르주아의 덕목'이 말해주듯이 부르주아 계급이 특별히 사악한 집단인 것은 아니다. 하지만 그렇다고 부르주아 계급의 심경이나 윤리관에 변화가 찾아와서 대풍요가 일어난 것도 아니었다. 그것은 사실이 아니다(반면 예컨대 1905년에 독일의 위대한 사회학자 막스 베버는 윤리의 변화가 풍요에 기여했다는 맥락으로 글을 쓴 적이 있기는 하다).

그보다는 매클로스키의 2010년 책 제목이기도 한 '부르주아의 위엄'이 발단이 되었다. 사회 구성원들이 사업가들을 전에 없는 위엄을 갖춘 세력으로 바라보기 시작했다. 그리고 이 위엄은 18세기 새로운 자유주의의 시기가 도래하자 귀족과 성직자에 이은 '세 번째 계급', 즉 하인에서 제조업자에 이르는 모든 평민까지 확대되기 시작해 지금까지 이어지는 긴 역사가 펼쳐졌다. 그 결과 나타난 것은 매클로스키의 2016년 책 제목에서 알 수 있듯이 만인을 이롭게 한 '부르주아의 평등' 정신이었다. 지금까지 이 책에서 다양한 증거를 제시하며 거듭 강조했고 또 매클로스키가 2019년 발표한 정치 서적인 《트루 리버럴리즘》에서도 주장했지만, 물질적으로나 정신적으로나 온 인류가 풍요롭게 사는 세상이 빠르게 찾아왔고 앞으로도 세상은 더 발전할 것이다.

역사 사회학자 잭 골드스톤Jack Goldstone이 말했듯이 이탈리아 북부의 베니스, 피렌체, 제노바 또는 17세기 일본 오사카, 기원전 2세기 카르타고에서는 오래전부터 친부르주아 이데올로기가 꿈틀거려 소소하게나마 문명의 개화 조짐을 보였다. 또 고대 페니키아의 항구 도시 두로Tyre는 "폐허가 된 두로, 그곳 상인들은 고관이요, 무역상들은 세상에서 가장 존귀한 자들이었더라"(이사야 23장 8절)라고 불렸다.[1] 그러나 그들은 금세 쇠퇴했다. 반면 1700년 전후로 등장한 4R(문해력, 개혁, 반란, 혁명) 덕분에 친부르주아 이데올로기는 북서부 유럽, 특히 과거에 친귀족 성향이 강했던 영국에서마저 잠시 지나간 정도가 아니라 완전히 뿌리를 내렸다.

우리는 혁신주의가 평민도 대풍요에 편입할 수 있게 했다고 지적했다. 부르주아 딜의 3막에서는 경쟁 시장이 초과 이윤을 잠식한다. 혁신가의 창의성으로 사회가 얻는 이득은 결국 자그마치 98%까지 소비자들의 몫으로 흘러들어간다. 이 98%와 부르주아 딜 희곡의 3막에서 혁신가에게 돌아가는 나머지 2%는 2018년 노벨상 수상자인 경제학자 윌리엄 노드하우스가 대략적으로 추산한 값이다.[2] 아마존 창립자인 제프 베이조스Jeff Bezos의 순자산이 1,431억 달러이고, 월마트 창립자인 샘 월턴Sam Walton의 상속인의 순자산을 다 합치면 약 1,750억 달러라는 점에서 알 수 있듯이, 생산과 거래 방식에 혁신을 일으키고 그에 따른 사회의 총소득 증가분 중에서 2%를 금전적 가치로 환산하면 틀림없이 어마어마한 액수다. 그러나 다른 사람들과 비교해 혁신가에게 주어지는 몫으로 노드하우스가 추산한 값에 10배를 곱한다 해도, 다시 말해 베이조스와 월턴이 각각 온라인과 오프라인 쇼핑을 혁신해 창출한 가치의 80%만 소비자가 가져간다 쳐도 그에 따른 사회의 총소득 중 80%는 상업성 검증을 통과

한 개선의 수혜자인 일반인들에게 여전히 막대한 액수다. 게다가 베이조스와 월턴은 신의 부름을 받았다고 자부하던 과거의 왕이나 오늘날 폭군들이 재산을 축적한 방식과 달리 도둑질이 아닌 상거래로 부를 획득했다. 쿠바의 카스트로Castro 형제와 러시아의 블라디미르 푸틴Vladimir Putin, 그리고 베네수엘라의 우고 차베스Hugo Chavez와 니콜라스 마두로Nicolas Maduro 네 일가는 거래가 아닌 도둑질로써, 또 국민을 잘살게 하는 대신 그들을 착취함으로써 어마어마하게 부자가 되었다.

물론 베이조스와 월턴이 완전무결한 사람은 아니다. 우리 경제학자들은 아마존이 원클릭 쇼핑이라는 아이디어에 특허를 내고 독점적 이익을 누리는 행태를 반대한다. 그리고 월마트가 판매세 세입에 구미가 당기는 지역구 의원들을 포섭해서 정치권의 담합을 이끌어내는 것도 반대한다. 즉 우리 자유주의 경제학자들은 특허 유효 기간이 지나치게 길면 안 된다고 생각한다('지적 재산권'은 대부분 변리사가 주도하는 반사회적 신용 사기극이나 마찬가지다). 그리고 상업이 아닌 대부분 정치 논리로 돌아가는 권리 할당도 좋아하지 않는다. 그러나 죄 없는 자만 앞장서서 돌을 던질 자격이 있는 법이니, 1962년 아칸소주 로저스에 '디스카운트 시티Discount City' 할인점을 열거나 1994년 워싱턴주 벨뷰에 온라인 서점을 창업하는 모험을 아무나 할 수 있겠는가.

월마트와 아마존이 비난받는 이유는 대개 그들의 상업적 성공 때문이다(또 이러한 비난은 당연한 보상으로 거대한 부를 일구는 것 자체에 대한 비이성적이고 특히 미국적인 반감에도 기인한다). 정치적 성공으로는 대중의 반감을 사는 일이 절대 없다. 따라서 아마존이 원클릭 쇼핑에 대한 특허를 출원하지 않았거나 월마트가 종종 지방세 우대의 혜택을 받지 않았다 해도 사람들의 비판적 인식이 많이 달라졌을지 의심스럽다(실제로 월마트는 다소 경솔하게도 워싱턴에 입지를 다져놓지 않다가, 자사의 성공 토대가 된 자유로운 국제 무역이 정부에 의해 위협받자 움직이기 시작했다. 부패의 원천은 아칸소주 벤톤빌이 아니라 워싱턴 DC다).

부르주아 딜은 지난 몇 세기 동안 사회를 체계화하는 다른 4가지 종류의 정책Deal과 경쟁 관계에 있었다. 협력 대신 강제력, 시장 대신 정부, 보이지 않는 손 대신 보이는 손, 상향식 권력 대신 하향식 권력을 추구하는 이 4가지 딜은 이름하여 블루블러드 딜Blue-Blood Deal, 볼셰비키 딜Bolshevik Deal, 비스마르크 딜Bismarckian Deal, 관료주의 딜Bureaucratic Deal이다. 이들은 처음에는 대개 인기를 얻지만 계속해서 국민을 빈곤과 살육으로 몰아넣거나(블루블러드 및 볼셰비키), 또는 혁신가들의 발목에 모래주머니를 달고는 안전을 보장해주겠다는 허황한 약속을 내세웠다(관료주의 및 비스마르크).

 매클로스키가 2016년 저서에서 귀족주의 딜Aristocratic Deal이라고 명명하기도 했던 블루블러드 딜은 태생적 귀족 혈통에 경의를 표한다. "1막과 2막 단계에서는 토지 지대를 즉시 지불하고 내가 지나가거든 공손히 무릎 굽혀 인사하라. 그리고 내 명예와 이익을 위해 죽음을 무릅쓰고 전쟁터로 나가라. 그러면 3막에서 당신을 적어도 죽이지는 않겠다." 사실 귀족의 재산권이 확립되었으면 상호 간에 양도하고 이용할 수 있어야 경제가 효율적으로 돌아갈 것이다. 존 로크는 노동의 투입에 입각해서 소유권을 정당화했지만 경제학적 측면에서는 소유권을 정당화해야 할 이유가 매우 많다. 그러나 블루블러드 딜은 그 기원을 깊이 살펴보면 당연히 보호를 명분으로 삼은 갈취 행위다. 1969년 저명한 경제학자 존 힉스John Hicks는 적은 분량의 저서인《경제사 이론A Theory of Economic History》에서 귀족이 농노를 '보호'했다고 주장한 반면, 위대한 경제사학자 알렉산더 거셴크론Alexander Gerschenkron은 "다만 유일한 위험 요인까진 아니더라도 농민이 특히 보호가 필요했던 위험 요인이 바로 영주들일 수도 있다는 점은 언급하지 않고 있다"라고 평했다.[3] 블루블러드 딜은 단순히 세속적 손익으로 상업성이 검증된 개선을 거부한다고 주장한다(물론 그 이윤을 마다하지는 않겠지만). 대신 전장에서 피 흘린 귀족의 희생으로 검증된 개선을 인정한다. 귀족 계급은 수 세기 동안 철판 갑옷으로 검과 화살로부터 몸을 보호했다가 결국 석궁과 장궁, 그리고 화승총까지 개발되면서 창조적 파괴의 희생양이 되었다.

블루블러드 딜과 마찬가지로 볼셰비키 딜도 부르주아 계급에 거부하기 힘든 제안을 한다. 표면적 모토는 마르크스의 발언에서 유래된 "각자 능력껏 일하고 필요한 만큼 분배된다"이다. 말은 그럴싸하다. 레닌이 한때 말한 것처럼 국가가 하나의 가족처럼 거대한 공장이 되어야 한다는 윤리관에 다시 주목하기를 바란다. 조지 오웰의

《동물 농장》에서 노련한 우두머리 돼지가 말했듯이 모든 동물은 평등하지만 어떤 동물은 다른 동물보다 특히 더 평등하다. "맡은 일을 충실히 하고 노동의 결실은 공산당에 분배해야 하니 순순히 내놓아야 하며, 무엇보다 당을 절대 비판해서는 안 된다. 당신의 모든 경제적 문제는 우리가 결정하겠다. 공산당 고위 간부들과 평등한 대접을 받겠다고 요구하지 마라. 1막과 2막에서도 이것들을 잘 준수하라. 그러면 3막에 가서 최소한 당신을 숙청하지는 않겠다."

부르주아 딜의 대안 중 반ᵣ볼셰비키 성향을 띠는 비스마르크 딜은 철의 재상 오토 폰 비스마르크Otto von Bismarck가 1881년에 시작했으며, 독일 제국에서 노령 연금을 개시한 첫해인 1889년 이후에 득세했다. 루트비히 폰 미제스는 비스마르크를 가리켜 "19세기 정치인들 가운데 자유주의의 철천지원수"라고 평했다.⁴ 비스마르크 딜은 가난한 사람들에게 뇌물을 줄 테니 얌전히 있으라고 지시하는 일종의 매수 행위였다. 비스마르크의 명백한 계획은 말 그대로 조만간 볼셰비키 딜에 편입할 사람들, 대부분 좌파들, 그리고 자유주의자까지 포함한 자기네 적수들의 발등을 밟는 것이었다. 비스마르크 딜은 현대 복지 국가다. 영국에서는 의무적 실업 보험과 함께 1911년부터 시작되었다. 미국에서는 1933년 뉴딜이 시초였다. 비스마르크 딜의 주장은 다음과 같다. "1막과 2막에서 당신은 노령자 의료 및 응급 의료 서비스를 너무 불완전하고 비효율적으로 제공하는 가족이나 시민 사회를 믿지 말고, 현 정부를 고귀하고 자애로운 주인님으로 여겨야 한다. 그러면 3막에서 우리는 최소한 볼셰비키 같은 과격파와 부르주아 계급으로부터 당신을 보호할 것이다."

비스마르크 딜은 현실에서는 잘 먹히지 않더라도 선전용으로는 훌륭하게 작동했다. 예를 들어 영국의 대학들은 제1차 세계대전 이후 정부가 국영화한 이래로 민간인의 기부 규모가 대부분 바닥을 쳤다.[5] 1911년 영국 국민(및 실업) 보험법이 시행되기 직전, 당시 적용 대상자인 1,200만 명 중 900만 명이 특히 '공제회' 등을 통한 자발적인 계약으로 다른 보험에 이미 가입한 상태였다.[6] 미국도 마찬가지여서 자발적인 건강 보험 가입이 견고하게 갖춰져 있다.[7] (현재도 미국의 건강 보험에 관한 논쟁이 평행선을 달리고 있는 점에 주목하라.) 비스마르크의 복지 국가는 노령 연금, 고등 교육, 건강 보험, 그 외 자유로운 성인들이 수행할 민자 사업에 필요한 민간 부문의 저축을 몰아냈다.[8] 비스마르크 딜은 사람들에게 자유로운 성인으로서 활기찬 삶을 포기하고 정부의 보살핌을 받는 어린아이로 돌아가 비스마르크식 정부에 투표할 믿음직한 유권자가 되라고 요청(이라기보다는 강요)한다. 미국에서는 메디케어Medicare나 사회보장연금Social Security을 감히 건드리는 정치인들은 보복을 면치 못할 것이라고 벼르는 노령 연금 수급자들이 강력한 유권자 집단을 형성한 상태다(매클로스키는 고관절 치환술, 궤양 치료, 담낭 제거 등 그동안 자신의 의료비를 지불해준 젊은 세대에 진심으로 감사를 표한다. 게다가 사회보장연금의 수급권자이기도 하다. 다시 한 번 감사하는 바이며, 그녀도 투표권이 있다는 것을 잊지 마라).

자유주의 정신에 입각한 부르주아 딜의 네 번째 라이벌은 관료주의 딜인데, 앞서 설명한 세 가지 정책들과 어깨를 나란히 한다. 관료주의 딜은 부르주아 딜에서 주장하는 사유 재산권을 인정하되 다 같이 몰살하는 볼셰비키 딜의 대재앙을 거부한다. 지금까지 성적은 나쁘지 않다. 부르주아 딜이 허가를 요하지 않는 혁신을 빚어냈다면, 관료주의 딜은 행정 국가화 현상에서 나타나는 정책으로서 허가에 의한 혁신을 추구한다.[9] 무선 통신의 아버지 굴리엘모 마르코니Guglielmo Marconi에서 오늘날의 스티브 잡스Steve Jobs에 이르기까지 미국의 전파 관리 역사에 관한 훌륭한 책을 집필한 경제학자 토머스 W. 해즐럿Thomas W. Hazlett은 연방통신위원회Federal Communications Commission의 온갖 행정 규제를 가리켜 "엄마, 혁신해도 돼요?"라고 묻는 아이의 부모에 비유했다.[10] 해즐럿이 자세히 서술했듯이 그들은 실제로 "엄마, ~해도 돼요?"라는 질문에 거부할지 수락할지 스스로도 알지 못하는 전문가들이 귀족 정치를 통해 무지몽매한 평민과 부르주아들을 지배하는 집단이다. 그 결과 예컨대 FM 라디오가 그렇듯 수십 년 동안 전파 기술은 제자리걸음이다. 최근에 매클로스키는 컴퓨터 기술업계에 몸담고 있는 한 젊은 기업가를 만난 적이 있는데, 그는 관료주의 딜에서 벗어날 수 있는 방법은 컴퓨터 기술 분야에서 관료들보다 앞서 나가는 것이라며 이렇게 말했다. "당신이 하는 일을 관료들이 이해하지 못한다면 당신은 잘해낼 수 있다는 징조다." 그러면 유통 과정에서 소비자들도 막대한 이익을 얻을 것이다.

　이런저런 규칙을 제정하느라 수다스럽기로 악명 높은 관료주의 딜의 주장은 다음과 같다. "당신이 신청한 타코 푸드트럭의 영업을 허가하겠다. 그러나 그 전에 우리가 다음과 같이 제시하는 '엄마,

당신이 모르는 자유주의

~해도 돼요?' 질문에 요건이 전부 충족되는지 먼저 확인해야 한다. 세무 당국으로부터 적정한 허가를 받았는가? 푸드트럭에 적합한 운전면허가 있는가? 영업 구역의 반경 150미터 이내에 다른 레스토랑이 있는가? 본인과 직원들이 유급 고용에 문제가 없는 영주권자이거나 또는 합법적으로 취업 허가를 받은 상태인가? 타코 전문가와 기존 타코 자영업자의 대표들로 구성된 지역 내 '타코영업자격위원회'는 이 지역에서 타코 판매자가 더 필요하다는 데 동의하는가? 당신의 방법은 우리 같은 전문가 기준에서 환경친화적인가? 탄산수를 700밀리리터짜리 대용량 사이즈로 판매할 것인가? 플라스틱 빨대를 제공하겠는가? 요리할 때 트랜스 지방을 사용할 것인가? 대량 주문 건을 비닐봉지에 담아 건넬 것인가? 물론 이 모든 것은 당신이 파렴치하게도 소비자들에게 식중독을 일으키거나 직원들을 착취할 수도 있으니 그들을 보호하는 차원에서 하는 질문이다."

수만 페이지에 달하고 거기에 매년 분량이 추가되는 규정집에서 반복되는 관료주의 딜의 3막 드라마는 다음과 같이 전개된다. "나는 석사 학위를 소지한 전문가이니 내 권위를 존중하고, 1막과 2막은 물론 다음 막에서도 계속 세금을 부과하고 규제할 수 있는 권한을 달라. 당신은 공장을 멕시코로 이전하거나, 케이맨 제도 같은 조세 회피처로 자금을 빼돌리거나, (내가 주는) 허가 없이 사업을 운영하거나, (내가 결정하는) 최저 임금 미만으로 일하는 등 더 나은 거래를 찾아 옮겨갈 수 없으며 이를 어길 시 (우리 전문가들이 제정한) 법에 따라 처벌하겠다. 당신이 내 명령을 따르고 꼬박꼬박 세금을 낸다면 3막

이후부터 나는 당신을 적어도 감옥에 보내지는 않을 것이다." 이래서 우리가 아까 관료주의 딜이 수다스럽다고 했다.

◇◇◇

부르주아 딜은 블루블러드 딜, 볼셰비키 딜, 비스마르크 딜, 관료주의 딜에 "자기 일에나 신경 쓰라"라고 고한다. 비슷한 예로 아인 랜드Ayn Rand의 소설 《아틀라스》에서 주인공 존 골트는 경제를 활성화하기 위한 계획이 무엇인지 질문을 받자 "나를 제발 방해하지 마라"고 답한다. 부르주아 딜이 말하려는 바는 타코 트럭 기업가가 자신에게 벤처 자금을 대준 은행, 자신을 도와 일하는 직원 및 공급 업체, 땀 흘려 번 돈을 기꺼이 주고 타코를 사 먹을지 말지 결정권을 쥔 고객을 향해 책임을 져야 한다는 것이다. 소비자 보호를 명목으로 내세우는 관료주의적 규제는 자유로운 사회에서 여론의 환기에 맡기기보다 소비자 보호 효과가 훨씬 떨어진다(독일에서 우버에 영업금지 명령을 내린 사례에서 볼 수 있듯, 대개 전통 택시업계 같은 기득권자를 경쟁으로부터 보호하는 역할이 더 크다).

1997년 앨라배마주 터스컬루사에서 시겔라(이질균) 사태의 진원지였던 식당은 결국 오래가지 못했다. 또 카든은 6학년 때 일어난 이콜라이(대장균) 사태를 떠올릴 때마다 사태의 원흉이었던 식당(한 번도 가본 적은 없지만) 이름이 자꾸 연상된다. 카든이 고등학생 청중에게 그 예를 언급했더니 비슷한 발병 사건이 또 다른 식당에서 최근 있었다는 정보를 학생들에게서 들었고, 그 후 카든은 그 식당을 잘

당신이 모르는 자유주의

안 가게 되었다. 넥스트도어Nextdoor 앱은 어디 어디 업체가 형편없으니 이용하지 말자는 동네 소식이 뜨면 알림으로 보내준다. TV 애니메이션 〈사우스 파크South Park〉의 한 에피소드에서는 지역 기반 리뷰 사이트 옐프Yelp에서 별점을 매기는 리뷰어의 영향력을 풍자적으로 묘사한다. 이런 예들이 언론의 자유가 보장된 사회에서 작동하는 시장의 기능을 보여준다. 완벽하지는 않지만 효과가 있으며, 대개 관료주의 딜에서 파견하는 조사관보다 제 역할을 쏠쏠히 한다.

배신자들이 난무하고 철저히 이기적인 이 세상과 비교하면 상인들의 사회에서 일반적인 수준의 정직성은 사실 평균 이상이다. 미국 중서부의 소도시들이라 하면 상업 사회가 덜 발달했다는 부당한 오명이 있지만, 오히려 그들을 통해 상업 사회의 정직성을 확인할 수 있다. 가령 인구가 5만 명에 불과해 고객 확보가 한정적인 소도시의 지붕 수리업자에게는 공정 거래에 대한 평판이 필수적이다. 아이오와대학교의 한 교수는 어느 날 칵테일 파티에서 아이오와 시티 지역의 한 지붕 수리업자에게 수리를 맡겼다가 형편없는 서비스를 받았다고 말했지만, 그런 자리에서 이름이 거론되다간 지역에서 그 업자의 경력은 끝장이기 때문인지 정작 업자의 이름을 밝히기는 꺼렸다(사실 그 업자는 결국 자발적으로 애프터 서비스를 해줬다고 한다). 이 교수의 행동 자체는 윤리적 습관이 윤리적 신념으로 굳어질 수 있음을 보여주는 것으로, 아이가 성장할수록 처벌에 대한 두려움에서 내면의 공정한 관찰자impartial spectator(애덤 스미스는 개인이 도덕적 결정을 내릴 때 자신의 마음속에 있는 '공정한 관찰자'를 기준으로 삼아 이기심과 탐욕을 절제한다고 말했다-옮긴이)의 의견을 구하는 방향으로 윤리적 판단의 기준이 옮겨가는 과정과 비슷하다. 비윤리적인 사람이라면 이야기에 재미를 첨가하기 위해 지붕 수리업자의 이름을 말했을 것이다. 결국 교수 자신의 평판은 업계에서 문제가 되지 않으니 말이다.

어떤 사회도 다른 정책을 전부 배제한 채 한 가지 정책만 택하지 않는다. 매클로스키의 스위트홈 시카고와 카든의 스위트홈 앨라배마에는 혁신주의의 부르주아 딜, 규제의 왕국 관료주의 딜, 관료주의 딜의 통제하에 교육을 생산 수단으로 삼아 사회주의적 통제를 가하는 볼셰비키 딜, 복지가 으뜸인 비스마르크 딜, 정치 논리로 움직이는 블루블러드 딜이 다 뒤섞여 있다. 인생은 완벽하지 않다. 그러나 1800년 이후 세상은 부르주아 딜을 통해 대풍요를 이룩할 만큼 발전했으니 이 정도도 충분하다.

당신이 모르는 자유주의

21장

윤리와 수사법에 변화가 일어났다

이제 다른 후보자들을 물리치고 딱 하나 남은 승자를 설명해야 할 시간이다. 이 승자는 역사적으로 보나 지리적으로 보나, 또 그 속에서 살고 있는 인간의 생활로 보나 정답과 가장 잘 맞아떨어진다. 요컨대 사람들은 경제생활에서 어떤 방식이 매력적인지에 대한 사고 방식이 바뀌었다.

도널드 부드로의 표현을 빌려 경제적으로 말하자면, 상인에게 부과되는 이른바 '불명예 세금dishonor tax'이라는 것이 줄어들었다.[1] 사람들이 전쟁과 궁정, 대성당에 대한 애착에서 벗어나 부르주아 계급과 시장에 대한 경멸을 누그러뜨렸고, 공영방송 PBS는 밀턴 프리드먼의 자유주의를 다룬 다큐멘터리 〈선택할 자유Free to Choose〉를 방영

했으며, 대학들은 학생들에게 STEM 과목이나 경영학만 전공하라고 권장할 정도로 세상이 변했다(참고로 필자들은 생각이 다르다. 부모들은 취업이 걱정되겠지만 영문학이나 역사학을 전공하는 것도 충만한 삶을 사는 데 도움이 된다. 그리고 어쨌든 앞서 설명했듯이 대부분 수학과 과학은 인간의 영혼을 고양하는 인문학에 더 가깝다. 반면 기술과 공학은 영혼이 아닌 육체의 성장을 돕는다).

사람들은 누구는 부자이고 또 누구는 가난한 이유를 운명이나 정치, 마법 등의 탓으로 돌리는 습성에서 점차 탈피했다. 노벨상을 받아도 손색없는 경제학자 윌리엄 보멀William Baumol이 2002년 발표한 저서의 제목이기도 한 '자유 시장의 혁신 기구The Free Market Innovation Machine', 그리고 노벨상을 수상한 경제학자 에드먼드 펠프스가 2013년 저서에서 사용한 표현인 이른바 '상상 극장imaginarium'에 이럭저럭 숨통이 트이기 시작했다. 여기서 이 두 사람이 비유적으로 가리킨 것은 부르주아 딜과 그 결과로 나타난 개선이었다.[2] 조엘 모키르의 말마따나 '산업 계몽주의'의 영향을 받은 북서부 유럽인들은 전통적 사상과 전통적 경로를 따르라는 기득권자들의 이익에 반대하는 대신 혁신주의에 찬성을 표명했고, 그 결과 경제학자 스티븐 데이비스Stephen Davies의 표현으로 '부의 폭발wealth explosion'이 발생했다.[3]

약 1300년부터 1600년까지 이탈리아 북부의 일부, 베네룩스 저지대 국가들의 남부, 한자 동맹 도시들을 중심으로 개선, 이윤, 상업적 검증을 논하는 엘리트층의 어조에 변화가 생겼다. 더 결정적인 변화는 1648년경 네덜란드, 그다음 1689년 이후 잉글랜드, 1707년

당신이 모르는 자유주의

이후 스코틀랜드, 그리고 1776년 전 영국의 북아메리카 식민지에서 일어났으며, 더 광범위하게는 1848년에 이르러 북서부 유럽 전역과 그 이웃 국가 및 속국들까지 변화의 바람이 불었다. 영국의 변화는 1690년에서 1720년 사이에 놀랍고도 집중적으로 발생했다. 서유럽에서 수사법과 이념이 변화하자 1751~1766년 프랑스 백과전서에서는 '정부'의 개념을 설명하는 대목에서 "정부가 존재하는 큰 목적은 국민의 이익이 되어야 한다"라고 규정하기에 이르렀다.[4] 과거의 정부가 왕의 영광을 제일 중시하고 하찮은 백성의 이익은 경시했으며, 백성들의 고혈을 짜는 것을 노골적으로 정당화하거나 왕 개인의 명예만 좇았다는 점과 비교하면 비약적 변화였다. 셰익스피어의 1599년 희곡《헨리 5세》3막 1장에서 헨리 왕은 1415년 아르플뢰르 앞에서 자신의 군대를 향해 "모두 '주여, 헨리와 잉글랜드와 성 조지를 보호하소서'라고 외쳐라"라고 다그쳤지, "주여, 우리 백성들의 경제적 이익과 1인당 GDP를 높여주소서!"라고 말하지 않았다.

화법, 즉 입을 움직이는 습관은 과거에도 중요했고 지금도 중요하다. 1690~1720년, 그리고 비교적 최근에 가까운 1848년 영국에서는 무역, 통계, 개선, 부르주아 생활 양식에 대한 정서와 어조가 바뀌었다. 매클로스키가《부르주아의 덕목》에서 긴 페이지를 할애해 주장했듯이 용기, 정의, 절제, 신중이라는 비종교적 덕목 4가지와 믿음, 소망, 사랑이라는 이른바 기독교의 덕목 3가지는 적절한 수정을 거쳐 귀족 사회나 종교 사회만큼 부르주아의 생활 방식에도 적용할 수 있다. 이 덕목들은 비용과 편익의 신중한 계산, 상업성이 검증된 산업 혁명의 신문물에 대한 '긍정적인' 태도, 다른 사람이 도덕적으로 떳떳하게 획득한 이윤을 정당하게 여기고 시기심 없이 수용하는 자세 등의 수사법으로 나타났다. 명예는 항상 인간에게 중요했지만 (즉 '믿음'), 무엇이 명예로운지에 대한 기준이 바뀌었다.

북서부 유럽 이외의 지역에서는 부르주아에 대한 재평가가 훨씬 뒤늦게 나타났다. 일본의 지식인층은 그동안 상인 계층을 경멸했으나, 1868년 메이지 유신 시기를 기점으로 수사법에 놀라울 정도로 빠르게 변화가 일어났다(그러나 사무라이의 명예라는 개념은 반세기 후 일본 군국주의의 형태로 되살아났다). 일본의 유교 사상에서 정한 위계질서는 위에서부터 천황(1868년에 왕정복고를 단행함), 쇼군(1603~1868년), 다이묘, 사무라이, 농민, 수공업자, 상인, 거름장수, 그리고 맨 마지막은 조선인의 순이었다. 동아시아에서 상인 계급은 유럽에 비유하면 '신사'가 아니었고 명예도 없었다. 한때 상인에게는 법적 규제가 완화된 중국 송나라 왕조(860~1279년) 시기와 같이 비교적 자유를 누리던 시기도 있었다. 하지만 지주와 장군, 황실의 관료와 달리 존엄성이 없었다. 1689년의 영국도 마찬가지였다. 하지만 더 이상은 아니다.

가장 기본적인 것은 법이 아니라 바로 윤리다. 여기서 우리는 다시 알렉시 드 토크빌의 말에 공감을 표한다. "나는 제도(여기서는 법을 의미한다)가 인간의 운명에 단지 부차적인 영향력을 끼치는 것이 맞다고 본다. (…) 정치 사회는 법이 만드는 것이 아니라 대중의 정서, 신념, 사상, 마음먹기의 습관habits of the heart(《미국의 민주주의》에 나오는

당신이 모르는 자유주의

유명한 구절이다), 그리고 그 사회가 형성되기 전부터 구성원들이 이미 지니고 있던 정신에 따라 형성된다. (…) 정서, 아이디어, 관습les mœurs만이 국민의 번영과 자유로 이어질 수 있다."[5] 비슷한 맥락으로, 현실적인 정치인이었던 링컨은 1858년 링컨 대 더글러스의 토론에서 이렇게 말했다. "민심을 따르면 어떤 정책도 실패하지 않는다. 그러나 민심을 외면하면 아무것도 성공할 수 없다. 따라서 법을 제정하고 공포하는 자보다 민심을 움직일 수 있는 자의 역할이 더 중요하다. 그러한 자가 법의 제정과 시행의 성패를 판가름한다."[6]

버스나 비행기에서 자기 옆에 앉은 평범한 사람을 생각해보라. 그가 지키고자 하는 행동 강령은 단순히 신중의 문제가 아니라, 지켜도 그만 안 지켜도 그만인 것이다. 그가 자신의 고객을 속이지 않는 이유는 처벌이 두려워서가 아니다. 자신의 학문 연구 결과를 허위로 발표하지 않는 이유는 단순히 평판에 손상을 입을 수 있어서만은 아니다. 화재가 난 건물에 주저 없이 들어가 아이들을 구하는 이유도 단지 TV에 얼굴을 비추고 싶어서만은 아니다.

그는 자기가 해야 할 일을 하고, 해서는 안 될 일은 안 한다. 왜냐하면 한 사람의 성인이자 전문직 종사자로서 그는 가정 환경과 자기비판, 자기 주변의 문화 등의 영향을 받으며 윤리적 정체성, 신념, 그리고 애덤 스미스가 말한 '내면의 공정한 관찰자'라는 것을 형성했기 때문이다. 이러한 윤리가 결여된 제도는 아무리 법을 잘 만들어도 효과가 없다. 그래서 "정치 사회는 법으로 완성되는 것이 아니다". 신제도주의학파인 대런 애쓰모글루Daron Acemoglu와 제임스 로빈슨James Robinson은 마음대로 자리를 비우는 관행이 만연했던 간호사들의 근태 관리를 철저히 하기 위해 인도 정부가 출퇴근 기록기를 도입했던 시도에 대해 글을 쓴 적이 있다. 그 시도를 담당한 경제학자들은 법이라는 단순한 유인책, 즉 '옳은 제도'를 도입하면 효과가 있을 것이라고 확신했다. 그러나 그렇지 않았다. 간호사들은 급여를 나눠 먹는 조건으로 병원의 상사와 짜고는 계속 병원에 모습을 보이지 않았다. 결국 애쓰모글루와 로빈슨은 "시장 실패를 초래하는 제도적 구조"가 잘못되었다는 교훈을 도출한다. 그러나 근무 태만이 계속 고쳐지지 않는다는 것은 제도나 인센티브, 법률의 잘잘못이 문제가 아니다. 경제학자들은 세계은행의 중심 기조를 좇아, 적정한 인센티브의 중요성을 강조하는 신제도주의 방법론을 자신 있게 채택했다가 실패했다. 애쓰모글루와 로빈슨은 제도를 첨가해 조화롭게 융화하자는 신중 유일론이 실패한 경제 이론이라는 것을 전혀 깨닫지 못한다. 그들은 "문제의 근본 원인은 착취적 제도extractive institution"라고 주장한다.[7] 아니, 사실 그렇지 않았다. 그보다 간호사들 사이에 전문직으로서의 자부심과 직업윤리가 결여되었다는 점이 실패 요인이었으며, 가령 필리핀 출신같이 윤리 의식을 지닌 간호사들이 전 세계적으로 더 요구되는 이유이기도 하다.

세간의 통념과 달리 윤리적 신념은 빠르게 변할 수 있고 실제로 변한다. 1960년대 여성 운동과 그에 따른 변화로 여성들의 경제 활동 참가율이 높아진 점을 생각해보라.[8] 또 유력 대선 후보들이 모두 동성 결혼의 합법화를 반대했던 2008년 말과 달리, 최근에 감지된 정서의 변화를 생각해보라. 2020년 대선 캠페인에서도 동성 결혼을 반대했다간 심지어 골수 공화당원까지 포함해 양쪽에서 치명타를 입었을 것이다. 덧붙여 피트 부티지지Pete Buttigieg 교통부 장관에게 응원을 보내고 싶다. 진보 시대Progressive Era라고 불리던 1900년경 광업 및 기타 산업과 관련해 제정된 노동법과 규제 사항들은 대부분 기업과 노동자가 이미 하던 관행을 성문화한 것에 불과했다.[9] 이 성문화는 분명 링컨이 말한 방식대로 변화한 민심을 담고 있었다. 대부분 가정에서 쓰레기를 분리 배출하는 사람들은 외부의 강요 때문에 그러는 것이 아니다. 부엌에 경찰이 서서 감시하지 않아도 된다. 사람들은 그저 재활용이 옳은 행동이라 믿기 때문에 분리 배출을 실천한다.

기술 철학 측면에서 이 모든 것을 어느 정도 유용하게 설명할 수 있다. 사실fact은 반박의 여지가 없어야 한다. 현실에서 반박할 수 없는 '객관적' 사실은 '수소 원자 2개와 산소 원자 1개가 모이면 물이 된다'(D2O 구조인 중수까지 파고들지는 말자)라는 식이고, 반박할 수 없는 '주관적' 사실은 '내가 가장 좋아하는 색은 녹색이다'(녹색이라고 부르는 기준이 문화에 따라 다르다는 것까지 파고들지는 말자)라는 형태가 되어야 한다. 이러한 사실들은 논쟁의 대상이 되지 않거나 어려운 것으로 간주된다.

그러나 매클로스키는 1994년 저서에서 사회적으로 수용되면서도, 철학적 눈높이가 낮은 일반인들이 흔히 보기에 객관적이지도 주관적이지도 않은 수많은 사실을 지칭하기 위해 'conjecture(추측)'에 접미사 '-tive'를 붙여 'conjective(주객관적)'라는 신조어를 고안했다.[10] 주객관적 진실은 객관적 진실과 주관적 진실 사이에 아주 광범위하게 걸쳐 있다. 아직 완전히 증명되지 않은 미개척 분야의 과학 현상이 이러한 예에 해당한다. 'F=ma' 공식은 객관적으로 보일 수 있다(빛의 속도까지 파고들지는 말자). 반면 암흑 물질과 암흑 에너지는 현재까지의 (부족한) 이해 수준으로 아직 객관적이라고 보기 어렵다.

사회적 합의로 정립되는 과학 지식은 추수감사절의 가족 회의나 법정에서의 판결과 마찬가지로 주객관성의 대표적인 예다. 어떤 사람, 사물, 개체는 사회적 합의에 따라 언어적 작업을 수행한다. 철학자 존 설John Searle은 이에 '상태 역할status function'이라는 다소 묘한 명칭을 붙였는데, 예를 들면 "X는 C라는 맥락에서 Y로 취급된다"라고 표현할 수 있다.[11] 평범하게 보이는 종이 한 장도 중앙은행에서 발행하면 20달러 지폐가 된다. 언어가 X, Y, C에 의미를 각각 부여하면 이들은 사회에서 합의의 대상이 된다. 그래서 주객관적이다.

예를 들어 사람들은 축구 경기를 시행착오를 거쳐 개발했다. 생각해보자. 축구라는 맥락에서 축구공을 특정 구역으로 '크로스'하고 그다음 골대의 특정 선을 넘기면 '골'이라고 한다. 마찬가지로 공격수가 패스받은 위치가 최후방 수비수와 골키퍼 사이에 있으면 '오프사이드'가 된다. 이런 규칙들은 사실에 해당하지만 '축구'라는 맥락 안에서 유효한 것, 즉 사회적 합의로 생겨난 사실이다. 국제축구연맹FIFA이 공표한 규칙에 불만을 품은 사람들이 일정 수준 이상으로 많아지면, 그들은 자기들끼리 축구 단체를 설립하고 자기네의 규칙을 만들어 일상 대화에서 사용되는 '축구'라는 개념 자체를 바꿔놓을 수 있다.

스포츠에서 경기 규칙을 정하고 그 규칙을 발전시키는 과정은 특히 변화를 원하는 반대자들에 의해 수정된 주객관적 사실의 확실한 사례다. 전미농구협회NBA가 정한 경기 방식에 반대한 사람들은 미국농구협회ABA를 결성해 3점 슛을 도입했는데, 결국 이 3점 슛은 두 리그가 통합된 후 NBA가 자체적으로 채택했다. 더 먼 과거로 거슬러 올라가면 럭비는 영국의 럭비 학교에서 유래했는데, 공을 발로 차고 뛰어다니는 게임으로 다듬어지기 전 중세 시대의 살벌했던 마을 대항전의 경기 규칙처럼 공을 손에 들고 달리는 것을 허용한다면 축구가 더 재미있을 것이라는 누군가의 발상이 시초가 됐다. 또 다른 반대자들은 중세식 축구나 럭비의 규칙을 수정해 저마다 켈트, 캐나다, 호주, 미국식 축구를 고안했다. 공격수가 공을 잡기도 전에 스크럼 대열을 향해 달려가도 될까? 대답은 맥락에 따라 '캐나디안 풋볼'이면 '예'이고, '아메리칸 풋볼'이면 '아니요'다. 이 답이 객관적인가? 아니다. 합의를 거친 주객관적 사실이다.

그리고 1689년 권리장전 이후 영국의 경제에 변화가 일어났듯이, 우리가 사는 세상은 알고 보니 사회적 합의와 대화가 우리의 행동에 결정적인 영향을 미치고 변화를 일으킬 수 있는 곳이었다. 뇌과학자 레이먼드 탤리스Raymond Tallis는 이를 이렇게 설명했다.

— 우리는 수십만 년 동안 셀 수 없이 많은 인지 활동이 악수하듯 연
결되어 형성된 무한하고 극도로 정교한 마음의 공동체에 속해 있
다. 이 공동체가 우리 일상이 펼쳐지는 무대다. 그것은 혼돈 속의
삶을 직장에서의 삶과 분리하고, 말 그대로 마음의 공동체이기 때
문에 두뇌 활동만 단독으로 관찰해서는 자세히 알 수 없다.[12]

당신이 모르는 자유주의

22장

'정직'에 대한 개념이 달라졌다

마음의 공동체에서 끊임없이 일어나는 대화는 각각 새로운 인지적 악수를 낳고 여기서 주객관성이 형성과 재형성을 반복한다. 그리고 그렇게 해서 현대 세계의 모습이 갖춰졌다.

당시의 사람들에게 단순히 부르주아 계급을 보는 시선이 달라졌냐고 묻는다면 아마 다들 아니라고 답할 것이다. 싸게 사서 비싸게 파는 상행위는 역시 께름칙했다. 전쟁터에서 목숨 걸고 싸우는 귀족 정신이나 미국식품의약국FDA에서 규칙을 제정하는 관료제가 낫다는 생각이 더 일반적이었다. 그러나 시간이 지남에 따라 언어가 변천하는 과정을 살펴보면 사람들이 직접적으로 말하지 않는 정서의 변화를 엿볼 수 있다. 많은 변화가 있었던 주객관적 사실 중 몇몇의 중요한 예를 들자면, 1600년에서 1800년까지 'honest(정직하다)', 'true(진실하다)', 'innovation(혁신)', 'novelty(신기함)'라는 영어 단어들이 겪어온 의미의 변천을 통해 부르주아 계급에 대한 세간의 인식이 변했다는 점을 확인할 수 있다.

◇◇◇

'정직하다'의 의미는 귀족의 명예에서 부르주아의 명예로 변천했다. 사람들이 지지하는 딜의 유형도 바뀌었다. 언어의 의미 변화는 사회 윤리의 변화, 특히 부르주아의 측면에서 뚜렷하게 나타난 변화에 대해 강력한 증거를 제공한다. 귀족 사회의 맥락 안에서 어떤 남성에게 'dishonest(비열하다)'라고 했다면 다음 날 아침 그 사람과 검을 들고 결투할 각오쯤은 해야 했다. 반면 부르주아의 맥락에서 한 남성에게 'dishonest(부정직하다)'라고 했다면 명예 훼손 혐의로 소송을 당하거나 거래처의 목록에서 지워질 가능성이 더 크다.

옛날에는 '정직하다'라는 말이 오늘날처럼 주로 '진실을 말하다', '빚을 갚다', 나아가 '올곧은 자세로 거래하다'를 의미하지 않았다. 그 말은 오직 귀족만이 진정으로 위엄을 인정받는 사회에서 '고귀한, 귀족적인' 또는 때로 '위엄 있는'을 의미했다. 하긴 진정한 귀족이라면 결국 호화로운 생활, 고상한 태도, 영웅주의, 존엄성, 충성심, 사회적 지위에 신경 써야 할 판에 단순한 명제적 진리나 절차상의 공정성 같은 정직이 그들에게 무슨 중요성이 있겠는가? 그들에겐 헨리 왕, 잉글랜드, 성 조지Saint George가 중요했다.

'정직'은 노르만 프랑스어를 거쳐 전래된 라틴어 'honos(명예)'와 여기서 파생된 'honestus(고귀한)'가 어원으로, 이 고대 라틴어들은 '진실을 말하다'나 '약속을 지키다'라는 의미가 전혀 담겨 있지 않았다. 그 뜻에 해당하는 단어는 'sincerus(정직한)'였다. 로마 공화정 시대 사람들이 'honestiores(상류층)'[반대말은 'humiliores(하류층)']를 우러러본 이유는 그들이 진실을 말하는 습관이 있어서가 아니라 부유하고 고귀하고 명예로운 존재였기 때문이었다. 1430년에 영국의 숙녀lady(지금은 평등한 용법으로 '모든 성인 여성'을 가리키지만 당시에는 높은 사회적 신분을 나타내는 단어였다)가 돈을 꿔야 했던 이유는 "정직한 침구를 혼수로 마련해 남편과 자신의 위신을 세우기 위해서"였으며 한 번 떨어진 위신은 회복 불능이었다.[1] 여기서 '정직'이란 '위엄 있고 신분에 걸맞은'을 의미했으므로 사회적 지위를 가리키는 개념이었다.

이는 몇 세기가 지나도 변하지 않았다. 찰스 1세는 1649년 처형되기 직전, 자신이 "정직한 사람이자 훌륭한 왕, 훌륭한 기독교인"이라고 외쳤다. 물론 그는 사업상 떳떳하게 거래하거나 진실을 말한다는 정직을 의미한 것이 아니었으며, 실제로도 그렇지 않기로 악명 높았다. 자신은 태생적, 신분적인 '위상'이 있으니 고귀하고 우월하며 존경받아 마땅한 신성한 왕이라는 뜻이었다. '정직'이 '진실을 말하고 자신의 말을 지키는'이라는 현대적 의미로 쓰이기 시작한 것은 일찍이 1500년에도 나타났지만, '높은 사회적 지위로 명예를 누리는'이라는 의미가 18세기까지 더 지배적으로 사용되었다.

예를 들어 셰익스피어는 '정직하다'라는 단어를 4가지 다른 의미로 썼으나, 그중에서도 현대 부르주아의 측면에서 '진실을 말하다'라는 의미로는 전혀 사용하지 않았다.[2] 셰익스피어가 사용한 의미 중 우리가 알고 있는 정의와 가장 가까운 것은 '진정한genuine'인데,《헨리 4세 제2부》의 5막 1장에서 이따금 악당 친구의 나쁜 짓을 눈감아주는 비천한 종복 데이비가 주인에게 다음과 같이 호소한다. "만약 제가 석 달에 한두 번 정도 악당을 정직한(신분이 높은) 사람으로부터 구해줄(선처를 호소할) 수 없다면 저는 그동안 주인님을 모셔 온 보람도 거의 없을 것입니다. 그 악당은 저의 정직한(진정한) 친구입니다. 그러므로 저는 주인님께 간청하는 바입니다. 그를 도와주십시오." 셰익스피어의 다른 3가지 정의 방식은《베니스의 무어인, 오셀로의 비극Othello, The Moor of Venice》에서와 같이 기사도 정신의 명예에만 초점을 둔다. 극 중에서 '정직한'이라는 수식어가 자주 붙는 이아고라는 인물은 '명예롭고, 고귀하고, 호전적이고, 귀족적'이라는 점에서 직업상 '정직한' 고위 군인으로 묘사되고 있다. 오셀로를 향한 그의 이유 모를 악행은 요즘 우리가 생각하는 진실이라는 것과 어긋난다. 그럼에도 그는 '정직한' 인물이니, 이 단어의 다의성을 활용한 일종의 극적인 아이러니다.

'정직한 여성'이라는 옛 표현도 짚어보자.《오셀로》에서 데스데모나는 정직한 이아고의 부추김에 넘어간 남편에게서 계속해서 간통을 의심받는 얄궂은 운명의 전형을 보여준다. 명예를 중시하는 남성 우월주의 문화에서 여성의 처지를 반영한 이 표현을 요즘은 "관계

당신이 모르는 자유주의

를 맺은 여성의 정조를 지켜주다make an honest woman"(관계를 맺어온 여성과 결혼하다)라는 농담에서 본래의 의미와 가깝게 쓰고 있다. 엘리자베스 1세Elizabeth I의 어머니이기도 한 앤 불린Anne Boleyn은 자신에게 접근하는 헨리 8세에게 결혼을 전제로 하지 않으면 상대하지 않겠다며 "정조honesty를 잃느니 목숨을 잃는 편이 낫다"라고 주장했지만 결국 둘 다 잃고 말았다.

셰익스피어의 비교적 덜 알려진 희곡 《심벨린》의 4막 3장에서 충복 피사니오는 더 중요한 진실을 지키려면 가식이 필요할 때도 있다고 독백한다. "내가 거짓말을 할 때 나는 정직해진다(명예롭고 진정하다). 진실을 위해 진실을 숨길 수 있다(진실을 숨기지만 자신은 충직하다)." 다음으로 오늘날에는 주로 '사실에 부합하는 참인 명제'를 의미하는 'true(진실하다)'의 과거 쓰임새가 어땠는지 살펴보자. 사실 원래 이 단어는 오늘날 트럼프 전 대통령이 좋아하는 '한 사람에 대한 충성'을 의미했다. 요즘 우리가 여기저기서 사용하고 있는 《옥스퍼드 영어 변천사 사전Oxford English Dictionary on Historical Principles》에서는 '진실하다'의 가장 오래된 최초 의미를 '상급자나 친구에게 약속을 천금같이 지키는'이라고 정의했다. 이 의미는 다소 '낡은' 어감이 없지 않아 있다. 예를 들어 더 과거의 영어에는 '진실truth', '휴전truce'과 어원이 같은 '맹세하다pledge one's troth'라는 용례가 있었다. 고뇌하는 햄릿이나 남성 재판관으로 변장해 샤일록에게 자비를 베풀 것을 호소하는 포셔에서 볼 수 있듯(참고로 당시에는 여성 등장인물도 남성 배우가 연기했으므로 무대 위의 포셔는 두 번 변장한 셈이다), 셰익스피어의 모든 작품은 진실성과 그 결여로 인한 문제를 주제로 다룬다. 반면 그가 쓴 희곡 중 어디서도 부르주아의 '정직'은 찾을 수 없다.

대조적으로 약 150년이 흐른 후 애덤 스미스가 생각하는 정직한 사람이란 고귀한 귀족 혈통을 의미하지 않았다. 그는 "보통 수준으로 정직한commonly honest 사람이라면 누구나 내면의 치욕만큼 두려운 것이 없다"라고 했으며, 여기서 정직한 사람은 내면의 양심에 따라 약속을 지키고 진실을 말하는 사람이었다.[3] 만약 배신 행위를 한다면 남들은 몰라도 본인은 알고 있으므로 내면의 공정한 관찰자에 결함이 있는 사람이 아닌 이상(이번에도 역시 도널드 트럼프가 떠오른다) 자제심이 발동할 것이다. 하지만 이전에 셰익스피어가 "보통 수준으로 정직한"이라는 표현을 썼다면 말도 안 되는 모순이었을 것이다. 당대에 보통의 평민은 '정직한' 사람일 수 없었기 때문이다. 만약 그랬다면 셰익스피어의 산문은 희극이 되었을 테고, 시극에서는 고상한 어감을 살리지 못했을 것이며, 10음절 소네트는 5음절이 되었을 것이다.《헨리 4세 제1부》의 대사를 빌리자면, "덧없는 목숨을 잃는 것은 견딜 수 있지만 / 네가 내게서 앗아간 이 자랑스러운 명예는 참으로 굴욕이로다".

18세기에 이르러 언어는 의미의 변천을 겪으면서 대대적인 사회적 변화의 시작을 알렸다. '정직하다'는 헨리 필딩Henry Fielding의 소설 《톰 존스》(1749)에 4번 등장한다. 그리고 4번 다 평민의 관점에서 '올곧은, 진실한'이라는 의미로 쓰였다. 새뮤얼 존슨이 1755년 편찬한 영어 사전에는 '정직하다'의 3가지 의미가 나온다. 첫째는 '올곧은,

당신이 모르는 자유주의

진실한, 진솔한', 둘째는 '순결한', 셋째는 '공정한, 옳은, 감정에 상관없이 (상대를) 정당히 대해야 한다'는 뜻이었다. 누구에게든 말이다. 이 3가지 정의 중 어느 것도 '귀족주의'를 내포하지 않았다. 헨리 매켄지Henry Mackenzie의 1771년 소설《감성적인 남자The Man of Feeling》에서는 13번 등장한다. 그중 '진정한'의 뜻으로 2번, '부정을 저지르지 않는'의 뜻으로 2번, '올곧은'의 뜻으로 9번 사용되었다.

19세기 초 제인 오스틴은 '정직하다'를 31번 사용했는데, 그중 예컨대 '정직한 사람'이라는 구절처럼 '올곧은'의 뜻으로 3분의 1을 썼던 반면에 '신분이 높은 사람'을 지칭한 경우는 하나도 없었다. 오스틴의 용법 중 또 3분의 1은 '정말로 정직하고 전통적인 기숙학교'에서와 같이 '진정한'을, 나머지 3분의 1은 '진실을 말하는' 및 '진실한'을 의미했다.《신新 웹스터 국제 영어 사전Webster's New International Dictionary》1934년 판에 따르면 '정직'이 누군가에게 명예를 부여한다는 의미로는 더 이상 쓰이지 않는 것으로 표시되었다.

영어에서만 이런 현상이 나타난 것은 아니다. 더 심오한 사회적 흐름을 암시하는 특별한 점은 다른 유럽 국가에서도 마찬가지로 부르주아화 시대를 맞아 상업의 언어에 똑같은 변화가 일어났다는 것이다.[4] 영국은 노르만 왕조 때 프랑스에서 'honest'가 전수되었다. 17세기 이후 프랑스어 'honnête'와 이탈리아어 'onèsto' 등 라틴어 'honos'에서 파생된 다른 단어들도 영어와 마찬가지로 부르주아의 의미를 띠게 되었다.

더욱 놀라운 것은 '귀족적'이라는 단어 중 계통이 완전히 다른 게

르만어 어근에서 파생된 경우도 똑같은 진화가 일어났다는 점이다. 예를 들어 네덜란드어 'eer'(독일어로 '명예'를 뜻하는 'Ehre'와 첫음절이 같다)는 '명예'라는 뜻이다. 이전에는 이 말이 셰익스피어의 용법처럼 '귀족적'이라는 의미였지만 나중에는 상업적 정직을 의미하는 'eerlijk(정직한)'가 되었다.

'혁신innovation'이라는 단어의 쓰임새에 일어난 혁신도 같은 과정을 거쳤다. 《옥스퍼드 영어 사전》에 수록된 '혁신'의 첫째 정의는 "시장에 새로운 제품을 선보이는 것"으로, 1939년 조지프 슘페터가 규정한 상업적 의미를 따르고 있다.[5] 그때도 현실을 다소 뒤늦게 반영한 감이 있어 보였지만(디지털 사전이 없던 시절, 《옥스퍼드 영어 사전》의 전형적 특징이다), 어쨌든 슘페터가 경제학자의 관점에서 포함한 '혁신'에는 자금을 조달하고, 제품을 생산하고, 거래하고, 발명하고, 사용하는 등 사회 개선의 모든 요소가 들어 있었다. 그러니까 한마디로 좋은 뜻이다.

반대로 초기에는 이 단어가 거의 항상 비판적으로 사용되었다. 장 칼뱅John Calvin은 《기독교 강요》의 1561년 영어 번역본에서 "개인은 순종할 의무가 있으며, 자신의 의지로 혁신해서는 안 된다"라고 주장한다. 혁신은 누구나 자신의 충성을 맹세해야 할 주인이 있다는 존재의 대사슬Great Chain of Being(신플라톤주의에서 유래한 개념으로, 만물이 신에게서 탄생해 신으로 돌아가고 그 과정에서 만물이 위계질서에 따라 긴밀히 연결되어 있다는 것이다-옮긴이)에 어긋나는 것이었다. 자유주의 안에서 고장 난 비자유주의적 규칙에는 모든 사람에게 주인이 존재한다는 전제가 깔려 있음을 다시 기억하자. 1548년 에드워드 6세는 "혁신이나 새로운 의식의 도입을 막기 위한" 칙령을 발표했다. 1597년 성공회 신학자 리처드 후커Richard Hooker는 "수상쩍은 혁신"이라는 표현을 썼다. 1641년 고교회파의 라우드 대주교Archbishop Laud의 의식 절차는 '교회에 혁신을 도입했다'는 이유로 악명이 높았다고 한다. 1796년에도 에드먼드 버크Edmund Burke는 "혁신의 반란이 사회의 구성 요소들을 혼란과 방탕에 빠뜨린다"라며 불편한 심기를 드러냈다. 보수주의자들이 소중히 여기는 존재의 대사슬이 없다는 것이다.

그러나 그보다 불과 수십 년 전에 새뮤얼 존슨은 "혁신 이후 시대가 미친 듯이 달라지고 있다"라고 쓰면서 어느 정도 풍자적인 거리감을 둔 채 혁신을 인정하는 태도를 보였다. 1817년에 제러미 벤담Jeremy Bentham은 "대담하고 혁신적인 주장"이라고 칭찬을 표현함으로써 이 단어를 긍정적으로 사용했다. 1862년에 영국의 낙관적 유물론자인 헨리 버클Henry Buckle은 "모든 사회 개선은 위험한 혁신"이라고 생각하는 사람들을 비웃었지만, 이때 그는 변화를 비판하기 위해 이 단어의 보수주의적인 용법을 활용한 것이었다. 지난 세기에 이르러서야 비로소 부르주아 계급은 사회 개선의 공로에 대해 열렬한 찬사를 받기 시작했다.

'novelty(신기함)'도 오랫동안 부정적인 의미를 내포했다. 1385년 경 《위클리프 성경》은 불가타Vulgate 성경의 라틴어 구절 "profanes vocum novitates"를 "망령되고 신기한 헛소리들cursed novelties of voices"로 번역했는데(더 정확히 말하자면 원어인 그리스어에서는 "세속적인 지껄임profane babbling"이라고 되어 있다), 다시 말해 사도 바울Saint Paul의 입장에서 이미 명백한 이단들의 말을 가리켰다. '신기함'은 거의 언제나 하찮고 사소한 것에 가까운 의미를 함축했다. 아이스크림 트럭에서 파는 신기한 아이스크림(초기 아이스크림 트럭에서는 평범한 아이스크림을 팔았으나 가정용 냉동고가 널리 보급된 후 기존 아이스크림과 차별화를 위해 한 손에 쥘 수 있는 새로운 형태의 막대 아이스크림이 다양하게 생겨났다. 당시 이들을 가리켜 '새로운 아이스크림novelty ice cream'이라고 불렀다 - 옮긴이)과 선물 가게novelty store 등 오늘날에도 남아 있는 용법의 예를 봐도 그렇다. 그러나 20세기에 들어서는 호의적인 의미를 내포하기 시작해, 예컨대 예술이나 문예 비평가들이 어떤 작품에 참신함novelty이 부족하다고 비판하는 식으로 용법이 바뀌었다.[6]

사상이 변했고 언어는 그 변화의 징표다. 중세 시대와 중상주의 시대에는 특허를 내려면 새로운 아이디어가 고용을 증대할 것이라고 세상에 공언해야 했다. 그러나 1742년 금세공인 존 튜트John Tuite는 토머스 뉴커먼Thomas Newcomen이 발명한 증기 기관에 자신이 보탠 혁신이 노동을 '절약'할 것이라고 과감하게 예측했다. 이는 다시 말해 노동자를 일터에서 내보낼 수 있다는, 기존의 정치 논리로는 금기시되었던(오늘날에는 기술적 실업 대란을 비이성적으로 우려하는 사회 분위기의 형태로 다시 표출되고 있다) 주장이었다. 2년 후 프랑스 태생의 영국인 과학자 장 데사굴리에Jean Desaguliers는 증기 기관이 실제로 노동력을 절감한다고 공개적으로 강조하는 글을 최초로 발표했다.[7] 그전 같았으면 영국 정부는 편물기 사용을 금지한 엘리자베스 1세처럼 어떻게든 볼썽사나운 혁신과 신문물의 도입을 막으려 노력했을 것이다. 다른 믿기지 않는 일도 많았지만, 특히 마침내 상업성이 검증된 개선과 그것을 뒷받침한 부르주아 계급의 언변술은 정직하고 진실하고 혁신적이고 참신하며, 인간의 노동력을 절감하는 것으로 간주되기 시작했다.

그리고 자유주의에서 탄생한 혁신주의가 영국을 비롯해 전 세계에 가져다준 결과는 '일자리를 창출'하거나 한 집단을 다른 집단으로부터 '보호'하는 것이 아니었다.

23장

'행복'에 대한 개념도 달라졌다

18세기가 되자 유럽인들은 행복에 대한 생각이 바뀌었다. 장기적 역사의 측면에서 보면 사람들이 죄책감 없이 쾌락이나 행복을 추구하게 된 것은 겨우 근래의 일이다. 그리스나 중국의 세속적 전통처럼 정치적, 철학적 지혜를 중시하는 고차원 이론에서는 쾌락적 형태의 행복을 하찮은 것으로 간주한다. 중국의 한 현자는 연못의 금붕어 무리를 가리키며 "참으로 행복해 보이지 않느냐!"라고 말했다. 그러자 잘난 척하는 한 제자가 "스승님, 저들이 행복한지 어떻게 아십니까?"라고 물었다. 이에 현자는 "자네는 내가 모르는 줄 어떻게 아느냐?"라고 대답했다. 고개가 끄덕여진다. 대부분 기독교의 역사에서는 도둑이 든 이승 대신 천국에 쾌락이 아닌 보물이 쌓여 있다

당신이 모르는 자유주의

는 믿음이 있었다. 어쨌든 18세기 이전 한 신학자가 말했듯이(그리고 현대의 수리경제학자 한 명도 같은 생각일 것이다), 영원한 사후세계가 현세의 삶에서 얻을 수 있는 유한한 쾌락보다 훨씬 중요시되었다.

불행을 견디라는 교리는 빈곤이나 노예제, 가정 폭력을 근절하려는 노력을 부질없어 보이게 만들었다. 걸인에게 주는 동전 한 닢은 천국으로 향하는 가교와도 같았으며 유대교와 이슬람교에서도 강조하는 선행이었다. 그러나 기독교, 이슬람교, 불교, 기타 등등 종교에서 고대부터 강조해온 자선의 미덕은 복지 프로그램을 채택하거나 개인적 자유권을 부여하거나 국민 총생산을 예측하는 것을 함의하지 않았다. 천국의 문 옆에서 동냥 그릇을 들고 앉아 적선을 기다리는 삶은 당장은 괴로워도 궁극적으로 앞으로의 영생과 비교하면 한없이 사소한 부분이었다. 그러니 팔자에 익숙해지라는 것이다. 현세에서 바로 지금의 삶, 그리고 앞으로 남은 당신의 인생이 존재의 대사슬에서 신이 정해준 당신의 위치다. 십자가를 짊어지고, 징징대는 소리는 그만하라. 지금은 뜬구름처럼 보여도 사후에는 하늘로 가서 그 구름도 잡을 수 있을 터이니, 이승에서 삶이 아무리 비참한들 무슨 상관이겠는가?

많은 종교에서 이와 같은 운명론은(여호와든 알라신이든, '신의 뜻'이라면) 부질없이 세속의 행복을 논하는 것을 허하지 않았다. 고난 속의 욥은 말했다. "만일 내가 내 소망을 금에다 두고 순금에 말하기를 '너는 내가 의뢰하는 바다'라고 했다면 (…) 이 또한 심판을 받을 죄가 되리니, 높은 곳에 계신 하나님을 배신하는 것이니라."(욥기 31

장 24절) "나는 너의 주 하나님이다. 나 이외에 다른 신을 섬기지 마라." 주님의 판단은 모두 참되고 의롭다.

그러다 18세기 들어 현세의 행복 추구가 유행처럼 번졌다. 1776년이 되자 모든 사람이 가장 원하는 삼박자는 '삶, 자유, 행복'이 되었다. 독립 선언문에서 토머스 제퍼슨이 선언한 이 삼박자 원칙은 그 당시에는 이미 전혀 독창적이지 않았다. 1677년에 존 로크는 "인간이 할 일은 삶, 건강, 안락, 쾌락에 유용한 자연의 요소들을 향유함으로써 이 세상에서 행복해지는 것이다"라고 썼지만, 이어서 다음과 같이 의미심장하게 덧붙였다. "이 생애가 끝나면 다른 생을 살것이라는 편안한(요즘 말로 '위안이 되는'이란 뜻) 희망을 품고 말이다."[1] 1738년 미라보 후작Mirabeau the Elder은 친구에게 보내는 서신에서 "우리의 유일한 목표는 행복이어야 한다"라고 썼다.[2] 그것도 '유일한' 목표란다.

이러한 발언이 얼마나 이상한지 확인하려면 1538년에 어떤 지도자가 이렇게 발언할 수 있었을지 생각해보면 된다. 마르틴 루터Martin Luther? 미켈란젤로Michelangelo? 카를 5세Karl V? 아무도 못한다. 세 사람은 행복과 같은 개인적 목표 대신 각각 종교적, 예술적, 정치적인 영광을 추구했다. 그러나 17세기 후반에 성공회 사제들은 신은 인간이 거룩한 동시에 행복해지기를 바란다고 설교하기 시작했다. 그들은 이에 '행복'을 뜻하는 그리스어 '에우다이모니아eudaimonia'에서 파생된 '행복주의eudaimonism'라고 명명했는데, 문자 그대로는 '선한 지도정신주의good-guiding-spirit-ism'를 의미했다. 영화 〈멋진 인생It's a Wonderful

당신이 모르는 자유주의

Life〉에 등장하는 천사 수습생 클래런스를 생각하면 된다. 놀랍게도 성공회와 일부 뉴잉글랜드 회중파는 아우구스티누스Augustinus와 칼뱅의 낡고 가혹한 교리에 등을 돌렸다. 행복주의자들은 인간이 진노한 신의 손에 꼼짝달싹할 수도 없는 단순한 죄인도, 은혜를 받을 자격이 없는 기생충 같은 존재도 아니라고 선언했다. 그렇다. 우리는 하나님의 자녀요, 상속자다(로마서 8장 14~17절).

천국은 '여기'에 있다는, 즉 지상의 행복이 중요하다는 생각이 새롭게 부각되기 시작했다. 알렉산더 포프Alexander Pope의 장시 〈인간론 An Essay on Man〉의 네 번째 서한은 이렇게 시작한다. "오, 행복이여! 우리가 존재하는 목표이자 목적! / 선, 쾌락, 안락, 만족! 그 이름이 무엇이 되었든 / 그것은 영원히 한숨을 불러일으키며 / 우리가 살고자 하는 이유이자 죽음을 무릅쓰는 이유다." 포프는 자유주의자가 아니었지만 현세의 행복으로 이끄는 보이지 않는 손의 역할을 강조했다. "따라서 자기애는 사회에 대한, 나아가 신을 향한 사랑으로 변하고 / 이웃의 축복이 곧 당신의 축복이 된다." 그는 다음과 같이 여운을 남기며 끝을 맺는다. "따라서 이유, 열정, 응답의 하나의 큰 목표는 / 진정한 자기애가 곧 사회를 향한 애정이라는 것이다. / 그 미덕은 오직 이승에서 우리의 행복을 만들며 / 우리가 알아야 할 대상은 오직 우리 자신뿐이다."[3] 이것은 애덤 스미스의 등장을 시적으로 예견한 것과 같지만, 스미스가 그토록 싫어했던 버나드 맨더빌Bernard Mandeville의 무도덕주의와도 불편하리만치 비슷하다.

먼 과거 세대들은 천국에서의 삶에 중심을 두고 사후의 행복을 기대함으로써 초월적 존재에 자신을 연결했다. 그 후 18세기에 나타난 신기한 현상novelty은 현세에 관한 행복론이 등장했다는 것이다. 근대화를 싫어하고 나름 매력 있는 전통주의자 중 한 명이었던 윌리엄 버틀러 예이츠William Butler Yeats는 다음과 같은 시를 썼다. "로크는 기절했고 / 에덴동산은 사멸했다 / 신은 그에게서 / 제니 방적기를 빼앗았다."[4]

행복주의로의 전환은 단연코 매우 다행스러운 일이었다. 그 결과 인간은 지금 이 땅에서 더 잘 살아가기 위해 새로운 계획 사업을 벌이기 시작했으며, 일부 계획은 눈에 띄게 성공적이었다. 예를 들면 민주주의도 그중 하나다. 보편적 행복론이 대세가 되어 사람들이 다 같이 따르기 시작하면 공작이나 주교들의 쾌락이 가장 중요하다는 주장은 시간이 갈수록 설득력을 잃어가기 때문이다. 예카테리나 대제Catherine the Great와 같은 당대의 계몽주의 군주들은 만인의 이익을 추구해야 한다고 주장했다. 프리드리히 대왕Frederick the Great은 자신이 단지 "국가의 첫째가는 공복"이라고 주장했다. 지금 들으면 그저 재미있을 뿐이다. 이러한 이타주의적 프로파간다는 역설적이게도 어중이떠중이 취급받던 백성들에게 독재 군주 없이도 스스로 알아서 살아갈 수 있다는 생각을 심어주었다. 알렉시 드 토크빌은 1835년에 이렇게 썼다. "모든 영국 식민지는(북아메리카) 처음부터 (…) 세계의 역사가 아직 완전한 모델을 제시하지 못한 (…) 부르주아와 민주적 자유주의가 발전할 운명을 타고난 것처럼 보였다."[5] '부르주아와 민주주의'라, 그것이 바로 자유주의다.

격동의 17세기, 특히 영국을 중심으로 행복론이 완전히 변화하기 시작했다. 로즈메리 무어Rosemary Moore는 퀘이커교에 대한 역사를 다룬 자신의 저서에서 잉글랜드 내전English Civil War(청교도 혁명) 동안 "다양한 아이디어들이 아무런 제약 없이 확산할 수 있었고 의회군은 이 아이디어의 토론과 전파의 수단을 제공했다"라고 설명한다.[6] 디거스Diggers(황무지를 개간하며 인간 평등과 토지 공유를 주장한 급진 단체로, 크롬웰의 탄압으로 해산되었다-옮긴이)의 대부, 즉 '땅을 파는 자'였던 제라드 윈스탠리Gerrard Winstanley가 그랬듯, 급진파는 다음과 같이 질문을 던졌다. "왜 우리의 천국은 이승에도 저승에도 없단 말인가?"[7]

수평파에 대해 많은 글을 쓴 지성인이자 역사학자인 데이비드 우턴David Wootton은 1658~1832년 잉글랜드에서 무엇이 사람들에게 동기를 부여하느냐는 고차원적 이론에 변화가 생겼음을 보여준다. 우턴은 역사적으로 "쾌락과 이윤은 붙어 다니는 경우가 많았다"라고 설명한다. 그러나 그는 1658년이 되어서야(특이하게도 윌리엄 퍼시William Percy의《수영의 모든 것The Compleat Swimmer》의 출간과 맞물려) "쾌락과 이윤의 추구가 명예, 미덕, 신앙심 등 다른 모든 요인을 제치고 인간의 유일한 동기 부여로 우뚝 서게 되었다. 이 두 가지는 인간이 어떤 존재인지를 설명하는 새로운 방식이었다"라고 덧붙인다.[8] (로마식 목욕탕은 17세기 이후 영국에 등장한 목욕탕의 모델이었다. 시간이 지나자 그것은 현대적이고 스포티한 수영장으로 발전했다. 1658년 출간된《수영의 모든 것》은 그 시대를 반영한 최초의 수영 기술 지침서였다. 당시 처음에는 사람들이 노출이 심한 수영복을 입고 서로 어울리는 것이 음탕하다 해서 교회의 경멸과 반감을 샀다-옮긴이.)

당시 영국의 정치철학자 토머스 홉스는 이를 광범위하게 이론화했으며, 우턴은 쾌락과 이윤을 동기 부여 요인으로 보는 새로운 사조가 약 150년 후 제러미 벤담이 제안한 '효용utility' 이론의 등장과 함께 절정에 달했다고 간주한다. 벤담의 이론은 명예를 배제하고 쾌락과 이윤을 노골적으로 강조했다. 우턴은 (필자들도 마찬가지지만) 그를 "악당 벤담Bentham the Bad"이라 부르곤 했다. 벤담은 평소에도 온갖 희한한 발언을 많이 했지만 그중에서도 시와 산문을 구별할 수 있는 유일한 방법은 시는 오른쪽 여백을 비워둔다고 주장한 것을 비롯해, 더 중요하게는 자연권 사상을 두고 "과장된 헛소리nonsense on stilts"라고 공격한 바 있다.

현대 경제학자들 중 벤담의 후예들은 이러한 어리석은 논리에 자발적이고 흔쾌히 뛰어든다. 카든과 매클로스키는 둘 다 경제학을 연구하는 부류이지만, 이른바 폴 새뮤얼슨Paul Samuelson 계열의 경제학자들이 말했듯이 제약 조건하에서 효용 극대화를 통해서는 완벽한 인생 계획을 수립할 수 없다고 한 우턴의 의견에 동의한다. 우턴은 "모든 사람은 이를테면 각자 개인으로서 자신의 사업을 하고 있다고 가정할 수 있다. 가족, 친구, 지역 사회, 국가에 우리를 하나로 묶는 유대는 순전히 편의를 위한 도구적 타협의 산물이다"라고 서술했다.[9] 일찍이 홉스의 주장도 그랬다. 예를 들어 시카고학파이자 노벨상 수상자인 고故 게리 베커Gary Becker는 1973년 결혼의 경제학에

당신이 모르는 자유주의

관한 선구적인 논문을 썼다. 그는 숲에서 만나 각자의 요리 기술과 자동차 수리 기술을 서로 교환하기로 합의한 남녀를 인간 M과 인간 F로 명명하기로 했다. 베커는 이 논문에서 사랑이라는 단어를 거의 쓰지도 않지만, 그나마도 건조하고 무심한 뉘앙스를 담아 '사랑love' 이라고 작은따옴표를 표시해뒀다. 그러고 보니 옛날의 한 농담이 생각난다. 한 아름다운 여성이 남성 변호사에게 다가와 관계를 갖자고 유혹한다. 그러자 남성은 미심쩍은 듯 공리주의자답게 대답한다. "좋습니다. 그러면 저한테는 어떻게 합의해줄 건가요?"

그러나 우턴은 그러한 공리주의적 논리가 우리가 이 책에서 입에 침이 마르도록 칭찬하는 자유주의의 본질이라고 주장한다. 그리고 "자유주의는 지위, 계급, 명예 중심의 전통적인 가설을 거의 건너뛴다. (…) 기존의 도덕 규범을 가장 앞장서서 공격한 사람들도 거의 예외 없이 평등주의자였다"라고 단언한다.[10] 충분히 맞는 말이다. 그는 "인간은 결국 다 똑같다"라던 홉스의 제언을 계몽주의의 효시로 볼 수 있다고 적절하게 평했다.[11] 그러나 우턴은 그러한 '계몽주의 패러다임'과 자유주의를 결합해 (필자들은 역사적 관점에서 허구라고 믿는) 이른바 '소유적 개인주의possessive individualism'의 부상에 대해 비판의 수위를 높인다. 한마디로 '이기심'의 새로운 개념이 생겨났다는 것이다.

즉 우턴은 현대 세계의 시계태엽에 해당하는 자유주의를 벤담식의 저속한 공리주의로 격하한다. 우턴은 자유주의의 발전에 관한 이야기는 악당 벤담과 함께 마무리 지어버리고, 이어서 자신이 혐오하는 현대 경제학자들, 더 혐오하는 부르주아 계급, 그리고 가장 혐오하는 자유주의를 공격하기에 이른다. 우턴은 좌파와 우파 양쪽 식자층의 전통적인 반부르주아적 아우성에 가담하고 있으니, 1867년 작가 귀스타브 플로베르Gustave Flaubert가 조르주 상드George Sand에게 보낸 서신 중 다음의 구절을 연상시킨다. "격언 한마디: 부르주아를 원망하는 것이 덕을 실천하는 첫걸음이다."

아, 물론 부르주아 계급을 향한 증오는 익숙하다. 벤담 1.0 버전은 고속도로 차선을 설계하거나 어떤 차를 구매할지 결정하거나 기타 사업 계획에서 비용 편익 분석을 할 때 유용하지만 인생 계획을 세우기에는 확실히 부적절하다. 그러나 벤담을 경유했다가 경제학에서 가장 통속적인 문제로 직진하는 것은 오류다. 1848년에도 카를 마르크스와 토머스 칼라일Thomas Carlyle과 같은 이론가들에게서 공격을 받던 자유주의는 오랜 시간이 지나서야 사회적, 경제적 결실을 맺었다. 아무리 현대인의 모든 기쁨을 가져다준 자유주의를 창출한 동시에 그 혜택을 받은 주체가 부르주아 유럽이었고, 자유주의가 우턴의 부모와 조부모를 포함한 평범한 사람들도 처음으로 자기 뜻을 펼칠 가능성을 열어주었음에도, 우턴은 자유주의가 현대 세계와 어떻게든 긍정적인 관련이 있을 수 있다는 생각을 공격하고 있다.

우턴이 생각하는 격언은 벤담의 공리주의가 자유주의의 전부라는 것이다. 그러나 그는 벤담식 공리주의에서 자유주의 2.0으로 전환하고는 존 스튜어트 밀을 거론한다. 우턴이 자신의 주장을 뒷받침할 경유지로 벤담 대신 밀을 택했다면 쾌락과 고통을 건조하게 계산하는 1.0 버전으로 자유주의를 격하하기가 훨씬 쉽지 않았을 것이다. 밀의 공리주의는 성숙한 2.0 버전의 핵심이다. 밀은 자신의 기념비적인 한 논고에서 벤담은 철부지 경제학자들의 원조답게 "죽는 날까지 아이 같았다"라고 썼다. "인간의 모든 행위에 규칙을 부여하려고 시도한 사람 중 누구도 (…) 인간의 행위에 영향을 미치는 행위 능력 또는 마땅히 그렇게 행동해야 한다는 행위 능력이라는 한정된 개념을 전제로 깔지 않았다."[12] 이것은 우턴이 말하려는 주제와 정확히 맞아떨어진다.

사실 자유주의 2.0은 훨씬 미성숙한 사고방식의 벤담보다 인간을 더 깊이 이해했던 우리의 영웅 애덤 스미스와 같은, 하지만 우턴이 그토록 폄하했던 자유주의자 1세대를 특징으로 하거나, 아니면 2세대인 영국의 존 스튜어트 밀, 그리고 의외이지만 뉴잉글랜드의 헨리 데이비드 소로로 대변할 수 있다. 그러나 벤담 버전의 자유주의는 노트르담대학교의 패트릭 데닌Patrick Deneen 교수 같은 가톨릭 보수주의자나 하버드대학교의 마이클 샌델 교수와 같은 좌파 민주당원들의 전통적인 먹잇감으로 남아 있다. 데닌, 샌델, 우턴은 마키아벨리Machiavelli, 홉스, 스미스가 말한 이기심에 치중해 자유주의를 벤담식 1.0 버전으로 격하함으로써 자유주의를 쉽게 공격할 여지를 만든다.

실제로 사람들은 효용 이론에 따라 사업 계획을 세우는 식으로 단순한 동기에 의해서만 행동하지는 않는다. 일차원적 1.0 버전이든 정교한 2.0 버전이든 우턴이 공격하는 자유주의 이데올로기는 여전히 올바른 정치에 방향성을 제시해줄 수 있다. 그러나 현대 소설에서 묘사하는 짝퉁 자유주의자의 모순된 자아는 인간 본모습의 전부가 아니다. 물론 현대에 이기심 관련 이론들이 생겨난 것은 사실이다. 하지만 우리는 그들을 따르지 않는다. 벤담이 어리석었던 것은 맞다. 하지만 자유주의는 그렇지 않다.

당신이 모르는 자유주의

24장

희곡, 시, 소설에서 부르주아에 대한 재평가가 이뤄지다

부르주아에 대한 재평가는 〈부르주아 계급 따라잡기〉라는 리얼리티 TV 쇼로 제작해도 훌륭했을 것이다. 처음에 이 역사의 대하드라마는 네덜란드를 중심으로 펼쳐지다가 1700년 전후에는 활동 무대가 영국으로 옮겨갔다. 금융 시장이 발달한 영국 무대는 특유의 전문 용어를 일반 대중의 언어로 퍼뜨렸다.[1] 리처드 스틸Richard Steele과 조지프 애디슨Joseph Addison이 발간한 〈스펙테이터The Spectator〉(1711~1712년 잠시 발행되다가 사라졌다)는 상류 사회에 등장한 부르주아지 계급의 목소리를 대변했다. 그리고 네덜란드와 스페인 등 수많은 모방자를 낳았다. 특히 애디슨은 배질 윌리Basil Willey의 말마따나 "중산층의 귀에 도달한 최초의 아마추어 설교자"였다.[2] 1713년 애디슨이 쓴 희곡이자 훗날 미국 독립운동가들에게 영향을 준 《카토Cato: A Tragedy》의 주제는 사교의 미덕을 설파함으로써 그간의 전쟁과 약탈을 추구하던 '야만적인(즉 귀족적인)' 습성을 길들이기 위한 것이었다. 1720년대 존 트렌처드John Trenchard와 토머스 고든Thomas Gordon은 로크에게서 영감을 받아 언론과 종교의 자유를 옹호하는 글을 쓰며 '카토'라는 필명을 사용했다. 바야흐로 자유주의가 스멀스멀 바깥세상으로 기어 나오기 시작했다.

셰익스피어의 시대, 그리고 훗날 부르주아에 대한 재평가를 기록한 애디슨, 스틸, 트렌처드, 고든의 시대, 이렇게 각 시대를 풍미한 상반되는 두 희곡을 대조해보면 1700년경 수십 년에 걸쳐 일어난 부르주아에 대한 재평가가 뚜렷하게 드러난다. 토머스 데커Thomas Dekker의 《구두장이의 축일The Shoemaker's Holiday》(1599)은 얼핏 '부르주아'의 삶을 그리는 것처럼 보이지만 실제로는 전통적인 반부르주아적 계급제를 받들고 있다. 그러나 130년 후 조지 릴로George Lillo의 《런던 상인The London Merchant》(1731)은 부르주아 계급의 목소리를 대변했고 나아가 그들을 명예롭게 그렸다.

《구두장이의 축일》은 평범한 구두장이 사이먼 에어Simon Eyre(1445년 포목상 출신으로 시장직에 오른 동명의 실존 인물에 근거한다)가 런던 시장으로 신분 상승한다는 이야기다. 아, 그렇다면 열심히 노력하면 성공한다는 허레이쇼 앨저Horatio Alger 성향의 부르주아 기업가 이야기일까? 아니, 그런 종류의 줄거리와는 완전히 거리가 멀다(말이 나온 김에 말하자면 앨저의 소설도 마찬가지다).

극 중 에어는 시종일관 구두장이인 자신을 가리켜 "'양반의gentle' 기술의 달인"이라고 주장한다. '양반'은 '상류층'을 의미하지만 구두장이는 상류층이 아니므로 에어가 한 말은 일종의 희화화인 셈이다. 그는 "나는 왕자가 아니지만 고귀한 집안 출신이라오"라는, 동시대 소설(토머스 딜로니Thomas Deloney의 소설 《양반의 기술The Gengle Craft》이 원전이다 - 옮긴이)에서 차용한 해학적인 대사를 반복해서 말한다. 그의 이름인 에어는 '명예'를 뜻하는 네덜란드어 'eer'(데커는 네덜란드 혈통이다)와 독일어 'Ehre'의 영어식 버전으로 이 문맥에서는 귀족주의적으로 '고귀한' 신분을 가리킨다. 에어는 사업을 벌여서도 아니고 태생적인 귀족 신분을 이용해서는 더더욱 아니며, 그저 우연한 기회로 시의원, 주 장관, 그리고 마침내 시장직까지 오른다. 데커는 에어의 모든 대사를 그 시대의 희곡에 등장하는 인물 중 귀족 역할의 전유물이었던 운문체가 아니라 산문체로 처리했다. 이것이 또 웃음 포인트가 된다. 관객은 '귀족적'인 이름을 갖고 태어나서 실제로는 생계를 위해 신발을 만들며 산문체의 대사를 주절주절 읊는 주인공을 보고 박장대소할 것이다.

"양반의 기술의 명예"? "구두장이 신사들"? "용감한 제화공"? 데커는 부르주아 계급을 존중하는 대신 놀리고 있다. 극 중 로맨스의 주인공인 귀족 롤랜드 레이시는 전임 시장인 로저 오틀리 경의 딸이자 자기보다 신분이 낮은 로즈의 도움을 구한다. 레이시는 네덜란드 출신 구두장이인 한스로 변장하고 다닌다. "자신의 교활한 속셈을 양반의 기술로 감추는 것이 / 롤랜드 레이시에게는 부끄럽지 않왔다. / 그렇게 신분을 숨겨서라도 / 삶의 유일한 행복인 로즈 곁에 있을 수만 있다면."[3] 그러나 그는 다른 구두장이들과 섞여 일할 때는 줄곧 산문체로 말한다. 희극의 끝 무렵 '한스'가 알고 보니 백작의 조카이며 아주 높고 고귀한 신분임이 밝혀지면서, 그는 다시 운문체의 대사를 구사하고 본래의 정체성과 본래의 결혼 생활로 돌아간다.

모든 등장인물은 존재의 대사슬에서 각자 분수에 걸맞은 대사를 말한다. 에어의 직인인 랄프 댐포트는 징집 기간에 "지위가 고귀해지고gentles his condition"(셰익스피어의 《헨리 5세》 중 헨리 5세가 아르플뢰르 포위전에서 평민들에게 한 연설에도 나오는 구절이다) 간결한 운문체의 화법을 구사한다. 그러나 그가 전쟁에서 돌아올 때는 우스꽝스럽게도 불구가 되어 있었고(이때는 지금처럼 장애인을 존중하는 자유주의 시대가 아니었다) 다시 하류층의 산문체 화법으로 돌아간다. 에어와 그의 아내는 구두장이 직인들과 대화할 때 친숙하게 'thou'(불어의 'tu'에 해당)라고 부르지만 더 윗사람에게 말할 때는 존칭으로 'you'(불어의 'vous'에 해당)를 쓴다. 모든 면에서 《구두장이의 축일》은 전통적인 계층 구조를 적용한다. 시장에서 평등하게 거래하는 부르주아적 자유주의는 찾아볼 수 없다. 이 희곡의 지문에는 "돈을 주다"가 "(배우의) 등장"에 이어 두 번째로 많이 나온다. 글쎄, 여기서 돈을 주고받는 장면이 나온다 해서 애덤 스미스나 카를 마르크스, 조지프 슘페터가 이해하는 방식, 아니면 오늘날 실리콘 밸리의 '시장 파괴자'와 '인플루언서'가 의미하는 바와 같은 맥락으로 이 희곡을 부르주아와 파

당신이 모르는 자유주의

괴적 혁신에 관한 내용이라 볼 수 있겠는가? 아니다. 여기서 돈은 거의 전적으로 상류층에서 하류층으로 하사된다. 다시 말해 시장에서 동등한 당사자 간의 거래가 아니라 계급의 차이를 나타내는 일종의 사례금이다. '돈을 주는' 행위는 일상적 사업이 아니었으며, 창조적 파괴를 위한 투자 자금은 더더욱 아니었다. 대신 한 사람의 손실이 다른 사람의 이익이 되는 당대의 제로섬 세계에서 관대한 귀족이 하층 계급에 베푸는 일종의 선심이었던 셈이다.

에어는 부르주아적인 사업 수완을 발휘해서가 아니라 난파된 네덜란드 선박에서 우연히 발견한 화물들을 아내의 부추김에 팔아넘기는 등 순전히 운이 좋아서 높은 지위를 얻었다. 문학사학자 로라 스티븐슨Laura Stevenson은 다음과 같이 설명했다. "이 희곡은 에어 여사에게 혁신의 주체로 모든 공을 돌린다면, 초반에 에어를 정직성이 의심스러운 꿍꿍이 있는 사업가로 묘사하지 않고도 후반에 현명하고 정의롭고 자비로운 부자로 성공한 그의 업적을 칭송할 수 있다."[4] 마찬가지로 1867년 이후 110편에 달하는 앨저의 작품은 흔히들 혁신주의의 본질을 상징한다고 말한다. 그러나 사실은 그렇지 않다. 독자의 마음을 사로잡는 주인공 소년들은 매번 친절한 어른들의 도움을 받은 덕에 행운이 찾아온다. 혁신주의는 그런 것과 아무 관련이 없다. 《구두장이의 축일》도 마찬가지다. 《베니스의 상인》 못지않게 무역, 이윤, 고리대, 사업을 불명예스럽게 묘사한다.

대조적으로 1731년에 조지 릴로의 《런던 상인》은 '부르주아의 비극'(초기 희곡의 기준으로 봐 이것은 '양반의 기술'과 궤를 같이하는 부조리식 표현이다)을 다룬 최초의 작품 중 하나다.[5] 비극의 주인공은 상인이 아니라 가문 좋은 신사와 숙녀였다(가문이 좋을수록 좋다). 《런던 상인》의 시작 부분에서 연로한 주인공 소로굿Thorowgood(이 이름은 찰스 디킨스의 《어려운 시절》에 등장하는 그래드그라인드Gradgrind 교장의 이름처럼 전통적인 극적 기법이었다)은 제자 트루먼Trueman에게 자랑스럽게 말한다. "정직한 상인은 언제나 국가의 행복에 기여하듯 때로는 국가의 안전에 기여하기도 한다." 여기서 '정직'과 '행복'의 새로운 정의가 함축되어 있다는 점을 주목해야 한다. 그는 셰익스피어 시대의 영국이라면 웃음을 자아냈을 "우리 직업의 존엄성"을 이야기하고 당시의 계급 언어로 자기방어적 성격의 장황한 미사여구로 끝맺는다. "상인이라는 이름이 절대 신사의 명예에 먹칠하지 않듯이, 신사가 상인이 되지 말라는 법도 절대 없다. 다만 당신의 신실한 모습sincerity을 희생해 남을 기쁘게 하는 성격이 되려고 애쓰지는 마라." 여기서 '신실함Sincerus'은 현대 언어로 '정직honesty'을 뜻한다.

이 희곡은 귀족과 평민의 경계선을 지운다. 모든 등장인물이 운문이 아닌 산문체로 말한다. 《런던 상인》은 크리스토퍼 말로Christopher Marlowe나 윌리엄 셰익스피어의 작품과 나란히 놓고 보면 민망할 정도로 작품성이 떨어진다. 그래도 대성공을 거뒀다. 18세기 후반까지 매년 이 희곡은 런던의 젊은 부르주아 계급을 대상으로 1818년까지

당신이 모르는 자유주의

크리스마스면 어김없이, 그리고 11월 런던 시장의 날Lord Mayor's Day에
도 단골로 상연될 정도로 영국에서 자주 제작되었다.

소로굿은 자신의 도제인 트루먼에게 그가 완벽한 부르주아라며
칭찬한다. "자네의 회계 장부를 살펴봤네. 항상 볼 때마다 정확할 뿐
아니라 꾸준히 기입했더군. 자네의 근면 성실을 칭찬하고 싶네." 반
면 행실 나쁜 도제인 조지 반웰은 한때 부르주아다운 덕성을 다짐
했지만, 매춘부의 사악한 유혹을 받으며(비록 매춘부를 페미니즘적인 해
석을 통해 자율적 여성의 상징으로 볼 수도 있지만) 형편없을 정도로 도덕
심이 결핍된 인물이다. 반웰은 당대의 정서치고는 충격적이게도 삼
촌의 돈을 사취하고 그를 살해한다. 착하디착한 트루먼은 반웰을 이
렇게 평가한다. "그만큼 규칙적인 삶을 사는 사람은 없었다네. 그 또
래에서 보기 드문 이해심도 있고, 개방적이고 관대하고 남자다운 성
격에, 느긋하고 꾸밈없는 호감형이지." 그리고 트루먼은 제멋대로
구는 동료 반웰에 대해 슬픈 어조로 "한 번 떨어진 평판을 회복하는
사람은 거의 없다네. 특히 상인이라면 절대 불가능하지"라고 덧붙
인다.

이 희곡의 개정 증보판에서는 양심의 가책으로 고통받는 환자와
그를 치료하는 의사 이야기가 등장한다. 환자는 "당시 해외에 있던
동인도 무역선 선장의 첩과 부적절하게 알게 되어" 생긴 빚을 갚느
라 아버지의 일부 재산을 잘못 관리한 터였다. 그는 런던 상인 소로
굿을 보자마자 위기를 겪는다. 그러나 의사의 제안으로 아버지와 화
해하고, 의사는 악랄한 반웰에게 이렇게 말했다. "자네는 자신이 맡

은 일에 관해서는 아마 지난 일요일에 설교한 웬만한 성직자들보다 더 훌륭히 수행했을 것 같군." 초판의 서문에서는 반웰의 타락에 대한 훈계를 담고 있는 이 작품의 줄거리를 칭송한다. "상인이 되도록 훈련받은 청소년들은 장차 상업 국가에서 아주 중요한 대들보가 될 것이기에 (…) 만일 절제력을 잃고 매춘부의 손길에 넘어간다면, 파멸의 유혹에서 헤어나기가 얼마나 불가능에 가까운지 (…) 그리고 그것이 악덕, 불명예, 타락으로 가는 지름길이라는 경각심을 일깨우는 것만큼 그들에게 중요한 가르침은 없다."

이 부르주아의 재평가는 미겔 데 세르반테스Miguel de Cervantes의 1605년 소설《돈키호테》에서 귀족 행세를 하고 싶어 하는 주인공을 통해서도 간접적으로나마 드러난다. 비록 생각은 엉뚱하지만 귀족인 돈키호테는 초기의 부르주아 계급에 속하는 길동무 산초 판자의 불평에도 개의치 않고 일단 일을 저지르고 본다. 역사학자 조이스 애플비Joyce Appleby는 "돈키호테는 (…) 스페인의 경제가 실패한 원인을 함축적으로 보여준다. 아마 세르반테스는 돈키호테가 풍차를 강력한 적수로 착각하는 대목을 통해 과거에 수렁에 빠진 스페인 상류층이 이런 생산적이고 유용한 에너지원조차 알아보지 못하는 현실을 말하고 싶었을 것이다"라고 분석한다.[6] 18세기 후반이 되어서야 스페인 사회에서도《런던 상인》같은 무대가 펼쳐져 부르주아의 생활을 찬양하는 움직임이 포착되었고, 그 위에서 풍요라는 대서사극이 인

당신이 모르는 자유주의

기를 얻기 시작했다.

반면《돈키호테》가 출간된 지 한 세기가 지난 시점이자, 국가적 차원의 자유주의 헌법인 카디스 헌법이 제정되어 스페인 무대에 몇몇 자유주의자들이 등장할 무렵의 한 세기 전에 발표된 대니얼 디포의《로빈슨 크루소》(1719)는 초반부 섬 장면에서 부르주아식 계산법을 한가득 풀어내고 있다. 자원이 희소한 섬 안에서 크루소가 직면한 선택의 고민은《오디세이》와《아이네이스》, 성서 속의 난파선 이야기에서 신이 기적을 행한다는 점과 대조된다. 크루소는 자신의 배에서 부서진 잔해 중 무엇을 가져갈지 고통스러운 선택을 해야 한다. 이것이 경제학에서 다루는 자원의 희소성과 선택의 문제다. 이 소설에서는 자원의 희소성이라는 세속적 문제를 예술 작품으로 승화했다. 역사학자 W. A. 스펙w. A. Speck은 이 소설을 가리켜 "사업 활동의 찬가라고 해석할 수 있다"라고 서술한다.[7]

그리고 우리가 좋아하는 영국의 완벽한 부르주아 제인 오스틴도 마찬가지다. 결혼은 말 그대로 젊은 상류층 여성들의 과업이자 보편적으로 당연시되는 일이었다. 오스틴의 작품에서 그러한 과업을 앞두고 부조리하게도 품위 없고 지나치게 신중한 많은 주변인물들은 당당하고 자의식이 강하며 도덕적으로 성장하는(특히 출세가 보장된 콜린스와의 결혼을 포기하는 대목에서) 중심인물과 대조적으로 그려진다. 오스틴의 1813년작《오만과 편견》에서 주변인물 중 한 명인 콜린스 목사는 한심하리만치 신중한 태도로 주인공 엘리자베스 베넷에게 다음과 같이 청혼한다.

— 내가 결혼하려는 이유는 첫째, 나처럼 경제적으로 여유 있는 모든 성직자가 자기 교구서 결혼의 모범을 보이는 것이 옳다고 생각하기 때문이오. 둘째, 나는 결혼이 나의 행복에 매우 크게 기여할 것이라고 확신하오. 그리고 셋째는 아마 더 일찍 말했어야 좋았을 텐데, 내가 영광스럽게도 후견인으로 모시는 그 귀부인께서 특별히 해주신 조언 때문이기도 합니다.[8]

오스틴의 작품에서 중심인물들은 최소한 성인이 된 이후라면 이런 식으로 말하지 않는다. 앞 세대의 애덤 스미스와 마찬가지로, 오스틴은 무엇보다 자유인의 성숙에 초점을 맞출 만큼 '윤리 의식'이 뚜렷한 작가였다. 윤리적 성장을 제외하면 소설에서 별다른 사건은 일어나지 않는다. 오스틴 자신은 도시 부르주아 계급의 일원이 아니라 성공회 사제의 딸로 중상류층에 속했지만 부르주아들에게도 호의적amiable(그녀가 가장 즐겨 쓰는 단어이기도 하다)이었다. 오빠 중 한 명은 런던의 은행가가 되었다. 오스틴은 영국 상류층 사이에서 근대까지도 지속된 반부르주아적 속물근성을 전혀 드러내지 않아 현대의 식자층다운 면모를 보일 만큼 시대를 앞서 나갔다.

오스틴은 작품 외에도 돈에 대한 합리적인 관심이 있었다는 점에서 부르주아적이었다. 오스틴은 조카이자 상속인인 패니 나이트 Fanny Knight에게 보낸 편지에서 《맨스필드 파크》의 초판이 매진됐다는 소식을 알리며, "나는 욕심이 아주 많고 그 욕심을 최대한 활용하고 싶단다. 그러나 너는 분명 돈을 제일 중시할 사람은 아니겠지.

당신이 모르는 자유주의

괜히 자세한 얘기로 너를 괴롭히고 싶지는 않구나"라고 썼다.[9] 1812년 11월에는 한 친구에게 쓴 편지에서 사실은 출판사에 《오만과 편견》을 150파운드에 넘기고 싶었지만 결국 110파운드로 계약했다며 "그 금액은 우리 양쪽에게 만족스럽지 못했다"라는 소식을 전했다.[10] 문학평론가 매릴린 버틀러Marilyn Butler는 소설을 써서 총 400파운드(노동자 가정의 연평균 소득의 20배이자 오스틴 가족의 연간 생활비에 약간 못 미치는 액수다)를 벌었다는 사실에 흥분했던 오스틴이 생애의 마지막 6년인 1811~1817년에는 글로써 돈을 벌 수 있는 엄연한 작가라고 스스로 생각하게 되었다고 설명한다.[11] 오스틴은 다른 놀라운 업적도 많지만 무엇보다 부르주아에 대한 재평가를 작품으로 구체화했다.

흔히들 이데올로기가 경제를 주도한다고 말한다. 인도에서는 1950년대부터 1980년대까지 일간지 〈타임스 오브 인디아Times of India〉의 사설이 시장성 검증을 거친 사회 개선을 찬양하는 쪽으로 어조가 변화했고, 그즈음 가장 흥행에 성공한 발리우드 영화들도 주인공은 관료에서 사업가로, 악당은 공장주에서 경찰로 바뀌었다.[12] 인도는 2세기 전의 영국과 동일한 과정을 거쳐 특히 빈곤층과 중산층의 생활을 현저하게 개선함으로써 현재 부국의 길로 향해 가고 있다.

우리는 이에 만세를 외쳐야 한다!

4부

LEAVE ME ALONE
AND
I'LL MAKE YOU RICH

인종과 고대 역사는
대풍요와 무관하다

25장

행운의 사건들이
부르주아에 대한 인식을 바꿨다

부르주아에 대한 재평가와 부르주아적 자유주의, 그리고 그로 인해 맺어진 풍요로운 결실은 아무도 예상하지 못했던 일이다. 행여나 누군가 예상했더라도 1492년 당시의 상식으로는 무역, 과학, 기술, 재산권, 정치적 안정 등 모든 면에서 유럽을 훨씬 능가했던 중국이나 중동에서 대풍요가 일어날 것이라는 데 전 재산을 걸어야 정상이었을 것이다. 그러나 결국 뭔가 조금 부족해 보이는 유럽 북서부에서 생활 수준이 현저히 개선되었다.

대풍요는 가령 (말도 안 되지만 한때 널리 퍼진 가설의 한 예로) 멜라닌 색소가 부족한 백인의 하얀 피부, 고대 게르만인의 자유, 고대 아테네의 (주민 대다수인 노예, 여성, 외지인이 비자유민인 가운데) 선택받은 소

당신이 모르는 자유주의

수를 위한 민주주의, 모종의 이유로 거의 2,000년이 지나서야 현세에서 평등을 이룩한 기독교 등등 어떤 유럽 특유의 심오한 역사적 원인으로 발생한 것이 아니다.

대신 자유주의와 그 결과물인 혁신주의, 그다음의 대풍요는 1517년과 1789년 사이에 일어난 일련의 행운의 사건으로 찾아온 결과물이었으며, 이는 20장에서 언급한 4가지 'R(문해력, 개혁, 반란, 혁명)'로 구체화되었다. 그 결과 앞서 설명했듯이 잉글랜드와 스코틀랜드에서 상업과 개선의 재평가revaluation라는 5번째 'R'로 이어졌고, 문학과 정치사상 등에서 뚜렷한 변화가 감지되더니 부르주아 딜이라는 절정에 도달했다. 그러다가 차츰 부르주아 딜이 모든 계층으로 확대되었으며, 자유주의와 혁신주의가 평민들에게 영향을 끼치고 그들 사이에 성공적으로 안착한 덕분에 앞서 언급한 경쟁 관계의 다른 4가지 딜을 제치고 부분적으로나마 살아남을 수 있었다. 여러분도 이제 우리의 주장을 알아들었을 것이다.

문해력을 생각해보자. 유럽은 정치적으로 분열되었어도 라틴어를 공용어로 사용했기 때문에 엘리트 중심의 고급문화는 통합되어 있었다. 인쇄술이 중국 국경을 넘어 독일에서 재발명된 이후 분열 속의 통합 상태였던 유럽은 각 국가로 퍼져나가는 아이디어를 막을 길이 없어졌다. '신구 문학 전쟁' 끝에 유럽의 엘리트들은 진보의 가능성과 필요성을 믿게 되었다.[1] 한편으로는 유럽 엘리트들이 진보가 신이 내린 선물 내지는 신의 뜻에 따른 소명이라는 개념으로 받아들였다고 주장하는 학자들도 일부 있다.[2] 그러나 진보가 상업과 평등주의에는 적대적이되 전통적 고급문화를 보존하길 원했던 엘리트가 주도한 르네상스의 결실도, 또 엘리트들이 진행 과정에서 어느 정도 지분을 차지한 계몽주의의 결실도 아닌 것은 분명하다.

그러나 사회의 문해율 향상에 중요한 역할을 한 것은 요즘 식으로 비유하자면 평범한 백성들이 도서관 출입증을 쥐게 된 사건이었다. 가령 벤저민 프랭클린은 대니얼 디포의 《사업 계획론An Essay Upon Projects》(1697)에서 감명을 받아 대업을 추구하는 삶으로 뛰어들었다. 또 인쇄술이 발전하자 라틴어에 능통한 엘리트의 전유물이던 독서가 점차 훨씬 폭넓은 계층까지 확산되었다. 그리고 검열이 효과를 발휘한 동아시아 지역, 오토만 제국, 중국, 일본과 대조적으로 유럽 각국에서는 자국어로 책이 출판되기 시작했다.

그러자 정치 엘리트들은 검열을 작동시키려고 노력했다. 검열은 오늘날 중국, 이란, 러시아의 인터넷 검열처럼 예나 지금이나 혁신을 방해하는 최선의 방법이다. 예를 들어 16세기 스페인 군주는 여행을 제한하고 많은 책에 금서 조치를 내렸다.[3] 1675년 영국의 찰스 2세는 커피하우스가 남성들이 모여 소식을 공유하고 시세의 흐름을 연구하는 사교 장소로 선풍적 인기를 끌자 〈커피하우스 억압을 위한 포고문A Proclamation for Suppression of Coffee Houses〉을 발표했다. 스웨덴에서는 1756년부터 1817년까지 커피 수입을 5차례나 금지했다.[4] 신문이 마침내 처음 등장했을 때는 엘리트들이 신문을 장악하기 시작했다. 자유주의가 어느 정도 자리 잡았을 1792년 무렵의 영국에서도 정부가 신문사의 절반을 비밀리에 소유했다.[5]

그러나 존 로크, 토머스 홉스와 같은 정치 망명자들이 안전한 피난처로 떠날 수 있었던 것 외에 정치적 경쟁도 검열관의 발목을 잡았다. 독일에 도입된 인쇄술은 1517년 이후 단 3년 만에 마르틴 루터의 급진적 저술을 유럽 전역에 30만 부나 전파하는 저력을 발휘했다. 1520년 8월에 루터는 "로마 교황청의 부도덕한 면죄부 발급과 폭정에 맞서 카를 5세와 독일 귀족에게 자신의 주장을 전달하기 위한" 취지로 작성한 〈독일 기독교도 귀족에게 보내는 서한To the Christian Nobility of the German Nation〉이라는 소논문을 일주일 만에 4,000부나 출판할 수 있었다. 그다음 주에 그는 반로마적 공격을 한층 보강해 분량을 늘린 뒤 4,000부를 또 추가로 발행했다.[6] 마치 조지 루카스George Lucas 감독이 1978년 TV로 방영된 〈스타워즈 홀리데이 스페셜Star Wars Holiday Special〉의 해적판 유통을 막지 못했던 것처럼(원작의 대성공을 바탕으로 제작된 TV 방영물이다. 배우들은 그대로 출연했으나, 조지 루카스 감독은 제작에 일절 관여하지 않았다. 결과물은 참혹한 졸작으로 혹독한 평가를 받았고, 이에 자존심이 크게 상한 루카스 감독은 판권을 사서 이후 재방송이나 DVD 출시의 경로를 모두 막아버리려 했다. 그러나 팬들 사이에 암암리에 떠도는 해적판까지 막을 수는 없었다 – 옮긴이), 교황은 루터의 저술이 퍼져나가는 것을 더 이상 막을 수 없었다.

이렇게 유라시아 대륙에 걸쳐 각 유럽국 통치자들은 게임기에서 한도 끝도 없이 튀어나오는 두더지를 잡듯 승산이 없어졌다. 홉스와 같은 영국 스튜어트 왕조의 지지파들은 왕조 몰락 후 프랑스로 망명해 피난처를 찾을 수 있었다. 또 프랑스에서 부르봉 왕조의 지지파는 왕조의 몰락 이후 영국으로 건너가 피난처를 찾았다. 곧이어 네덜란드 인쇄공들은 1690년대 로크의 급진적 저작물을 영어로, 프랑스의 급진주의 철학자 피에르 벨Pierre Bayle의 저술을 프랑스어로 각각 발행하며 외설물에서 설교문, 정치적 소논문까지 다양하게 취급하는 대규모 출판업자들로 성장해 베네치아인을 추월했다. 볼테르의 《철학 편지》는 1733년 공개적으로 불태워졌고, 그 후 많은 철학자가 국가와 교회의 통제에 시달렸다. 그러나 통제는 효과가 없었다. 어떻게든 그들의 작품은 유포되었고 결국 앙상 레짐(구체제)을 무너뜨렸다. 몽테스키외의 《법의 정신》은 말년인 1748년에 스위스에서 익명으로 출판된 후 프랑스로 밀반입되었다. 1832년 이후 루이 필리프Louis Philippe 왕은 자신의 얼굴을 서양배처럼 늘어진 볼살을 강조해 희화화하고 정권의 부패를 조롱하는 만화를 금지하는 법을 제정했다. 그러자 프랑스인들은 이 만화를 해외에서 구입해 이른바 부르주아 군주를 계속 조롱했고 마침내 그를 왕위에서 축출했다.

이번에는 4가지 'R' 중에서 종교 개혁에 대해 얘기해보자. 종교 개혁은 앞서 말했듯 읽을거리가 폭발적으로 증가하면서 가능해졌다(그리고 루터의 수려한 필력과 정치적 운도 작용했다). 루터가 라틴어 성경을 독일어로 번역했을 때처럼, 이제는 성경이 라틴어를 읽을 줄 모르는 평범한 백성도 읽을 수 있도록 유럽 각국의 언어로 번역되는 파격적인 시도가 시작되었다. 영국인 존 위클리프John Wycliffe는 이 번역을

당신이 모르는 자유주의

맡았다는 죄목으로 1401년 사후에 이단으로 규정되었고, 1536년에 또 다른 영국인 윌리엄 틴들William Tyndale은 처형되었다. 그러나 그때까지 틴들이 번역한 신약성경은 1만 6,000부, 즉 영국 인구 2,000명당 1부꼴로 시중에 유통되고 있었다. 틴들의 마지막 유언은 "주여! 영국 왕의 눈을 뜨게 해주소서!"였다.[7] 신은 그의 소원을 들어주었다. 2년 후 새로 개신교도가 된 헨리 8세는 틴들의 번역본을 모태로 발행한 성경을 모든 교구 교회에 비치하도록 명령했다. 1611년 영국인들은 제임스 1세의 명으로 공인된 성경을 읽고 성공회 미사 시간에 낭독하게 할 수 있었다. 이것은 반대편의 정통파를 향한 틴들의 울분 섞인 호언장담이 틀리지 않았음이 입증된 셈이다. "하나님께서 (번역을 마칠 수 있게) 내 생명을 연장해주신다면 밭에서 쟁기를 가는 소년이 당신들보다 성경을 더 잘 아는 세상이 올 것이오."[8]

모든 신자가 동등하다는 만인 제사장설과 그 이면에 아브라함계 종교의 개인주의는 시골 농부도 군주만큼이나 공적인 문제에 대한 발언권이 있다는 파격적인 발상이 싹트는 데 중요한 역할을 했다. 그러나 정치적으로 온건파였던 루터는 1624~1625년 독일 남부에서 일어난 농민 반란Peasants' Revolt에 깜짝 놀라 농부들이 본업인 밭일을 충실히 하기를 바라는 마음에 다음과 같이 선언했다. "세속적 세계는 인간이 불평등하지 않고는 존재할 수 없다. 자유인이 있는가 하면 비자유인도 있다. 또 지배자가 있는가 하면 피지배자도 있다."[9] 루터는 자유주의자가 아니었다.

반대로 남녀를 불문하고 정치와 경제에서 대담한 도전이 가능해진 계기는 독일과 스칸디나비아, 그리고 영국 성공회도 일부 포함한 루터의 관료 후원적 종교 개혁Magisterial Reformation [영어의 'master(스승)'에 해당하는 라틴어 'magister'에서 유래했다]이 아니라, 일부 칼뱅파에서 모든 재세례파, 퀘이커파, 그리고 이후 감리교 성공회와 마침내 평범한 백성들의 도전 정신까지 자극한 자유주의적 개신교에 이르는 이른바 급진적 종교 개혁Radical Reformation이었다. 네덜란드에 급진적 종교 개혁의 물결이 처음 들이닥치자 빗 제작자, 제빵사, 구두 수선 공 등 'eerlijheid(정직)'을 갖고 태어나지 못한 일반 백성들은 성찬식의 빵이 성체인지 의문을 품었고, 성모 마리아가 신성하다면 그녀가 탄 나귀도 신성한 나귀이며, 성모 마리아는 동네의 미친 여자더라는 불경스러운 농담을 하기도 했다(베드로후서 2장 16절에 말 못하는 나귀가 사람의 소리로 말해 선지자의 미친 짓을 막았다고 하는 구절이 나온다 - 옮긴이).

만인 제사장설이라는 수사법은 진보와 평민층의 존엄성이라는 개념을 내세의 뜬구름에서 끌어내려 현세의 개념으로 단단하게 굳혔다. 1750년 프랑스의 자유주의자 안 로베르 자크 튀르고Anne-Robert-Jacques Turgot는 신학적 관점에서 인간의 진보에 대해 설파했다. 로버트 니스벳Robert Nisbet은 이를 가리켜 "처음으로 (…) 세속적인 측면에서 (…) 진보의 '현대적' 관념을 진술한 것"이라고 했다.[10] 애덤 스미스의 "명백하고 단순한 자연적 자유 체제"가 엘리트들에게도 기본 논리로 자리 잡기까지는 오랜 시간이 걸렸다. 하지만 혁명적일 정도로 아주 확고하게 뿌리를 내렸다.

경제적 변화를 촉진한 원인은 막스 베버가 1905년 저서에서 주장한 바와 달리, 예정설과 선택설에 대한 사람들의 불안감이 아니었다. 사람들이 과감히 모험에 뛰어들고 결국 광란에 가까운 사회 개선까지 일으킨 것은 베버의 생각대로 단순히 수동적인 저축과 열심히 일하는 근면 때문만이 아니라 지배자의 권력이 사라지거나 약해진 틈을 타 일반 백성들도 예배 모임에 참여하기 시작한 것이 첫 계기가 되었다. 급진적 종교 개혁은 루터나 울리히 츠빙글리Huldrych Zwingli, 헨리 8세와 같이 위계적인 종교 개혁에 반대하며 오랫동안 잉태되어온 민주주의 사상이 마침내 세상 밖으로 태어난 사건이었다. 특히 개신교 회중파의 급진적인 통치 방식은 어느 신도에게나 평등한 지위를 부여했다. 따라서 독일 경건주의자들과 영국 감리교도들 사이에서는 왕이 임명한 주교에 저항하는 통치가 이뤄졌다. 그리고 스코틀랜드 장로파와 모라비아 후터파의 장로에 의한 통치, 그리고 재세례파(지금의 메노파), 독립파(지금의 회중파), 침례파(지금도 그대로 침례파) 사이에서는 지역 공동체에 의한 통치, 얼마 후 퀘이커 교도들 사이에서는 특정인이 장악하지 않는 평등한 통치로 흐름이 바뀌었다. 예를 들어 감리교의 창시자 존 웨슬리John Wesley는 회중의 합의, 평신도의 설교 허용, 국가의 간섭을 받지 않는 자치, 나아가 때로는 정부의 자랑스러운 국책 사업에 반대하는 조세 저항과 반전주의를 강조했다.

프로테스탄트는 지난 1,500년의 교회 역사를 버리고 1세기와 2세기 신앙의 초심으로 돌아갔다. 그간의 정쟁 구도가 교황 대 황제의 대립이었다면 이제는 지배자 대 개인의 양심이 대립하는 양상으로 바뀌었다. 스위스 등에서 교회 당국은 왕과 주교보다 신도들에게 책임을 다하기 시작했다. 종교 전쟁은 현대적 관점에서 보면 정치적 자유주의와는 완전히 거리가 멀었지만, 결국 인간은 인간이라는 확신을 강화했다.

이것은 아이디어의 승리다.

26장

애덤 스미스의 고언에서
부르주아 딜의 덕목을 찾다

애덤 스미스는 부르주아에 대한 재평가를 촉발했으며 가장 고상하고 설득력 있게 그들을 옹호했다. 그는 우리가 이 책에서 꼽은 영웅이다. 250년 전에 그가 쓴 글은 요즘 신문보다 신선하게 느껴질 정도다.

특히 스코틀랜드 태생의 도덕 철학 교수이자 근대 경제학의 아버지인 스미스는 "탐욕은 좋은 것이다"라고 말한 적이 없다. 또한 그는 친구 데이비드 흄David Hume과 달리 편익에서 비용을 뺀 '효용'이 인간사를 좌우한다는 벤담식 공리주의로 향하지 않았다. 대신 스미스는 인간적 측면과 인간의 윤리가 포함된 경제학인 '휴머노믹스 humanomics'를 실천했다.[1] 어쨌든 잔디는 물과 햇빛을 최적량으로 흡수한다는 점에서 공리주의적이다. 쥐는(영화 〈라따뚜이〉의 주인공은 제외하자) 비용 대비 편익을 계산해 계략을 세우고 얍삽하게 행동한다. 그러나 인간은 (역시 시기와 증오, 교만과 같은 인간 특유의 악덕으로 실수하기도 하지만) 사랑, 정의, 용기, 그리고 인간 특유의 다른 미덕도 추구한다고 스미스는 말한다.

대부분의 사람들은 애덤 스미스와 그의 휴머노믹스 정신에 대한 메시지를 알아채지 못했다. 2001년 영화 〈뷰티풀 마인드〉는 1994년 저명한 수학자로서 놀랍게도 노벨 경제학상을 수상한 존 내시 John Nash의 일생에 대해 작가 실비아 나사르Sylvia Nasar가 집필한 유명한 전기를 기반으로 제작되었다. 어느 날 청년 존 내시(러셀 크로 Russell Crowe가 이번에도 명불허전의 연기력을 선보인다)는 프린스턴대학교 친구 몇 명과 교내 맥주바에 앉아 있다. 얼마 후 금발 머리 여학생 1명과 갈색 머리 여학생 4명이 함께 들어온다. 남학생들은 누가 어떻게 금발 머리 여학생을 쟁취할 수 있는지 토론한다. 내시의 친구 중 한 명이 말한다. "애덤 스미스의 교훈을 떠올려봐. 경쟁 속에서는 개인의 야망이 (…) 공익을 창출하는 법이지!" 그러자 내시를 제외하고 친구들은 히죽히죽 웃으며 그 말에 일제히 동의한다. 호감적 의미에서 마치 아스퍼거 증후군이 있는 애덤 스미스처럼, 항상 홀로 골똘히 생각에 잠기는 습관이 있는 내시는 머릿속에 전구가 번쩍 켜진 듯 극적으로 잘라 말한다. "아냐. 우리가 '다 같이' 화끈한 밤을 보내려면 경쟁이 아니라 '협력'하는 수밖에 없다고." 그리고 아마 수학 공식을 끄적거리러 가는 듯 갑자기 자리를 뜨며 마지막 방점을

당신이 모르는 자유주의

찍는다. "애덤 스미스가 틀렸어."

음, 아니다. 내시와 그의 친구들이 애덤 스미스를 잘못 이해했으며, 실제로 그의 책을 한 페이지도 읽지 않은 수많은 거만한 경제학자와 그 외 계산하기만 좋아하는 사람들도 마찬가지다(애덤 스미스의 저서는 딱 두 권밖에 없으니 얼른 읽어보시길 바란다). 스미스는 "경쟁에서 개인의 야망이 공동선에 기여한다"라고 말한 적이 전혀 없다. 예를 들어 맥베스나 파우스트, 이오시프 스탈린Iosif Stalin의 개인적 야망은 어떤 공익에도 도움이 되지 않았다.

사실 스미스는 1776년 다른 사람들의 당당한 자비심이나 노예 같은 굴종보다 이기심에 호소해야 한다는, 유명하면서도 통상적으로 오해를 받는 구절에서 이렇게 말했다. "우리가 저녁 식사를 기대할 수 있는 것은 정육점 주인, 양조업자, 제빵사들의(물론 스미스와 한 집에 살면서 소중한 자식을 위해 요리를 해준 스미스의 어머니도 빠뜨릴 수 없지만) 자비심이 아니라(강압에 의한 복종 때문도 아니고) 그들이 자유인으로서 지닌 이기심 때문이다." 그는 시장의 무대에서 대가 없이 주어지는 귀족의 특권에 기대거나 품위 없이 구걸할 게 아니라 정당하고 민주적으로 거래에 임해야 한다고 말하고 있다. 스미스의 관점에서 사람들은 제빵사, 정육점 주인, 너 나 할 것 없이 평등하다. 사람들이 자기 일을 열심히 해서 먹고사는 것이 각자의 평등한 존엄성을 존중하는 길이었다.

스미스는 동시대의 독일 철학자 임마누엘 칸트Immanuel Kant와 마찬가지로 자유주의적 관점에서 사람들이 단순히 일방적인 강요나 구걸에 이용되는 수단이 아니라는 점을 강조한다. 그는 인간에게 존 엄과 자유가 있으며, 누구든지 동등한 권리로 자유롭게 거래를 제안 하고 또 자유롭게 그 제안을 사양할 수 있음을 확언한다. 지배와 피 지배가 아닌 서로 대등한 관계에서는 무엇을 받으려면 내 것을 먼 저 상대방에게 내줘야 한다는 공정하고 민주적인 겸손함이 필요하 다. 누구나 차별 없이 대하는 평등주의자 스미스가 한 여학생을 '그 녀의 의사'에 상관없이 '경쟁' 논리의 여러 측면에서 분석하며 성적 노리개로 취급하는 젊은 프린스턴 대학생들을 봤다면 소름이 돋았 을 것이다. 스미스가 시사하는 윤리적, 경제적 요점은 누구든 거절 할 자유가 보장된 평등한 권리가 사회의 대규모 협력을, 그리고 한 사람의 저녁 식사를 가능하게 한다는 것이다.

스미스는 그 누구보다 윤리적인 사상가였다. 그는《도덕 감정론》 (1759년, 임종 직전에 대폭 수정한 제6판이 1790년에 완성되었다)과《국부론》 (1776년, 약간의 수정을 거친 제6판이 1791년 출간되었다), 이렇게 단 두 권 의 책을 저술했다. 요즘 같았으면 그런 빈약한 결과물로는 많은 대 학에서 종신 교수직을 얻기에 애매한 위치였을 것이며, 특히 대부분 경제학과에서 인정받기에는 어림도 없었을 것이다. 경제학자들은 그의 학문적 이력을 대충 살펴본 후 "어이쿠"라고 탄식하고는, "통 계 검정이나 현장 실험, 수학적 증명을 활용한 논문을 단 한 편도 〈아메리칸 이코노믹 리뷰American Economic Review〉에 싣지 못했군!"이라 고 말할 것이다.[2]

《도덕 감정론》은 경제학자들 사이에서 홀대받기 일쑤다(그나마

당신이 모르는 자유주의

1990년대 이후 경제학자가 아닌 철학자들이 이 책에 진지한 관심을 기울이기 시작했다). 우리 친애하는 많은 현역 경제학자들은 《국부론》을 읽지도 않았을뿐더러 스미스가 그 외에 다른 책도 썼다는 사실조차 모르고 있다. 우리 필자들도 예외는 아니다. 카든은 대학원을 졸업하고 첫 여름을 맞이해서야, 그것도 재단법인 자유를 위한 기금Liberty Fund에서 주최하는 '애덤 스미스 단기 집중 코스' 강의를 의뢰받아서 《도덕 감정론》을 처음 읽었다. 매클로스키도 1996년 네덜란드 로테르담의 에라스무스대학교에서 경제윤리 과목을 '가르쳐야' 해서 53세의 나이에 이 책을 처음 읽었다. 하버드대학교는 안 그래도 경제학자들의 퇴보에 일조한 행위가 그동안 무수히 많았지만 그중 한 예로 매클로스키의 대학원 시절, 그녀가 박사 과정을 시작하기 바로 전해인 1963년에 경제사상사를 필수 과목에서 빼버린 일이 있었다. 우리 자신도, 우리의 스승들에게도 부끄러운 일이다.

《도덕 감정론》(좀 아는 척하는 사람들은 TMSThe Theory of Moral Sentiments로 줄여 부르기도 한다)을 무시하는 것은 큰 실수이며, 명석한 프린스턴 대학생들도 오해했듯이 스미스를 "탐욕은 좋은 것이다"라고 주장한 이론가라고 보는 엉뚱한 해석으로 이어지게 한다. 많은 사람들은 1759년 스미스가 쓴 '감정sentiments'이라는 단어를 알쏭달쏭하게 생각하다가 이를 현대적인 의미인 사랑으로 오해했고, 반면 1776년에는 신중prudence을 현대적인 의미로 사랑의 반대말인 이기심으로 잘못 받아들였다. 사람들은 그 의미가 각각 사랑과 이기심이 맞는지 스미스를 붙잡고 묻고 싶은 심정이었다. 옛날에 독일 학자들은 이처럼 사랑과 이기심의 의미가 상충한다고 생각해 이를 두고 '애덤 스미스의 문제Das Adam Smith Problem'라고 명명했다.[3]

이와 달리 스미스가 모든 저술에 담고자 했던 원대한 뜻은 상업 사회에 걸맞은 온전하고 절제된 윤리를 계발하자는 것이었지, 인간의 모든 행위를 잔디와 쥐에 어울리는 이기심으로 격하하려는 것이 절대 아니었다. 《도덕 감정론》에서 절제의 대명사 스미스는 그답지 않게 잠시 절제를 내려놓고는 동시대에 탐욕은 좋은 것이라는 사고방식의 대표 주자였던 버나드 맨더빌을 향해 언짢은 감정을 가감 없이 표출한다. 맨더빌은 1705년에 붓 가는 대로 쓴 듯한 시에서 악덕을 사업에 좋은 것이라고 치켜세웠다. 그의 핵심 경제관은 보수주의적 낙수효과와 사회주의적 분수효과가 결합되어 있다. 그러니 돈을 쓰고 또 쓰라고 주장한다. 유리창을 깨도 창문업자에게는 일거리가 생겨서 좋다. 그러자 스미스는 이렇게 적었다. "맨더빌 박사가 주장한 체제를 두고 한때 세상 사람들이 이러쿵저러쿵 말이 많았으나, 그가 한 발언이 과거보다 더 많은 악덕을 부추기지는 않았다. 그러나 결과적으로는 악덕이 다른 불순한 동기에서 비롯되었더라도 더 부끄럼 없이 악덕을 드러내고 이전에는 듣도 보도 못한 수준으로 방탕하고 대담하게 동기의 부패를 인정하는 방법을 사람들에게 가르쳐준 셈이 되었다."[4] 따라서 '경쟁'에 대한 스미스의 신랄한 공격은 맥주바에서 토론하던 프린스턴 대학생들보다 서로 어깨를 맞댄 채 버티고 서 있는 프린스턴대학교 미식축구부의 스크럼 태세에 더 가깝다.

당신이 모르는 자유주의

스미스의 이론은 향신료의 새로운 판로를 개척하거나 신식 물레방아를 고안하는 등 부르주아들이 이룩한 개선의 업적을 온갖 방해 세력으로부터(예컨대 독점 공기업을 설립해 '경쟁' 시장에 뛰어든 다른 기업가들, 같은 방식으로 자기네의 기득권을 유지하기 위해 신진 세력과 '경쟁'하려는 귀족들, 또는 사례금, 선물, 도둑질 등을 통해 상인이나 귀족의 재물을 일부 빼앗아 '경쟁'에 참여하려는 소작농이나 프롤레타리아트들) 지키는 방패 역할을 했다. 대조적으로 부르주아 혁신가는 타인의 존엄성을 존중함으로써 이윤을 얻고 저녁거리를 해결한다. 치열한 '경쟁' 속에서 타인에게 강요하는 것이 아니라 고객에게 거래를 제안하고 수락과 거절을 그들에게 맡긴다. 고객에게 경쟁력이 비교적 떨어지는 거래를 제안한 판매자는 당연히 자신이 경쟁자의 '공격'에 희생양이 되어 억울하다고 생각하지만(예컨대 고객에게 더 좋은 거래 조건을 제시하는 승차공유ride-sharing 서비스 기업에 반대하는 일반 택시 기사들), 그런 믿음이 당연하다고 부추기는 사회 분위기가 조성되면 안 된다. 위대한 자유주의자 밀이 1859년에 말했듯이 "낙담한 경쟁자들이 이러한 종류의 고통으로부터 면제받을 법적, 도덕적 권리는 사회에서 인정되지 않는다. 그리고 오직 성공의 수단이 일반적으로 허용되는 이윤 추구의 방식에 반하는 때에만 정부 개입이 정당화된다".[5]

　　개인의 존엄성을 존중하는 방법 이외의 대안은 정치적 '경쟁'에 사로잡힌 정부를 통해 경제 문제를 집단적으로 결정하는 것이다. 가령 저녁거리를 준비하는 것과 같이, 결국 다른 사람들이 내가 원하는 방식으로 행동하게 하는 방법은 두 가지뿐이다. 하나는 민간인이든 공무원이든 그들의 폭력적인 강제력을 빌려서 정부가 그 일을 담당하도록 하는 것이다. 다른 방법은 회유하거나 금전적 보상을 제시해서 상대방을 설득하는 것이다. 오늘날의 자유주의 철학자 데이비드 보애즈David Boaz가 말했다. "어떻게 보면 정치 철학의 주제는 항상 단 두 가지, 즉 자유와 권력만이 있었다."[6]

18세기 프랑스 정치 철학자 장 자크 루소Jean-Jacques Rousseau도 토머스 홉스처럼 둘 중에서 권력을 선택했고, 훗날 결국 사회주의와 파시즘으로 귀결되는 반자유주의적 전통의 포문을 열었다. 만나는 모든 사람마다 다투곤 했던 루소는 스미스를 만나서도 언쟁을 벌였다(루소는 자녀를 양육하는 방법을 세상에 알리는 논문을 쓰는 데 집중할 시간이 필요하다는 이유로 자기 자녀들을 고아원에 보냈다. 별로 착한 사람은 아니었나 보다). 그는 자유롭고 존엄한 개인이 거절할 수 있는 권리보다 '일반 의지general will'라는 아리송한 개념이 우위에 서야 한다고 생각했는데, 루소를 비롯해 그와 입장이 비슷한 전문가들 또는 공산당 관리들은 이 개념을 단번에 이해하고는 다른 사람들에게 강압적 조치(예컨대 자녀 양육)를 취하기 위한 근거로 써먹을 수 있었다. 지난 한 세기 동안 그 전이라면 자유주의적 성향이었을 유형의 선량한 사람들이 정부가 빈곤층의 훌륭한 보호자라는 루소의 관념을 흡수했다. 사람들에게 거절할 자유를 긍정하는 설득이 아니라 거절할 자유가 없는 권력으로 해결하자는 얘기다.

〈워싱턴 포스트〉의 한 사설에서는 "분명 시장 경제의 타당성은 실제로든 인식으로든 기회의 평등에 달려 있으므로 정치적 우파가

진부하게 주장하는 작은 정부론과 반대로 정부가 개입해 시장의 약자들을 보호할 필요가 있다"라고 주장했다.[7] 물론이다. 하지만 이러한 권한을 지닌 정부가 그 권한을 '강자들을 보호'할 목적으로 행사하지 않으리라고 장담할 수 있겠는가? 독점권을 보호받으려는 의사, 농작물 재해 보험에 의지하는 농부, 내수 시장을 독점하려는 철강 업체 등 부유하고 힘 있는 사람들이 자신의 이익을 지키기 위해 정부 권력에 기대지 않은 적이 있었던가? 덴마크와 뉴질랜드와 같이 청렴도 높은 작은 섬나라를 제외하면 현실의 증거는 매우 명백해 보인다. 심지어 청렴한 덴마크와 뉴질랜드조차 시장의 약자를 보호하기 위한 정부의 개입은 어설프고 비생산적인 경향이 있다.

권력의 정치를 추구하면 비생산적인 강압적 정책을 줄줄이 남발하게 된다. 예컨대 정부의 반독점 정책으로 사람들을 보호하자는 식이다. 스미스와 같은 18세기 스코틀랜드인이라면 정부가 빈곤층을 강제하지 않고 자유롭게 일하게 하는 대신, 민간 독점으로부터 그들을 보호하거나 후견인 역할을 한다는 발상에 폭소를 터뜨렸을 것이다. 스미스 시대의 유럽인들은 정부를 특정 이해관계, 특히 해당 기득권자의 이해관계를 위해 독점을 형성하는 앞잡이로 여겼지, 겉보기에만 그럴듯할 뿐 자비로운 일반 의지를 분별 있게 이해하는 공명정대한 기관은 전혀 아니라고 생각했다.

스미스가 상업의 시대에 맞는 윤리관을 고안했다는 사실을 그가 부르주아의 모든 행위를 칭송했다는 뜻으로 해석하면 안 된다. 예를 들어 스미스는 상인과 제조업자의 이해관계는 "어떤 면에서는 대중의 이해관계와 항상 다르고 심지어 때로는 반대된다"라고 경고했다.[8] 그는 특정 이해관계자가 장악한 정부 주도의 독점 형성에 대해 경종을 울리고 있었다. 정치적으로 그는 현재 우리가 정실 자본주의라고 부르는, 부르주아 계급의 자의적 지배를 권장하지 않았다. 경제학자 토머스 소웰은 수업 시간에 학생들에게 스미스의 저술에서 사업가에 대해 좋게 말한 글귀를 찾아낼 수 있다면 A학점을 주겠다고 말하기도 했다. 즉 스미스는 자유 시장을 열렬히 주창했지만, 외국 기업에 보호 관세를 매기는 정부의 지원을 등에 업고 결국 국내 소비자에게 그 대가를 치르게 함으로써 '경쟁' 시장에 뛰어드는 독점 기업가들을 곱게 바라보지 않았다.

즉 스미스는 어설픈 논리를 내세우지 않았다. 철학자 제임스 오티슨 James Otteson은 스미스가 상업 사회를 옹호한다는 것을 입증하는 세 가지 논거를 찾아냈다. 첫째는 자원의 경제적 이용, 둘째는 주변 상황 판단력, 셋째는 보이지 않는 손이다.[9]

먼저 자원의 경제적 이용과 관련해 스미스는 "모든 개인은 어떤 자본이든 자신이 생각하기에 가장 유용하게 운용할 방법을 찾기 위해 지속적으로 노력한다"라고 말한다.[10] 이것은 탐욕이 아니라, 쇼핑할 때의 습관과 같은 평범한 신중일 뿐이다. '자본'은 노동, 토지와 마찬가지로 대체 용도로 쓰일 수 있는 모든 유용한 투입물이라는 폭넓은 의미로 해석될 수 있다. 수중의 현금도 포함된다.

당신이 모르는 자유주의

플랜 A와 플랜 B 중 어느 것이 자원을 더 유리하게 이용할 수 있는 방법일까? 글쎄, 각 선택지가 자신에게 어떤 결과를 초래할지 본인이 생각하는 바에 따라 결정하면 된다. 이는 당연한 얘기다. 그러나 그것은 '자신의 의지'에 의한 것이지, 정부가 보호하는 택시 독점의 요구 사항이나 일반 의지를 가리키지 않는다는 점을 주의해야 한다. 누구나 노예가 아니고 거절할 권리가 있는 자유주의는 스미스의 주장에 처음부터 내재되어 있었다. 결정권은 정부나 공동체, 전문가, 주인이 아니라 자기 자신에게 있다는 것이다. 자본을 '경제적'으로 이용하는 방법은 본인이 가장 잘 알고 있다. 이는 합리적인 가설이지만 모든 국가 통제주의자들이 단호하게 거부하고 있다. 게다가 그들은 성인이라면 어쨌든 동등한 존엄성을 바탕으로 각자 현명하게 선택할 수 있어야 한다는 가설도(때로 잘못된 선택을 하더라도) 부정한다. 그러나 국가 통제주의는 그 사회의 정치와 행정이 완숙한 경지에 이르렀다는 가정이 전제되어야만 대중이 개인보다 더 나은 선택을 할 것이라는 점에서 문제가 있다. 그리고 국가 통제주의적 일반 의지는 개인의 선택에 내재된 존엄성을 항상 앗아간다. 일반 의지는 형편없는 주인이다.

스미스의 사후 한 세기가 지나 마침내 경제학자들은 '경제적'이란 개념이 '예컨대 플랜 B보다 플랜 A를 선택하는 것과 같이, 전반적으로 더 유리한 생산 방법을 선택하는 것'을 의미한다는 사실을 명확히 밝혀냈다. 1870년대의 경제학자들은 여기서 '더 유리한' 방법이 '노동력을 가장 적게 들이는 방법'을 의미하지는 않는다고 보았다(과거 스미스는 이 점을 이해하지 못했다. 그래서 안타깝게도 일반인들, 그리고 산업 정책을 지지하는 국가 통제주의자들의 생각처럼 경제를 공급망으로 취급하는 실수로 이어지는 결과를 낳았다). 어떤 선택이 좋냐는 것은 플랜 B에서 얻을 결과를 플랜 A와 비교해 '자신이 얼마나 가치 있게 여기는지'를 각자 판단해 결정하는 것이 더 좋다. 이런 의미에서 1870년대를 관통한 통찰력은 '가치는 주관적'이라는 것이었다. 가치는 객관적, 물리적, 공학적 사실이 아니라 자원과 공급망으로 결정되는 문제였다.

상품의 노동 가치에 대한 기술공학적 지식으로 무장하고 중앙 기관에서 계획을 세우는 전문가가 아니라, 자신의 개인적 선호를 누구보다 잘 아는 일반인들이 각자 무엇이 가치 있고 따라서 무엇을 해야 할지 결정한다. 이것이 진정한 자유주의다. 주인이 군림하지 않는다. 대신 결정권은 자신에게 있다.

이러한 '경제적' 이용의 논거는 오티슨이 구성한 스미스의 세 가지 논거에서 둘째인 '주변 상황 판단력'으로 자연스럽게 연결된다. 스미스는 《도덕 감정론》에서 자신이 '체제 신봉자man of system'라고 명명한 사람들, 즉 일반 의지와 기술 지식을 쥐고 전권을 휘두르는 관료나 공산당 관리들을 경멸했다. 그가 말했듯이 "자신이 가진 자본으로 이용할 수 있는 국내 산업의 종류는 어떤 것이 있는지, 또 그 중 생산물의 최대 가치를 얻을 수 있는 산업이 무엇인지는 산업 분야를 불문하고 정치인이나 입법자가 아니라 각 개인이 자기 주변의 상황에 따라 훨씬 잘 판단할 수 있다"는 점은 자명한 사실이다. 경제학자 프리드리히 하이에크Friedrich Hayek는 1945년 이를 가리켜 "시공간의 특정 상황에 따른 판단력"이라고 불렀는데, 이는 외부에서 계획을 세우는 중앙 정부는 완벽하게 할 수 없는 일이다.[11] 자유로운 성인은 적절한 상황 판단력을 지니고 있으며 현명하게 플랜 A를 선택한 이점을 누리고, 플랜 B를 선택하지 않아 발생한 기회비용도 감수한다. 그리고 선택에 따른 결과가 잘 되면 내 덕, 안 돼도 내 탓으로 받아들인다. 그들은 자신이 무엇을 원하는지조차 전혀 모르는 아기처럼 취급받고 싶지 않다. 자신의 선택에 당연히 대가를 치르고자 하는 자유로운 성인이다.

스미스는 간섭하기 좋아하는 외부인들에 대한 적대감을 이렇게 표현했다(힐렐의 황금률 공식을 다시 떠올려보자). "정치인은 자신이 원하는 방식으로 자본을 이용하게끔 국민들에게 지시하는 사람으로 (⋯) 자신이 그 권한을 행사할 적임자라고 착각할 정도로 어리석고 오만한 그들의 손에 선택을 맡기는 것만큼 위험한 일은 없을 것이다." 경제를 미세 조정하는 방법을 안다고 자부하는 경제 전문가나 고속철도 노선을 매사추세츠주 보스턴에서 우스터까지로 할 것인지 판단할 수 있다고 확신하는 정치인은 스미스의 논리에 따르면 위험하리만치 어리석다.

자원의 경제적 이용과 주변 상황 판단력은 오티슨이 말한 스미스의 '보이지 않는 손' 논거를 깔아주는 토대가 된다. 스미스에 따르면 "모든 사회의 연간 수입은 언제나 교환 가치와 정확히 일치한다. (⋯) 모든 개인은 (⋯) 최대한의 노력을 기울여 자신의 자본(및 노동과 토지)을 효율적으로 운용하려 해 (…) (그렇게 해서) 모든 개인은 필연적으로 생산물의 가치를 극대화하도록 노력하므로 동시에 그 사회의 연간 수입을 극대화하는 결과를 가져온다".[12] 다시 말해 사람들은 재화와 서비스를 가능한 한 효율적인 경로로 판매하고, 그로 인해 정확히 그 사회의 연간 수입을 극대화한다는 의미에서 전체 경제가 효율적으로 돌아가게 된다. '경제'는 그 안에 속한 개인의 거래를 모두 합친 것과 같다. 그다음 스미스는 자신이 발표한 두 권의 저서에서 딱 한 번씩만 등장하는 '보이지 않는 손'이라는 신학적 문구를 언급해 얼핏 역설처럼 들리는 다음 주장을 뚜렷이 강조한다. "개인은 자신의 이익만을 꾀하지만, 이때도 다른 많은 경우와 마찬가지로 보이지 않는 손에 이끌려 의도하지 않은 결과까지 촉진한다."

스미스는 윤리적이고 평화로운 수단이 아닌 다른 방법으로 얻은 이득을 옹호하지 않는다. "탐욕은 좋은 것이다"도, "경쟁에서 개인의 야망이 공익을 창출한다"라는 프린스턴 대학생들의 말도 옳지 않다. 다만 스미스는 "개인은 일부러 사회의 이익을 증진하려고 노력할 때보다 자신의 이익을 추구하는 데 전념할 때 더 흔히(여기서 '흔히frequently'라는 단서를 달았다는 점에 주의하라) 사회 발전에 공헌한다"라고 썼다. 여기서 스미스는 다시 주변 상황 판단력을 논거로 삼고 있다. 이것은 나름대로 자신의 원칙이라 할 수 있는 스미스의 지적 겸손이 드러나는 특징이며, 이 문제를 연구한 두 학자는 '분석적 평등주의analytical egalitarianism'라고 이름 붙이기도 했다.[13] 스미스는《도덕 감정론》에서 날카로운 어조로 "(전문가 행세를 하는) 체제 신봉자는 (자신이 생각하는 일반 의지의 개념에 따라 결정한 공권력을 동원해서, 아니면 더 가능성 높은 요인으로는 자신의 이해타산을 고려해서) 자기가 거대한 사회의 다양한 구성원을 체스판 위의 말을 옮기듯 손쉽게 조정할 수 있다고 생각하는 모양이다. 체제 신봉자가 간과하는 점은 (…) 체스 말은 각각 자신만의 운동 법칙이 있다는 것이다"라고 비판했다.[14] 그래서 우리는 다시 자유주의라는 결론으로 되돌아온다. 개인은 다른 사람을 물리적으로 해치지 않는 한 자신만의 '운동 법칙'을 정립할 권리가 있다.

스미스는 1776년 당시 사회와 경제를 지배한 사회관에 반기를 들었다. 애석하게도 이런 사회관은 예컨대 정부가 '산업 정책'을 통해 수혜자를 선발할 수 있다거나, 조세가 최종적으로 누구에게 귀착되는지에 대해 성문법을 제정한다거나, 소비자들의 소비 습관을 올바른 방향으로 시정하려 한다거나(최근에는 이런 관행이 '넛지nudge론'이라는 이름으로 부활했다), 항공사 경영, 식료품점 운영, 의대 입학과 같은 자연적 자유를 밀착 규제하는 등등 현재까지 잔재가 강하게 남아 있다. 〈고스트 버스터스〉에서 빌 머레이Bill Murray가 연기한 뻔뻔한 주인공 피터 벤크먼의 대사처럼 "인간이 제물이 되고 모든 것이 뒤죽박죽인 집단 히스테리!"라는 종말론적 세계에 봉착하지 않기 위해서다. 하지만 그런 걱정은 안 해도 된다.

탐욕이 곧 상업 사회의 윤리라는 사고방식에 반대한 스미스는《도덕 감정론》의 첫 줄에서 "어떤 사람이 아무리 이기적이라고 가정하더라도, 분명 본성에는 몇몇 도덕적 원칙이 내재하고 있어서, 자신의 이득과 상관없을지라도 다른 사람의 운에도 관심을 두고 그들의 행복도 중요하다고 생각한다"라고 썼다. 그리고 (스미스에게서 보기 드문 모습이게도) 토머스 홉스와 버나드 맨더빌의 실명을 직접 거론하며 제법 긴 분량을 할애해, 신중한 이기심을 제외한 다른 어떤 윤리는 고려하지도 않고 인간의 모든 동기를 단순한 이기심 하나로 치부하는 그들의 주장을 질책한다.

《도덕 감정론》은 스미스가 집필한 두 권의 책 중에서 자신이 더욱 아끼는 책이었다. 그는 아리스토텔레스, 플루타르코스Ploutarchos, 키케로Cicero, 아퀴나스의 전통을 잇는, 오늘날의 철학 용어로 '덕 윤리학자virtue ethicist'에 해당한다고 볼 수 있는데, 덕 윤리는 다른 문화권의 힌두교와 유교 등에서도 공통분모를 뚜렷하게 발견할 수 있다. 스미스는 유럽의 덕 윤리 전통을 이은 마지막 세대였다가, 1950~1960년대 엘리자베스 앤스콤Elizabeth Anscombe과 소설가이기도 한 아이리스 머독Iris Murdoch 등 영국 여성 철학자들이 다시 덕 윤리를 꽃피웠다. 2006년에는 매클로스키가 덕 윤리를 경제학으로 끌어들였고, 2019년에는 바트 윌슨Bart Wilson과 또 한 명의 스미스이자 노벨 경제학상 수상자 버넌 스미스Vernon Smith가 휴머노믹스라는 이름 하에 애덤 스미스 경제학의 계보를 이어갔다.

당신이 모르는 자유주의

애덤 스미스, 버넌 스미스, 그리고 휴머노믹스의 새로운 전통은 잔디와 쥐의 공통점인 이기적 신중함보다 인간만의 고유한 다른 미덕들과 신중을 함께 갖춘 존재로서 경제 주체를 규정한다. 스미스는 7가지 주요 덕목인 용기, 정의, 절제, 신중, 믿음, 소망, 사랑 중에서 4개와 2분의 1(용기, 정의, 절제, 신중, 그리고 그의 스승 프랜시스 허치슨Frances Hutcheson은 '자혜benevolence'라고 부른 사랑의 일부분)을 선택했다. 스미스도 흄과 볼테르처럼 전통적인 종교에 반감을 품었기 때문에 믿음, 소망, 초월적 사랑(즉 그리스어로 아가페agape)은 포함하지 않았다. 그들은 소망(목표 의식), 믿음(신실함), 그리고 이 중에서 가장 위대한 초월적 사랑(광의의 가치)이 종교 못지않게 사업에서도 인간의 동기로 작용한다는 것을 깨닫지 못했다.

스미스는 전통적인 사회와 기독교에서 채택하는 7가지 미덕 중 《국부론》에서는 신중, 《도덕 감정론》에서는 절제(이것에만 집중한 것은 아니지만 그래도 주로), 그리고 그의 유언에 따라 사후에 원고가 소각된(그러나 그가 모은 상세한 메모들은 제자들이 남겨놓았다) 미완성작 《법학에 관한 논고Treatise on Jurisprudence》에서는 정의에 특히 초점을 맞췄다.

그러나 매클로스키가 신중 유일론이라고 명명한 접근법은 모든 덕성을 악덕으로, 특히 자아 숭배에 해당하는 교만의 죄로 치부한다. 경제학자들이 말하는 '효용 극대화' 원리에 따르면 사람들은 가령 신 행세를 하는 트럼프처럼 자기 자신을 유일한 윤리적 목적으로 설정한다. 그러나 진정 용감한 사람이 적의 총에도 탄환을 장전하는 것은 효용이나 행복이 아닌 자신의 정체성, 즉 용기를 지키기 위해서다. 남편을 사랑하는 아내는 남편이 재미있다거나, 머리카락을 노랗게 물들였거나, 병뚜껑을 맨손으로 열 만큼 힘이 좋다는 이유로 그를 사랑하는 것이 아니다(카든의 아내는 그것이 커다란 장점이라고 생각하지만). 아내는 남편을 그 자체로 사랑한다. 돈을 넘어 남편의 행복에 신경을 쓴다. 남편의 행복은 옆에서 지켜보는 기쁨 외에는 아내에게 아무것도 주지 못할지라도 아내에게 역시 필요한 것이다. 그러므로 그 자체로 가치 있는 목적이다.

스미스의 윤리론은 매우 사회적이다. 인간은 책임감 있는 존재다. 스미스는 《도덕 감정론》이 출판된 지 몇 달 후 길버트 엘리엇Gilbert Elliot에게 보낸 편지에서 이렇게 썼다. "인간은 책임감 있는accountable 존재이므로 동시에 도덕적 존재로 볼 수 있다. 그러나 책임감 있는 존재라면 그 단어가 표현하는 바와 같이 자신의 행동에 대해 다른 사람에게 해명account해야 하며, 따라서 상대방의 기분을 배려해 자신의 행동을 통제해야 한다." 여기서 책임감 있는 존재는 "분명 일차적으로 신에게 부끄럽지 않아야 한다는 뜻이지만, 순차적으로 당연히 동료 인간에 대해서도 책임감 있게 행동해야 한다"라고 마음먹어야 한다는 것이다.[15] 인간은 서로가 서로에게 책임을 지는 만큼 동료 피조물인 인간과 함께 살아가는 우리네 인생살이에서 형성된 공정한 관찰자의 판단에 부끄럽지 않게 행동할 책임이 있다. 트럼프 같은 사람이 아니고서야 말이다.

1600년, 아니 1660년만 해도 잉글랜드나 스코틀랜드인 중 그 누구도 한 국가를 부르주아 계층은 물론 특히 최빈곤층을 중심으로

당신이 모르는 자유주의

생활 수준의 개선과 그 개선의 선순환을 일으킬 하나의 신중한 계획으로 바라보자는《국부론》을 장장 두 권에 걸쳐 저술할 생각을 하지 못했을 것이다(참고로 네덜란드에서는 1662년 피터르 드 라 코트Pieter de la Court가 자유 무역과 연합주United Provinces의 공화정을 옹호한 베스트셀러《네덜란드의 이익Interest van Holland》을 썼다. 네덜란드가 더 앞서 나갔다). 그러나 스미스의 시대가 되자 유럽의 수사학적 근거가 바뀌었고 '행동' 윤리가 '존재' 윤리를 대체하기 시작했다.[16] 절차의 정당성이 중요해졌다. 스미스가 이론화한 새로운 부르주아 사회는 실용적이고 신중하고 현실적이었으며, 국가 권력과 독점을 경계했다.

스미스는 부르주아 딜을 명확히 정리함으로써 자기 소유권의 윤리를 구현했다. 그는 특히 노동자가 자신이 적절하다고 생각하는 만큼 노동을 제공할 권리가 없다는 데 분개했다. 예를 들어 영국의 정주 및 이주법The English Settlement and Removal Acts은 돈을 벌러 객지로 나온 빈민들이 구빈 재원을 고갈시킬 것을 우려해 그들이 원래 살던 교구로 돌아가도록 강제하려 했다. 말 그대로 일반 의지가 명하는 바에 따라 이주지를 청소하고자 빈민층을 내쫓고 재정착시키는 법이었다. 스미스는 다음과 같이 서술했다. "경범죄도 저지른 적 없는 사람을 자신이 거주하기로 선택한 교구에서 쫓아내는 것은 자연적 자유와 정의에 대한 명백한 위반이다. (…) 잉글랜드의 40세 정도 된 빈민이라면 이 억지스러운 법으로 잔혹하게 억압받는다고 살면서 한 번쯤이라도 느끼지 않은 사람은 거의 없으리라고 나는 감히 장담할 수 있다."[17] 미국의 이민법과 특히 트럼프 행정부를 비교해보라.

보이지 않는 손은 자원을 낭비하고 있는 영역에서 부를 창출하는 영역으로 사람들을 옮기는 역할을 하는바, 이 두 영역의 차이는 노동의 결과물에 대한 소비자들의 지불 의사로 판가름된다. 그러나 또 다른 보이지 않는 손이 있으니, 바로 사회의 보이지 않는 손이다. 우리는 사회라는 무대에서 상호 작용함으로써 사회의 예의 바른 구성원이 된다. 스미스가 '막간'이라고 해석할 수도 있는 '상호 작용inter-acting'이라는 단어를 썼음에 주목하자. 연극적인 용어를 즐겨 썼던 스미스는 이 세상의 무대에서 인간이 다정다감하든 '탐욕은 좋은 것'이라는 정신으로 무장했든, 인간의 천성에 사회의 평화를 맡길 수 있다고는 절대 믿지 않았다. 그는 사회와 자아가 합쳐져 인격을 형성한다고 강조했다. 그는 시인과 철학자도 어린 시절에는 서로 별 차이가 없다고 지적했는데, 이 관점은 소공자에게 타고난 귀족의 피가 흐른다는 주장과는 반한다. 사실 그들은 평생 사회의 무대에서 즉흥 대사를 읊으며 희극을 연기하고 있다. 스미스의 말마따나 "모든 사람은 평생 다른 사람에게 웅변술을 펼쳐 보인다".[18] 그러한 교류와 대화가 사회적으로든 경제적으로든 인간을 변화시킨다. 인간은 이 세상을 살면서 문명화되기 마련이고, 그만큼 사회적 산물이자 심지어 어떻게 보면 무대 위의 배우다. 셰익스피어가 《뜻대로 하세요》에 썼듯이 "온 세상이 무대이고 / 모든 남녀는 단지 연기자일 뿐"이다.

무엇보다 스미스는 부르주아 딜의 이데올로기를 분명히 했다. 그는 1758년 쓴 첫 저작이자 한 부르주아 친구에게 익명으로 바친 추

당신이 모르는 자유주의

도문을 통해 중산층을 향한 자신의 윤리관을 드러냈다.

─ 글래스고의 상인 윌리엄 크로포드 씨를 추모하며

그토록 검소하고, 자신의 업에 딱 걸맞은 그 완전한 정직과 솔직한 태도, 게다가 배움에 대한 열정까지 갖춘 이가 또 있으랴. (…) 주저 없이 도움의 손길을 뻗는 열린 마음과 관대한 마음씨와 (…) 아량이 본바탕에 깔려 있으니 (…) 육체가 가장 고통스러운 순간에도 변치 않던 쾌활한 기질, 마지막 순간까지 한 번도 쉬지 않고 다양한 사업에서 누구보다 씩씩하고 활발히 활동하며 (…) 솔직하고 예리하며 신중하고 성실했던 그 사람이여.[19]

아무리 봐도 '탐욕은 좋은 것', '신중 유일론', '나 먼저Me First' 원리에 사로잡힌 사람, 나아가 "경쟁에서 개인의 야망이 공익을 창출한다"라고 주장할 법한 사람에게 바치는 글은 아니다. 이 글은 부르주아의 덕목을 찬양한다. 모순 어법을 쓰고 있지도 않다.

많은 현대 소설과 마찬가지로 애덤 스미스의 《도덕 감정론》도 인간의 윤리적 성장에 관한 내용을 담고 있다. 사실 자유주의는 성인기에 다다른 정치, 경제, 사회의 이론이다. 성인으로서 한 개인은 가족과 함께 도시에 살고 자신이 속한 공동체를 존중하지만 동시에 칸트의 '자율성autonomy(자치를 뜻하는 그리스어가 어원이다)'을 행사한다.

1776년 이후의 3대 사회 이론 중 나머지 두 가지는 민족주의와 사회주의다. 자유주의가 어른으로 성장하자는 이론이라면, 민족주의와 사회주의는 어린 시절에 대한 그리움을 위안으로 삼는 노스탤지어와 같다. 지그문트 프로이트Sigmund Freud가 지적했듯이 인간은 아버지와 어머니의 안전한 품으로 돌아가려는 욕망이 있다. 민족주의는 국민이 기꺼이 목숨 바쳐 충성해야 할 왕과 조국이라는 아버지를 재생산한다. 또 사회주의는 국민을 보호하고 양육할 어머니를 재생산한다.

온건한 민족주의와 사회주의는 타락하지 않는다. 예를 들어 국제 축구 경기에서 자국 대표팀의 승리를 축하하는 것은 아무런 해악도 없을뿐더러 기분 좋은 일이기까지 하다. 자신의 능력과 필요에 따라 자녀를 부양하는 것은 유덕하다. 그러나 아버지와 어머니가 지배하는 많은 형태의 정부는 인류의 복지에 비참하리만치 악영향을 끼쳤다. 푸틴 러시아 대통령의 민족주의나 마두로 베네수엘라 대통령의 사회주의는 그다지 무해하거나 기분 좋거나 유덕하지 않았다. 그러나 미국인들도 앞장서서 다른 나라를 비난할 수 있는 처지가 아니다. 전 세계의 어디든 정부들은 지나치게 크고, 거만하며, 어린아이를 키우는 한 집안의 '가장'처럼 홉스와 루소식으로 국정을 운영하는 경우가 많다.

아마도 이웃 나라의 침공이나 코로나19로부터 즉시 우리를 지켜줄 정도의 절제된 정부, 그리고 빈곤층과 장애인을 돕기 위한 효과적인 사회 안전망에 보탬이 될 조세 제도 정도라면 모를까, 그 외에 대체로 우리는 마음껏 모험할 수 있는 자유로운 성인으로 살아가기를 바란다. 그렇다면 결국 답은 부르주아 딜이다.

감사의 글

우리가 이 책을 쓰면서 지식의 빚을 진 사람이 너무 많아 지면에 일일이 열거할 수 없다. 매클로스키는 20년 이상 전 세계를 다니며 이 주제에 대한 세미나와 강의를 제공해왔으며, 카든도 세인트루이스 바로 외곽에 있는 매켄드리대학교를 포함해 여러 대학을 방문하고 (이 중에는 찰스코크재단Charles Koch Foundation의 넉넉한 기부를 받는 대학이 많다) 미국기업연구소American Enterprise Institute, 미국경제학연구소American Institute for Economic Research, 프레이저연구소Fraser Institute, 인문학연구소 Institute for Humane Studies, 독립연구학회Independent Institute, 대학연합연구학회Intercollegiate Studies Institute, 나소연구소Nassau Institute, 워스출판사Worth Publishers 주관의 경제학 교육 콘퍼런스 등 다양한 세미나에 초청되어 동 주제로 무수한 강연 경험을 쌓았다. 그리고 트로이대학교, 샘포드대학교, 서던메소디스트대학교에서 열린 학술 세미나와 남부경제학협회Southern Economic Association(경제학자 스티븐 호로위츠와 작가 새라 스콰

당신이 모르는 자유주의

이어Sarah Skwire가 논객으로 참석했다) 및 공공선택학회Public Choice Society(경

제학자 마이클 멍거Michael Munger, 랜디 시몬스Randy Simmons, 로버타 허즈버그

Roberta Herzberg, 앤 브래들리Anne Bradley 등이 논객으로 참석했다)의 토론 세션

에서 이 책을 소개했다. 자유지상주의기독교연구소Libertarian Christian

Institute의 더그 스튜어트Doug Stuart는 본 원고를 읽고 귀중한 감상평을

들려주었다. 또 필자들은 경쟁기업연구소Competitive Enterprise Institute와

메르카투스센터Mercatus Center가 매클로스키의 부르주아 시대 3부작을

주제로 개최한 콘퍼런스들을 통해 엄청난 도움을 받았다. 샘포드대

학교를 비롯해 여러 대학 학생들도 다양한 형태로 관대한 지원을 제

공했다. 해밀턴 스파이비Hamilton Spivey는 찰스코크재단의 후한 지원을

바탕으로 2013년 여름 이 프로젝트의 초기 구상 단계 때부터 도움

을 주었고, 오크 마틴Oak Martin은 찬송가의 역사를 조사하는 일을 맡았

는데 최종본에는 실리지 못했으나 어쨌든 감사하게 생각한다. 해리

데이비드Harry David는 색인을 담당했다. 2011~2019년 샘포드대학교

브록 경영대학원 학장을 지낸 하워드 핀치Howard Finch는 'Leave Me

Alone and I'll Make You Rich(나를 자유롭게 내버려두면 당신은 부유해

질 것이다)'를 책의 부제나 주제도 아닌 표제로 추천했다. 카든의 아내

섀넌과 세 아이들인 제이콥, 테일러 그레이스, 데이비드에게는, 이 책

을 집필하는 동안 꾸준히 응원해주고 기분 좋은 활력소가 되어준 만

큼 특별히 고마움을 전하고 싶다. 분명 이 책에는 필자들이 실수하거

나 잘못 다룬 부분도 많이 있을 것이다. 오류를 발견했다면 우리가

다음 개정판에 반영할 수 있도록 알려주시길 바란다.

우리는 각주를 최소한으로 유지했다. 어떤 사실이나 개념은 물론, 인용문이라도 온라인 검색으로 쉽게 찾을 수 있는 경우(예:《페더럴리스트》51번 논고), 또는 웬만한 학생들은 다 알 만큼 논쟁의 여지가 없고 경제학적, 역사적으로 널리 알려진 상식의 경우에는(예: 에드워드 1세가 1272년 잉글랜드 왕위에 올랐다거나, 현대 들어 1인당 경제 성장률이 30배 상승했다는 사실 등) 각주를 생략했다. 방대한 지식을 자랑하기 위해 각주를 하나라도 더 추가하고 싶어 하기 마련인 학자들 특유의 욕심을 물리치려 한 것이다. 그러나 인용문을 찾기 어려운 독자들이 있다면 후속 대책을 알려주겠다. 또 이 책에서 어떤 아이디어나 계산 수치에 대한 공을 돌려야 하나 누락된 미지수의 교수분들이 있다면(예를 들어 한스 로슬링의 뛰어난 공적과 같이 우리가 과감히 인용한 경우), 우리는 그 합당한 공로를 인정하고자 한다. 우리가 빠뜨린 이름이 있다면 양해를 부탁드리며 말씀해주시면 수정하겠다.

인용구

1. Rorty, Amelie Oksenberg. "Experiments in Philosophical Genre: Descartes' *Meditations*," *Critical Inquiry* 9, no.3 (March 1983): pp.545–65 중 p.562.

서문

1. 미국노동통계국(U.S. Bureau of Labor Statistics), *Employed Full Time: Median Usual Weekly Real Earnings: Wage and Salary Workers: 16 Years and Over*, report source code LES1252881600Q, retrieved from FRED, Federal Reserve Bank of St. Louis, February 11, 2020, https://fred.stlouisfed.org/series/LES1252881600Q.

2. 다음 기사에서 사례들을 찾을 수 있다. Pateras, Grace. "Yes, These Are Real: The Best Florida Man Headlines of 2019," *Tallahassee Democrat*, December 9, 2019, https://www.usatoday.com/story/news/nation/2019/12/09/florida-man-headlines-2019-meme-florida-man-challenge-birthday/2629205001/.

3. 카든이 이렇게 생각하는 이유는 다음 저서들의 영향을 많이 받았기 때문이다. Friedman, David D. *The Machinery of Freedom: Guide to a Radical Capitalism*, 1973 (2014년 Open Court에서 제3판 출간); Peter T. Leeson, Anarchy Unbound. Cambridge University Press, 2014; Michael Huemer, *The Problem of Political Authority*. Palgrave, 2012.

4. McCloskey, Deirdre N. *The Bourgeois Virtues: Ethics for an Age of Commerce*. 2006, *Bourgeois Dignity: Why Economics Can't Explain the Modern World*. 2010, *Bourgeois Equality: How Ideas, Not Capital or Institutions, Enriched the World*. 이상 University of Chicago Press, 2016. 다음도 참고하라. McCloskey, Deirdre N. *Why Liberalism Works: How True Liberal Vales Produce a Freer, More Equal, Prosperous World for All*. Yale University Press, 2019(한국어판: 디드러 낸슨 매클로스키, 《트루 리버럴리즘》, 7분의언덕, 2020).

1장

1. Milanovic, Branko. *Global Inequality A New Approach for the Age of Globalization*. Harvard University Press, 2016(한국어판: 브랑코 밀라노비치, 《원더랜드》, 21세기북스, 2017); Nye, John V. C. "Economic

Growth: Part I; Economic Growth and True Inequality". Library of Economics and Liberty, January 28, 2002, https://www.econlib. org/library/Columns/Nyegrowth.html; Nye, John V. C. "Economic Growth: Part II; Irreducible Inequality". Library of Economics and Liberty, April 1, 2002, https://www.econlib.org/library/Columns/ Nyepositional.html.

2. Boudreaux, Donald J. "Bonus Quotation of the Day," *Cafe Hayek* (블로그). November 25, 2017, https://cafehayek.com/2017/11/bonus-quotation-day-86.html.

3. Doron Shultziner 외, "Causes and Scope of Political Egalitarianism during the Last Glacial: A Multi-Disciplinary Perspective," *Biology and Philosophy* 25, no. 3. June 2010, pp.319-46.

4. Voltaire, *Philosophical Letters*. ed. and trans. Dilworth, E., 1956, New York: Modern Library(재인쇄, 1992), letter 10, pp.154-55(한국어판: 볼테르, 《철학편지》, 문학동네, 2019).

5. Smith, Adam *An Inquiry into the Nature and Causes of the Wealth of Nations*, 2 vols., ed. Ed. Edwin Cannan. London: Methuen, 1904, pp.2:184(한국어판: 애덤 스미스, 《국부론》, 동서문화사, 2017).

6. Jones, Eric L. Locating the Industrial Revolution: Inducement and Response. World Scientific, 2010, pp.102-3.

7. 존슨과 스트레이핸의 대화는 다음 자료에서 인용했다. Boswell, James. *The Life of Samuel Johnson*. 1791, Modern Library(재인쇄, 1967), p.242. 보스웰은 두 사람이 1775년 3월 27일 아침 식사를 하며 나눈 대화를 상술하고 있다.

8. Voltaire, 전게서, p.154.

9. 세자르 드 소쉬르의 글은 다음 자료에서 인용했다. Blanning, Tim. *The Pursuit of Glory: Europe 1648-1815*. Viking and Penguin, 2007, p.110.

1. Collier, Paul. *The Bottom Billion: Why the Poorest Countries Are Failing and What Can Be Done about It*. Oxford University Press, 2007(한국어판: 폴 콜리어, 《빈곤의 경제학》, 살림출판사, 2010).

2. United Nations, Department of Economic and Social Affairs, Population Division. *World Urbanization Prospects: The 2018 Revision*, report no. ST/ESA/SER.A/420. United Nations, 2019, https://population.un.org/wup/Publications/Files/WUP2018-Report.pdf; 다음도 참고하라. United Nations, Department of Economic and Social Affairs, Population Division, "Urbanization". 2020년 1월 6일자 열람, https://www.un.org/en/development/desa/population/theme/urbanization/index.asp.

3. Nordhaus, William D. "Do Real Output and Real Wage Measures Capture Reality? The History of Light Suggests Not," in *The Economics of New Goods*, ed. Robert J. Gordon and Timothy F. Bresnahan. University of Chicago Press for the National Bureau of Economic Research, 1997, pp.27-70 중 p.30.

4. Mueller, John. "War Has Almost Ceased to Exist," *Political Science Quarterly* 124, no. 2. Summer 2009, pp.297-321.

5. Mueller, John, *Overblown: How Politicians and the Terrorism Industry Inflate National Security Threats, and Why We Believe Them*. Free Press, 2006.

6. Pyne, Steven J. *How the Canyon Became Grand: A Short History*. Penguin, 1999.

7. Hanawalt, Barbara A. *Crime and Conflict in English Communities, 1300-1348*. Harvard University Press, 1979.

8. Deaton, Angus. *The Great Escape: Health, Wealth, and the Origins of Inequality*. Princeton University Press, 2013, p. xi(한국어판: 앵거스 디턴, 《위대한 탈출》, 한국경제신문, 2015).

9. 다음을 참고하라. Rosling, Hans. Roennlund, Anna Rosling. and Rosling, Ola. *Factfulness: Ten Reasons We're Wrong about the World - and Why Things Are Better Than You Think*. Flatiron Books, 2018(한국어판: 한스 로슬링, 올라 로슬링, 안나 로슬링 뢴룬드, 《팩트풀니스》, 김영사, 2019).

3장

1. Behr, Edward. *The Complete Book of "Les Miserables"*. 1989, Arcade(재인쇄, 2016), pp.39-42.

2. Bolt, Jutta 외. "Rebasing 'Maddison': New Income Comparisons and the Shape of Long-Run Economic Development" (Maddison Project Working Paper no. 10. Groningen Growth and Development Center, University of Groningen, Netherlands, 2018. 화폐 수치는 Measuringworth.com의 소비자 물가 지수를 참고해 2014년 달러 물가로 환산했다.

3. Whitford, David. "The Most Famous Story We Never Told". *Fortune*, September 19, 2005.

4. 이 장과 관련한 사실과 통계에 대해서는 다음을 참고하라. Rosling, H., Rosling Roennlund, A., and Rosling. O, 전게서, p. 52, 53, 55, pp. 59-61, p. 67, 82, 84, 109, 92, 115.

5. 로슬링은 독자들에게 gapm.io/womsuff로 안내하지만 2020년 2월 11일 현재 데이터가 업데이트되고 있어 이용할 수 없었다. 여성에게 완전한 참정권을 부여한 최초의 국가인 뉴질랜드에 대해 더 알고 싶다면 다음을 참고하라. Gustafson, Melanie S. "Woman Suffrage," *World Book Encyclopedia*. Chicago: World Book, 2008, History.com, "New Zealand First in Women's Vote". 2019년 7월 28일자 업데이트, https://www.history.com/this-day-in-history/new-zealand-first-in-womens-vote.

6. Pastis, Steven. "Pearls Before Swine". October 24 and 25, 2005, Go Comics, https://www.gocomics.com/pearlsbeforeswine/2005/10/24.

7. Sipress, David. "Wasn't That Paul Krugman?" *New Yorker*. May 25, 2009, https://www.art.com/products/p15063504840-sa-i6847636/ david-sipress-wasn-t-that-paul-krugman-new-yorker-cartoon. htm.

8. Horwitz, Steven. and Dompe, Stewart. "From Rabbit Ears to Flat Screen: It's Getting Better All the Time," in *Homer Economicus: The Simpsons and Economics*, ed. Joshua C. Hall. Stanford University Press, 2014, pp.177-90.

4장

1. 토크빌의 일화는 다음 자료에서 인용했다. Marx, Leo. *The Machine in the Garden: Technology and the Pastoral Ideal in America*. Oxford University Press, 1964, p.190.

2. Tucker, Jeffrey. *The Market Loves You: Why You Should Love It Back*. American Institute for Economic Research, 2019, pp.3-5.

3. 이어지는 내용은 다음 자료에 실려 있다. McCloskey, Deirdre N. "The Poverty of Communitarianism: A Review of *What Money Can't Buy: The Moral Limits of Markets*, by Michael J. Sandel," *Claremont Review of Books* 12, no. 4. Fall 2012, https://claremontreviewofbooks.com/ the-poverty-of-communitarianism/.

4. Sandel, Michael. *What Money Can't Buy: The Moral Limits of Markets*. Farrar, Straus and Giroux, 2012, p.64(한국어판: 마이클 샌델,《돈으로 살 수 없는 것들》, 와이즈베리, 2012).

5. Sandel, 전게서, p.81.

6. Sandel, 전게서, p.110.

7. Sandel, 전게서, p.20.

8. Sandel, 전게서, p.46.

9. Landsburg, Stephen *The Armchair Economist: Economics and Everyday Life*. Free Press, 2012, p.279(한국어판: 스티븐 랜즈버그,《런치

타임 경제학》, 바다출판사, 2005).

10. Sandel, 전게서, p.78.

11. Brennan, Jason and Peter M. Jaworski, *Markets without Limits: Moral Virtues and Commercial Interests*. Routledge, 2016, p.10.

12. Brennan and Jaworski, 전게서, pp.67.

13. Kjorness, Chris. "Delta Dawn: How Sears, Roebuck & Co. Midwifed the Birth of the Blues". *Reason*, May 2012, https://reason.com/2012/04/19/delta-dawn/.

14. Cowen, Tyler. *In Praise of Commercial Culture*. Harvard University Press, 2000(한국어판: 타일러 코웬, 《상업 문화 예찬》, 나누리, 2003).

15. Llosa, Mario Vargas "The Culture of Liberty," *Foreign Policy*. November 20, 2009, https://foreignpolicy.com/2009/11/20/the-culture-of-liberty/.

16. Paton, Alan. *Cry, the Beloved Country*. 1948, Scribner(재인쇄, 1987), p.32.

17. "일화에 따르면"이라고 쓴 이유는 우리가 근거로 삼은 자료가 다음 자료 하나뿐이기 때문이다. Fadiman, Clifton and Bernard, Andre. *Bartlett's Book of Anecdotes*, rev. ed. Little, Brown, 2000 중 인용된 Fuller, Edmund. *2500 Anecdotes for All Occasions*. Crown, 1943. 하지만 통계적으로 신빙성 있고 좋은 이야기다.

18. Gazeley, Ian and Newell, Andrew. "The End of Destitution: Evidence from British Working Households 1904-1937" working paper no. 2. Economics Department, University of Sussex, 2010.

19. Tucker, 전게서, pp.11.

5장

1. 이 장의 첫 세 단락에 인용된 통계는 모두 다음 자료에서 인용했다. Rosling, H., Rosling Roennlund, A., and Rosling. O, 전게서, pp.61-64.

2. Lukianoff, Greg and Haidt, Jonathan. *The Coddling of the American*

Mind: How Good Intentions and Bad Ideas Are Setting Up a Generation for Failure. Penguin, 2018, pp.181-212(한국어판: 그레그 루키아노프, 조너선 하이트, 《나쁜 교육》, 프시케의숲, 2019).

3. Rosling, H., Rosling Roennlund, A., and Rosling. O, 전게서, p.66.
4. 다음 자료에서 인용한 저자 한스 로슬링 자신의 의견이다. H. Rosling, A. Rosling Roennlund, and O. Rosling, 전게서, p.51.
5. Nye, "Economic Growth: Part I"; Nye, "Economic Growth: Part II".
6. Robb, Graham. *The Discovery of France: A Historical Geography*. W. W. Norton, 2007, p.78.
7. Robb, 전게서, p.78.
8. 다음을 참고하라. Fogel, Robert William. "Health, Nutrition, and Economic Growth," *Economic Development and Cultural Change* 52, no. 3. April 2004, pp.643-58.
9. Robb, 전게서, p.79.
10. 이폴리트 텐의 글귀는 다음 자료에서 인용했다. Robb, 전게서, p.84.
11. 모베리의 회상은 다음 자료에 인용되어 있다. Brown, Andrew. *Fishing in Utopia: Sweden and the Future That Disappeared*. Granta, 2008, pp.9-10.
12. Gilmour, David. *The Pursuit of Italy: A History of a Land, Its Regions, and Their Peoples*. Farrar, Straus, and Giroux, 2011, p.20.
13. Fogel, 전게서, p.646.
14. Schumpeter, Joseph A. *Capitalism, Socialism and Democracy*, 3rd. ed., ed. Richard Swedberg, 1950, Harper Perennial(재인쇄, 2008), p.67(한국어판: 조지프 슘페터, 《자본주의 사회주의 민주주의》, 북길드, 2016).

6장

1. Goldberg, Jonah. *Suicide of the West: How the Rebirth of Tribalism, Populism, Nationalism, and Identity Politics Is Destroying American Democracy*. Crown Forum, 2018, p.6.

2. North, Douglass C. *Understanding the Process of Economic Change*. Princeton University Press, 2005, p.7(한국어판: 더글러스 노스, 《경제변화과정에 관한 새로운 이해》, 해남, 2007).

3. Macaulay, T. B. "Southey's Colloquies on Society," in *Critical, Historical, and Miscellaneous Essays by Lord Macaulay*, vol. 1. Boston, 1860, pp.184-87 중 p.185.

4. Phelps, Edmund. *Mass Flourishing: How Grassroots Innovation Created Jobs, Challenge, and Change*. Princeton University Press, 2013, p. viii, x, 14, 15, 21(한국어판: 에드먼드 펠프스, 《대번영의 조건》, 열린책들, 2016).

5. 인도, 중국 및 전 세계의 경제 성장률은 2020년 2월 25일자에 열람한 세계은행 자료 "GDP Per Capita Growth (Annual %)"를 참고했다. 주소는 각각 다음과 같다. https://data.worldbank.org/indicator/NY.GDP.PCAP.KD.ZG?locations=CN-IN;World Bank, https://data.worldbank.org/indicator/NY.GDP.PCAP.KD.ZG.

6. Maddison, Angus. *The World Economy*. Paris: Organization for Economic Cooperation and Development, 2006, p. 383. 이 2006년 판은 *The World Economy: A Millennial Perspective*. 2001, *The World Economy: Historical Statistic*. 2003 두 권을 묶어 한 권으로 구성했다. 이 가설이 더 정확해지려면 중국과 인도를 1973~2003년 계산에서 제외해야 한다. 그러면 전 세계 소득 증가율은 가령 4% 정도로 근소하게 떨어질 수 있다. 그러나 4%라고 쳐도 여전히 전례 없는 수준이다.

7. Perkins, Dwight H. and Rawski, Thomas G. "Forecasting China's Economic Growth to 2025," in *China's Great Economic Transformation, ed.* Loren Brandt and Thomas G. Rawski. Cambridge University Press, 2008, pp.829-86.

8. Perkins, Dwight H. "The Transition from Central Planning: East Asia's Experience," in *Social Capability and Long-Term Economic Growth*, ed. Bon Ho Koo and Dwight H. Perkins. Macmillan, 1995, pp.221-41.

9. Schumpeter, 전게서, pp.67-68.

7장

1. Clark, John Bates "The Society of the Future," *Independent* 53 (July 18, 1901): 1649-51, reprinted in Gail Kennedy, ed., *Democracy and the Gospel of Wealth*. Heath, 1949, pp.77-80.

2. Simon, Julian. *The Ultimate Resource* 2, Princeton University Press, 1996.

3. Wuetherick, Robert. 2014년 1월 26일 매클로스키와의 사담 자리에서 발언한 내용이다.

4. Milmo, Cahal. "GM Banana Designed to Slash African Infant Mortality Enters Human Trials". Independent, June 16, 2014, p. 9, https://www.independent.co.uk/news/science/gm-banana-designed-to-slash-african-infant-mortality-enters-human-trials-9541380.html.

5. Barreca, Alan., Clay, Karen., and Tarr, Joel. "Coal, Smoke, and Death: Bituminous Coal and American Home Heating" (NBER Working Paper 19881, National Bureau of Economic Research, Cambridge, MA, 2014), p.5, 37 (table 1).

6. Chapman, Steve. "Capitalism and Climate Change," *Chicago Tribune*. September 25, 2014.

7. Eldridge, Niles Dominion. Henry Holt, 1995, p.9.

8. Höök, Mikael., Hirsch, Robert., and Aleklett, Kjell. "Giant Oil Field Decline Rates and Their Influence on World Oil Production," *Energy Policy* 37, no. 6, June 2009, pp.2262-72.

9. "Historical Crude Oil Prices (Table): Oil Prices, 1946-Present," InflationData.com, , 2020년 1월 10일자 열람. https://inflationdata.com/articles/inflation-adjusted-prices/historical-crude-oil-prices-table/.

10. Jarvis, Stephen., Deschenes, Olivier., and Jha, Akshaya. "The Private and External Costs of Germany's Nuclear Phase-Out" (NBER

Working Paper 26598, National Bureau of Economic Research, Cambridge, MA, 2019), https://www.nber.org/papers/w26598.pdf.

11. Stone, Robert. "Pandora's Promise". 2013년 11월 7일 CNN에서 방송한 프로그램 녹취록으로, 체르노빌 사고 이후의 연구 결과에 대해 논의하고 있다. 주소는 다음과 같다. http://transcripts.cnn.com/TRANSCRIPTS/1311/07/se.01.html. 한 연구자는 "체르노빌 사고는 피해 수준이 한계점을 넘어설 정도가 아니었고 워낙 오래전에 일어난 일이기 때문에 신규 원자로 건설 투자를 결정하는 데 이 사고를 결정적 요소로 참작해서는 안 된다"라고 결론을 내린다. 다음 자료도 참고하라. Simmons, Phil. "The 25th Anniversary of the Chernobyl Accident," *International Journal of Climate Change: Impacts and Responses* 3, no. 2. 2012, pp.1-14. 및 Australian Agricultural and Resource Economics Society, p. 12. 후쿠시마의 대청소 노동자들은 발병 건수가 눈에 띄게 증가하지 않았다. 다음을 참고하라. Rivkin, Andrew C. "A Film Presses the Climate, Health and Security Case for Nuclear Energy". Dot Earth, *New York Times*, June 13, 2013.

8장

1. 매콜리의 발언은 다음 자료에서 인용했다. Chesterton, G. K. *Chesterton on Dickens*. Ignatius Press, 1989, p.361.

2. 다음 자료에서 인용했다. McCloskey, Deirdre N. "Magnanimous Albion: Free Trade and British National Income, 1841-1881". *Explorations in Economic History* 17, no. 3, July 1980, pp. 303-20 중 p.304.

3. Smith, 전게서, p.1:422.

9장

1. 전체 내용을 보려면 다음을 참고하라. McCloskey, 전게서, 2019, pp.143-219.

2. Clark, 전게서.

당신이 모르는 자유주의

3. 다음을 참고하라. Diamond, Arthur M. *Openness to Creative Destruction: Sustaining Innovative Dynamism*. Oxford University Press, 2019; McCloskey, Deirdre N. "The Myth of Technological Unemployment". *Reason*, August/September 2017, https://reason.com/2017/07/11/the-myth-of-technological-unem/.

4. Mokyr, Joel "Building Taller Ladders: Technology and Science Reinforce Each Other to Take the Global Economy Ever Higher". *Finance and Development* 55, no. 2(PDF version), June 2018. 사족이지만 조엘 모키르의 성씨는 둘째 음절에 강세를 주고 발음한다.

5. Breathed, Berkeley "Bloom County". April 15, 1988, Go Comics, https://www.gocomics.com/bloomcounty/1988/04/15.

10장

1. Sellers, Charles G. *The Market Revolution: Jacksonian America, 1815-1846*. Oxford University Press, 1991, p.6.

2. Bhagwati, Jagdish 외. *Does the Free Market Corrode Moral Character?* 중에서 Walzer, Michael "Does the Free Market Corrode Moral Character? Of Course It Does". John Templeton Foundation, 2008.

3. Mann, Thomas. *Buddenbrooks*, trans. H. T. Lowe-Porter. Cardinal Giant, 1952, p.42, 380, 209, 320, 144, 370, 34, 400(한국어판: 토마스 만, 《부덴브로크가의 사람들》, 민음사, 2001).

4. Mann, 전게서, p.124, 57, 215.

5. Mann, 전게서, p.243.

6. Mann, 전게서, p.215.

7. Cowper, William. "The Task (Cowper)/Book 4 - The Winter Evening," lines 553-55. Wikisource, 2016년 8월 31일자 최종 수정, https://en.wikisource.org/wiki/The_Task_(Cowper)/Book_IV_%E2%94%80_The_Winter_Evening/.

8. Cowen, Tyler. *Big Business: A Love Letter to an American Anti-Hero*.

St. Martin's Press, 2019(한국어판: 타일러 코웬, 《타일러 코웬의 기업을 위한 변론》, 한국경제신문, 2019).

9. Mueller, John *Capitalism, Democracy, and Ralph's Pretty Good Grocery*. Princeton University Press, 1999.

10. Montesquieu, *The Spirit of the Laws*, trans. Thomas Nugent. Hafner Press, 1949, p.316(한국어판: 몽테스키외, 《법의 정신》, 동서문화사, 2016).

11. Boudreaux, Donald. "And What about Those of Us Who Embrace Freedom?" Cafe Hayek (블로그), August 23, 2018, https://cafehayek.com/2018/08/us-embrace-freedom.html.

11장

1. 다음 자료에서 인용했다. Easterlin, Richard A. *The Reluctant Economist: Perspectives on Economics, Economic History, and Demography*, Cambridge University Press, 2004, p.52.

2. Douglas, Mary and Baron, Isherwood. *The World of Goods*. Basic Books, 1979.

3. Douglas, Mary "Deciphering a Meal," Daedalus 101, no. 1. Winter 1972, pp.61-81.

4. Chalfen, Richard *Snapshot: Versions of a Life*. Bowling Green University Press, 1987.

5. Sahlins, Marshall. *Stone Age Economics*. Routledge Classics, 2017, p. xix(한국어판: 마셜 살린스, 《석기시대 경제학》, 한울아카데미, 2014).

6. Easterlin, 전게서, p.53.

7. Horowitz, Daniel *The Morality of Spending: Attitudes toward the Consumer Society in America, 1875-1940*. Johns Hopkins University Press, 1985, p.168.

8. Easterlin, Richard A. "Living Standards," in *The Oxford Encyclopedia of Economic History*, 5 vols., ed. Joel Mokyr. Oxford University Press, 2003, p.3:349.

당신이 모르는 자유주의

9. McCloskey, Deirdre N. "Happyism: The Creepy New Economics of Pleasure". *New Republic*, June 28, 2012.

10. Hinze, Christine Firer. "What Is Enough? Catholic Social Thought, Consumption, and Material Sufficiency," in *Having: Property and Possession in Religious and Social Life*, ed. Schweiker, William and Mathewes, Charles. Eerdmans, 2004, pp.162-88.

11. McCloskey, 전게서, 2006, p.14.

12. 이 구절은 20세기 소설가(매클로스키의 견해로는 약간 광기 있는 철학자이기도 한) 아인 랜드의 소설 *Atlas Shrugged*(한국어판: 《아틀라스》, 휴머니스트, 2013)에서 따온 것이다.

12장

1. Ferguson, Niall. Civilization: *The West and the Rest*. Penguin, 2012(한국어판: 니얼 퍼거슨, 《시빌라이제이션》, 21세기북스, 2011).

2. Wilson, Bart. *The Property Species: Mine, Yours, and the Human Mind*. Oxford University Press, 2020.

3. Davis, Lance E. and Huttenback, Robert A. "Do Imperial Powers Get Rich Off Their Colonies?" in *Second Thoughts: Myths and Morals of US Economic History*, ed. McCloskey, Deirdre N. Oxford University Press, 1993, pp. 26-33; Davis, Lance E. and Huttenback, Robert A. *Mammon and the Pursuit of Empire: The Economics of British Imperialism*. Cambridge University Press, 1988.

4. McCloskey, 전게서, 2010, p.232.

5. Le Roy Ladurie, Emmanuel. *Montaillou: Cathars and Catholics in a French Village, 1294-1324*, trans. Barbara Bray. Penguin, 1980, p.332.

6. 존슨의 일화는 다음 자료에서 인용했다. Boswell, James. *The Life of Samuel Johnson, LL.D.*, 2 vols., Everyman's Library. Dent, 1949, p.2:447

7. 프랭클린의 글은 다음 자료에서 인용했다. Wood, Gordon S. *The Americanization of Benjamin Franklin*. Penguin, 2004, p.66.

8. Weber, Max "Chapter II: The Spirit of Capitalism," in *The Protestant Ethic and the Spirit of Capitalism*, trans. Talcott Parsons. Max Weber Archive, February 2005(한국어판: 막스 베버, 《프로테스탄트 윤리와 자본주의 정신》, 현대지성, 2018) https://www.marxists.org/reference/archive/weber/protestant-ethic/ch02.htm.

13장

1. Wallerstein, Immanuel. *Historical Capitalism, in Historical Capitalism and Capitalist Civilization*. Verso, 1995, p.13(한국어판: 이매뉴얼 월러스틴, 《역사적 자본주의/자본주의 문명》, 창비, 2014).

2. Easterly, William. *The Elusive Quest for Growth: Economists' Adventures and Misadventures in the Tropics*. MIT Press, 2001(한국어판: 윌리엄 이스털리, 《성장, 그 새빨간 거짓말》, 모티브북, 2008).

3. O'Toole, Randal. interview by Caleb O. Brown. *Cato Daily Podcast*, October 8, 2018, https://www.cato.org/multimedia/cato-daily-podcast/romance-rails.

4. Smith, 전게서, p.2:184.

14장

1. de Tocqueville, Alexis *Journeys to England and Ireland*, ed. Jacob Peter Mayer, trans. G. Lawrence and K. P. Mayer. 1958, Transaction Books(재인쇄, 1988), p.116.

2. 이 논거를 기술적으로 살펴보면 생산 요소가 차지하는 비율은 투입량의 변화율 대비 산출량이다. 그러므로 5%라는 낮은 비율이 도출되는 것이 맞다.

3. Fogel, Robert William. *Railroads and American Economic Growth: Essays in Econometric History*. Johns Hopkins University Press, 1964

4. 수 세기 동안 유럽 각지의 가격 동향을 훌륭히 나타낸 차트를 다음 자료에서 참고하라. Braudel, Fernand and Spooner, Frank. "Prices in Europe from 1450 to 1750," in *The Cambridge Economic History of Europe*,

당신이 모르는 자유주의

vol. 4, *The Economy of Expanding Europe in the Sixteenth and Seventeenth Centuries*, ed. E. E. Rich and C. H. Wilson. Cambridge University Press, 1967.

5. Macfarlane, Alan. *The Origins of English Individualism: The Family, Property, and Social Transition*. Basil Blackwell, 1978.

6. 《Brennu-Njals Saga(한국어판: 아이슬란드 전승, 《냘의 사가》, 느낌이있는 책, 2011)》, 70장. 냘이 모르드에게 거래, 법률, 분쟁 해결을 관장하는 아이슬란드 의회에서 이야기하고 있다. 구텐베르크 프로젝트 번역본에서는 무슨 이유에선지 이 내용이 70장이 아니라 69장에 들어가 있다.

7. Yoffee, Norman. *Myths of the Archaic State: Evolution of the Earliest Cities, States, and Civilizations*. Cambridge University Press, 2005, p.112.

8. 월마트의 긍정적 및 부정적인 영향에 대해서는 다음을 참고하라. Carden, Art and Courtemanche, Charles. "The Evolution and Impact of the General Merchandise Sector," in *Handbook on the Economics of Retailing and Distribution*, ed. Emek Basker. Edward Elgar, 2016, pp.413-32.

15장

1. Crafts, Nicholas F. R., Leybourne, S. J. and Mills, T. C. "Britain," in *Patterns of European Industrialization: The Nineteenth Century*, ed. Richard Sylla and Gianni Toniolo. Routledge and Fondazione Adriano Olivetti, 1991, pp.109-52, 중 p.113; Feinstein, Charles H. "National Income Accounts: Investment and Savings," in Mokyr. *Oxford Encyclopedia of Economic History*, pp.4:41-48.

2. Embree, Ainslee. ed., *Sources of Indian Tradition, vol. 1, From the Beginning to 1800*, 2nd ed. Columbia University Press, 1988, p.123.

3. von Mises, Ludwig. *The Anti-Capitalistic Mentality*. 1956, Liberty Fund(재인쇄, 2006), p.24(한국어판: 루트비히 폰 미제스, 《자본주의 정신

과 반자본주의 심리》, 한국경제연구원, 1984).

4. Wallerstein, 전게서, p.100. 예컨대 이전에는 가난했던 중국인들이 괜찮은 주택을 구매하기 시작하는 등의 '낭비'를 말한다.

5. Aquinas, St. Thomas. *Summa Theologica*, trans. Fathers of the English Dominican Province. Benzinger Brothers, 1918, Second Part of the Second Part, Q. 77, art. 4, p. 327, "I answer that".

6. Danford, John W. "'Riches Valuable at All Times and to All Men': Hume and the Eighteenth-Century Debate on Commerce and Liberty," *Liberty and American Experience in the Eighteenth Century*, ed. David Womersley. Liberty Fund, 2006, pp.319-47 중 pp.328-29.

16장

1. *Oxford English Dictionary on Historical Principles*에서 5번 의미를 참고하길 바란다.

2. Mitch, David. "Human Capital," in Mokyr. *Oxford Encyclopedia of Economic History*, pp. 3:1-7. Cf. Mitch, David. *The Rise of Popular Literacy in Victorian England*. University of Pennsylvania Press, 1992.

3. Long, Jason "The Surprising Social Mobility of Victorian Britain," *European Review of Economic History* 27, no. 1 (February 2013): pp.1-23 중 p.1.

4. 존슨의 일화는 다음 자료에서 인용했다. Mathias, Peter. *The Transformation of England: Essays in the Economic and Social History of England in the Eighteenth Century*. Columbia University Press, 1979, p.296.

5. Daly, Jonathan. *The Rise of Western Power* (Bloomsbury, 2013), p.xii

6. Mokyr, Joel *A Culture of Growth: Origins of the Modern Economy*. Princeton University Press, 2016(한국어판: 조엘 모키르, 《성장의 문화》, 에코리브르, 2018).

7. Kelly, Morgan., O Grada, Cormac. and Joel Mokyr. "Precocious

Albion: A New Interpretation of the British Industrial Revolution," *Annual Reviews of Economics*. School of Economics, University College Dublin, July 2013, p.1.

8. Meisenzahl, Ralf and Mokyr, Joel. "The Rate and Direction of Invention in the British Industrial Revolution: Incentives and Institutions," in *The Rate and Direction of Inventive Activity Revisited*, ed. Lerner, Josh and Stern, Scott. NBER Books. University of Chicago Press, 2012, pp.443-79 중 p.447.

9. Bowden, Witt., Karpovich, Michael and Usher, Abbott Payson. *An Economic History of Europe since 1750*. American Book, 1937, p.311. 과학기술의 역사 대목은 어셔가 집필했다.

10. van der Beek, Karine. "England's Eighteenth Century Demand for High-Quality Workmanship: Evidence from Apprenticeship, 1710-1770," in *Institutions, Innovation, and Industrialization: Essays in Economic History and Development*, ed. Greif, Avner., Kiesling, Lynne. and Nye, John V.C. Princeton University Press, 2015, pp.268-74.

11. Ridley, Matt. "The Myth of Basic Science". *Wall Street Journal*, October 23, 2015, https://www.wsj.com/articles/the-myth-of-basic-science-1445613954.

17장

1. 다음 자료에서 인용했다. Martin, Emmanuel. "The Economics of Peace," in *Peace, War, and Liberty*, ed. Tom Palmer. Jameson Books, 2014, p.38.

2. Einaudi, Luigi. *From Our Italian Correspondent: Luigi Einaudi's Articles in "The Economist" 1908-1946*, ed. Roberto Marchionatti. Olschki Editore, 1923, p.273.

3. 도조 총리의 발언은 다음 자료에서 인용했다. Parker, R. A. C. *Struggle for Survival*. Oxford University Press, 1989, p.84.

1. Sowell, Thomas *Race and Culture: A World View*. Basic Books, 1994, p. 187; Goldberg, 전게서, p.33.

2. Sowell, 전게서, p.187; Sowell. *Wealth, Poverty, and Politics: An International Perspective*, loc. 2592, Kindle, citing Robert C. Davis, *Christian Slaves, Muslim Masters: White Slavery in the Mediterranean, the Barbary Coast, and Italy, 1500-1800*. Palgrave Macmillan, 2003, p.23; Curtin, Philip D. *The Atlantic Slave Trade: A Census*. University of Wisconsin Press, 1969, p.72, 75, 87.

3. Richardson, David. "Slave Trade," in Mokyr. *Oxford Encyclopedia of Economic History*, pp.4:508-12.

4. Pomeranz, Kenneth and Topik, Steven. *The World That Trade Created: Society, Culture, and the World Economy 1400 to the Present*. M. E. Sharpe, 2006, pp.131-32(한국어판: 케네스 포메란츠, 스티븐 토픽, 《설탕 커피 그리고 폭력》, 심산, 2003).

5. Thomas, Robert Paul and Bean, Richard Nelson. "The Fishers of Men: The Profits of the Slave Trade". *Journal of Economic History* 34, no. 4, 1974, pp.885-914 중 특히 p.887, pp.910-11.

6. Olmstead, Alan L. and Rhode, Paul W. "Cotton, Slavery, and the New History of Capitalism," *Explorations in Economic History* 67. January 2018, pp.1-17. 이 논문을 비판한 다른 논문 중에는 대표적으로 다음 자료가 있다. Hilt, Eric. "Economic History, Historical Analysis, and the 'New History of Capitalism," *Journal of Economic History* 77, no. 2. 2017, pp.511-36; Engerman, Stanley. review of *The Business of Slavery and the Rise of American Capitalism*, 1815-1860, by Schermerhorn, Calvin. and *The Half Has Never Been Told: Slavery and the Making of American Capitalism*, by Baptist, Edward E. *Journal of Economic Literature* 55, no. 2. 2017, pp.637-43; Margo, Robert. "The Integration of Economic History into Economics," *Cliometrica* 12, no. 3. 2018,

당신이 모르는 자유주의

pp.377-406.

19장

1. 루이스는 이 수치를 상한값으로 추정한다. 다음을 참고하라. Lewis, H. Gregg. *Union Relative Wage Effects: A Survey*. University of Chicago Press, 1986, p.9. 그는 전기 기사와 의사 등 일부 직군을 제외하고는 미국 노조의 임금 인상 영향력이 대체로 작다고 밝힌다.

2. Fishback, Price. *Soft Coal, Hard Choices: The Economic Welfare of Bituminous Coal Miners, 1890-1930*. Oxford University Press, 1992.

20장

1. Goldstone, Jack A. "Efflorescences and Economic Growth in World History: Rethinking the 'Rise of the West' and the Industrial Revolution," *Journal of World History* 13, no. 2. Fall 2002, pp.323-89.

2. 사용 환경에 따라 일부 사용자에게는 유료화로 제공되는 자료다. 다음을 참고하라. Nordhaus, William D. "Schumpe terian Profits in the American Economy: Theory and Measurement" (NBER Working Paper 10433, National Bureau of Economic Research, Cambridge, MA, 2004).

3. Gerschenkron, Alexander. "Mercator Gloriosus," *Economic History Review* 24, no. 4. November 1971, pp.653-66 중 p.655.

4. von Mises, Ludwig. *Money, Method, and the Market Process: Essays by Ludwig von Mises*. Kluwer Academic Publishers and Ludwig von Mises Institute, 1990, p.305.

5. Kealey, Terence. "Back to the Future," *Buckingham at 25: Freeing Universities from State Control*, ed. James Tooley. Institute of Economic Affairs, 2001, pp.228-46.

6. Green, David G. *Reinventing Civil Society: The Rediscovery of Welfare without Politics*. Civitas, 1993, p.26.

7. Beito, David T. *From Mutual Aid to the Welfare State: Fraternal*

Societies and Social Services, 1890~1967. University of North Carolina Press, 2000); Murray, John E. *Origins of American Health Insurance: A History of Industrial Sickness Funds*. Yale University Press, 2007.

8. Lehmann-Hasemeyer, Sibylle and Streb, Jochen. "Does Social Security Crowd Out Private Savings? The Case of Bismarck's System of Social Insurance," *European Review of Economic History* 22, no. 3. August 2018, pp.298-321.

9. Thiere, Adam. *Permissionless Innovation: The Continuing Case for Comprehensive Technological Freedom*. Mercatus Center at George Mason University, 2014.

10. Hazlett, Thomas W. *The Political Spectrum: The Tumultuous Liberation of Wireless Technology, from Herbert Hoover to the Smartphone*. Yale University Press, 2017.

21장

1. Boudreaux, Donald J. "Deirdre Mc Closkey and Economists' Ideas about Ideas," *Liberty Matters*. Online Library of Liberty, July 2014, https://oll.libertyfund.org/pages/lm-McCloskey.

2. Phelps, 전게서, pp.27-28.

3. Mokyr, Joel. *The Enlightened Economy: An Economic History of Britain 1700~1850*. Yale University Press, 2010; Davies, Stephen. *The Wealth Explosion: The Nature and Origins of Modernity*. Edward Everett Root, 2019.

4. 다음 자료에서 인용했다. Barzun, Jacques. *From Dawn to Decadence: 500 Years of Western Cultural Life 1500 to the Present*. HarperCollins, 2000, p.370.

5. 토크빌이 친구였던 정치인 프랑시스크 드 코르셀(Francisque de Corcelle)에게 1853년 9월 17일 한 말이다. 다음 자료에서 인용했다. Swedberg, Richard. *Tocqueville's Political Economy*. Princeton University Press,

당신이 모르는 자유주의

2009, p.280. 물론 더글러스 노스가 가끔, 그리고 애브너 그라이프(Avner Grief) 등 그의 후계자들이 자주 그러듯이 '제도'를 광범위하게 정의하면, 법률이 풍속(moeurs), 그리고 그 외 사회화 이전에 사람들의 행동을 유발하는 의지 등이 합쳐져 형성된다는 점에서 '제도'로 모든 것을 설명할 수 있다.

6. Lincoln, Abraham. "First Joint Debate at Ottawa: Mr. Lincoln's Reply," August 21, 1858, Bartelby.com, https://www.bartleby.com/251/12.html.

7. Acemoglu, Daron and Robinson, James A. *Why Nations Fail: The Origins of Power, Prosperity, and Poverty*. Crown Business, 2012, p.450(한국어판: 대런 애쓰모글루, 제임스 A. 로빈슨, 《국가는 왜 실패하는가》, 시공사, 2012).

8. McCloskey, Deirdre N. "Women's Work in the Market, 1900-2000," in *Women in Twentieth Century Britain: Economic, Social and Cultural Change*, ed. Ina Zweiniger-Bargielowska. Longman/Pearson Education, 2001, pp.165-79.

9. Fishback, 전게서.

10. McCloskey, Deirdre N. *Knowledge and Persuasion in Economics*. Cambridge University Press, 1994, p.347.

11. Searle, John R. *Making the Social World: The Structure of Human Civilization*. Oxford University Press, 2010.

12. Tallis, Raymond review of *Incomplete Nature*, by Deacon, Terrence and *Who's in Charge?* by Gazzanga, Michael S. *Wall Street Journal*, November 12, 2011.

22장

1. Thomas, Keith. *The Ends of Life: Roads to Fulfillment in Early Modern England*. Oxford University Press, 2009, p.114, 122.

2. Crystal, David and Crystal, Ben. *Shakespeare's Words: A Glossary and Language Companion*. Penguin, 2002).

3. Adam. Smith, *The Theory of Moral Sentiments*, Glasgow ed., ed. D. D. Raphael and A. L. Macfie. Oxford University Press, 1976, Liberty Fund(재인쇄, 1982), p.138(한국어판: 애덤 스미스, 《도덕 감정론》, 한길사, 2016).

4. 다음 자료에서 훨씬 많은 근거를 찾을 수 있다. McCloskey, 전게서, 2010.

5. *Oxford English Dictionary*, "innovation" 검색 결과, 2020년 2월 25일자 열람. https://www.oed.com/view/Entry/96311?redirectedFrom=innovation#eid.

6. *Oxford English Dictionary*, "novelty" 검색 결과, 2020년 2월 25일자 열람. https://www.oed.com/view/Entry/128781?redirectedFrom =novelty#eid.

7. Jacob, Margaret. *The First Knowledge Economy: Human Capital and the European Economy, 1750-1850*. Cambridge University Press, 2014, p.78.

23장

1. 다음 자료에서 인용했다. Lord King, Peter ed., *The Life of John Locke*. Henry Colburn, 1829, p. 88, https://books.google.com/books?id=AuFSCJWCcwEC&printsec=frontcover&dq=The+Life+of+John+Locke&hl=en&newbks=1&newbksredir=0&sa=X&ved=2ahUKEwj1-sq8qprnAhUCPq0KHUiXAo8Q6AEwB3-oECAcQAg#v=snippet&q=nature%20subservient%20&f=false.

2. 다음 자료에서 인용했다. Bruckner, Pascal. *Perpetual Euphoria: On the Duty to Be Happy*, trans. Rendall, Steven. Princeton University Press, 2010, p.1(한국어판: 파스칼 브뤼크네르, 《영원한 황홀》, 동문선, 2001).

3. Pope, Alexander. An Essay on Man, in *An Essay on Man and Other Poems by Alexander Pope*, vol. 2 (John Sharpe, 1829), p.35, 45, 47.

4. Yeats, William Butler. "Fragments," Poetry (website), 2020년 1월 23일자 열람. https://www.poetry.net/poem/39332/fragments.

당신이 모르는 자유주의

5. de Tocqueville, Alexis. *Democracy in America*, vol. 1, trans. James T. Schleifer. Indianapolis: Liberty Fund, 2012, p.51(한국어판: 알렉시 드 토크빌, 《미국의 민주주의》, 한길사, 2009). 프랑스어 원문은 "la liberté bourgeoise et démocratique"다.

6. Moore, Rosemary. *The Light in Their Consciences: The Early Quakers in Britain, 1646-1666*. Pennsylvania State University Press, 2000, p.3.

7. 다음 자료에서 인용했다. McMahon, Darrin M. *Happiness: A History*. Atlantic Monthly Press, 2006, p.176(한국어판: 대린 맥마흔, 《행복의 역사》, 살림, 2008).

8. Wootton, David. *Power, Pleasure, and Profit: Insatiable Appetites from Machiavelli to Madison*. Harvard University Press, 2018, p.1.

9. Wootton, David. "What's Wrong with Liberalism?" *History Today* 68, no. 12. December 2018, https://www.historytoday.com/archive/feature/what%E2%80%99s-wrong-liberalism.

10. Wootton, 전게서, 2018, p.8.

11. 다음 자료에서 인용했다. Wootton, 전게서, 2018, p.8.

12. Mill, John Stuart. "The Mind and Character of Jeremy Bentham," *Westminster Review*, 1838. 다음 자료에 발췌되었다. Dickens, Charles. *Hard Times*. Norton Critical Edition, 2016(한국어판: 찰스 디킨스, 《어려운 시절》, 비꽃, 2016).

24장

1. Carraro, Laura Favero. "The Language of the Emerging Financial Market and Early Eighteenth-Century English Plays," *Essays in Economic and Business History* 37. 2019, pp.206-41.

2. Willey, Basil. *The English Moralists*. Norton, 1964, p.221.

3. Thomas Dekker, *The Shoemaker's Holiday, in English Renaissance Drama: A Norton Anthology*, ed. Bevington, David., Engle, Lars., Maus, Katherine Eiseman. and Rasmussen, Eric. Norton, 2002, 1막 2장,

3-6행(한국어판: 토머스 데커 외,《영국 도시희극선》 중 '구두장이의 축일', 아카넷, 2013).

4. Stevenson, Laura. "Anti-Entrepreneurial Attitudes in Elizabethan Sermons and Popular Literature," *Journal of British Studies* 15, no. 2. Spring 1976, pp.1-20 중 p.4.

5. Lillo, George. *The London Merchant, in Eighteenth-Century Plays*, ed. Ricardo Quintana. Modern Library, 1952. 후속 인용은 이 판에서 가져온 것이다.

6. Appleby, Joyce. *The Relentless Revolution: A History of Capitalism*. Norton, 2010, p.36(한국어판: 조이스 애플비,《가차없는 자본주의》, 까치, 2012).

7. Speck, W. A. "Eighteenth-Century Attitudes towards Business," in *The Representation of Business in English Literature*, ed. Arthur Pollard. Liberty Fund, 2009, pp.8-34 중 p.21.

8. Austen, Jane. Pride and Prejudice. Penguin, 2003, p.103(한국어판: 제인 오스틴,《오만과 편견》, 민음사, 2009).

9 1814년 11월 18일자 제인 오스틴이 패니 나이트에게 쓴 편지다. 출처는 Chapman, R. W. ed., *Jane Austen: Selected Letters*, 2nd ed. Oxford University Press, 1985, p.175.

10. 제인 오스틴이 1812년 11월 29~30일에 친구 마사 로이드(Martha Lloyd) 에게 쓴 편지다. 다음을 참고하라. Le Faye, Deirdre. *Jane Austen's Letters*. Oxford University Press, 2011, p.205.

11. 마릴린 버틀러가 다음 자료에 기고한 서문이다. Chapman, R. *Jane Austen: Selected Letters*, p. xxvi.

12. Adhia, Nimish "The Role of Ideological Change in India's Economic Liberalization," *Journal of Socio-Economics* 44. June 2013, pp.103-11.

당신이 모르는 자유주의

25장

1. 모키르의 가장 설득력 있는 표현이다. Mokyr, 전게서.

2. Stark, Rodney. *The Victory of Reason: How Christianity Led to Freedom, Capitalism, and Western Success*. Random House, 2005, p.48.

3. Appleby, 전게서, p.35.

4. 정부에서 커피를 금지하려 시도했던 시절을 설명하고 있다. Juma, Calestous. *Innovation and Its Enemies: Why People Resist New Technologies*. Oxford University Press, 2016, pp.44-67.

5. Pettegree, Andrew. *The Invention of News*. Yale University Press, 2014, p.11, 368.

6. 헬무트 레먼(Helmut T. Lehmann)이 다음 자료에 기고한 서문이다. *Three Treatises*, 2nd ed. Fortress Press, 1970, p.4.

7. Daniell, David. *William Tyndale: A Biography*. Yale University Press, 1994, p.383.

8. Daniell, 전게서, p.79. 리처드 웹(Richard Webb)의 설명을 인용했다.

9. 다음 자료에서 인용했다. Luther, Martin. *On Commerce and Usury*. 1524, ed. Philipp Robinson Rossner. Anthem Press, 2015, p.90.

10. Nisbet, Robert. "Idea of Progress: A Bibliographical Essay". Online Library of Liberty, 2016년 4월 13일 최종 수정, https://oll.libertyfund. org/pages/idea-of-progress-a-bibliographical-essay-by-robert-nisbet.

26장

1. 다음을 참고하라. Smith, Vernon. and Wilson, Bart J. *Humanomics*. Cambridge University Press, 2019; McCloskey, 전게서, 2010; McCloskey, 전게서, 2006; McCloskey, Deirdre N. *Bettering Human-omics: Beyond Behaviorism and Neo-Institutionalism*. University of Chicago Press, 2021; Klamer, Arjo. *Speaking of Economics: How to Get in the Conversation*. Routledge, 2007; Klamer, Arjo. *Doing the*

Right Thing: A Value Based Approach. Ubiquity Press, 2017(한국어 판: 아르요 클라머,《가치기반 경제》, 워니북스, 2017). 앨버트 허시먼(Albert Hirschman), 존 메이너드 케인스, 존 스튜어트 밀, 특히 애덤 스미스 등 선구자들의 작품도 참고하길 바란다.

2. 여기서 우리가 (동료 경제학자들에게) 전하고자 하는 메시지가 더 궁금하다면 다음을 참고하라. McCloskey, 전게서, 2021; 또는 McCloskey, 전게서, 1994.

3. 경제학자이자 역사학자인 키스 트라이브(Keith Tribe)는 이 문제를 짚고 논의한 19세기 후반 독일인들이 실제로 영국인들보다 더 이해가 뛰어났다고 주장한다. Tribe, Keith. *"Das Adam Smith Problem and the Origins of Modern Smith Scholarship," History of European Ideas* 34, no. 4. 2008, pp.514-25.

4. 스미스, 전게서, 1976, p.13.

5. Mill, John Stuart. On Liberty, chap. 5, Library of Economics and Liberty. 2020년 1월 26일자 열람. https://www.econlib.org/library/Mill/mlLbty.html?chapter_num=5#book-reader.

6. Boaz, David. *The Libertarian Mind*. Simon and Schuster, 2015, p.1.

7. Editorial. *Washington Post*, November 17, 2019.

8. 스미스, 전게서, 1976, p.1:250.

9. Otteson, James R. *Honorable Business: A Framework for Business in a Just and Humane Society*. Oxford University Press, 2019, 특히 p.38.

10. 스미스, 전게서, 1904, p.1:419. 이하의 모든 인용문은 같은 장에서 가져왔으며 구텐베르크 프로젝트에서 검색할 수 있다. https://www.gutenberg.org/files/3300/3300-h/3300-h.htm#chap27—and many other websites.

11. Hayek, Friedrich A. *"The Use of Knowledge in Society," American Economic Review* 35, no. 4. September 1945, pp.519-30 중 p.521.

12. 스미스, 전게서, 1904, p. 1:421. 사실 스미스는 엄격히 말해 이를 '자본'에만 적용하므로 국내 투자가 해외 투자보다 낫다는 잘못된 견해로 빠지게 된

당신이 모르는 자유주의

다. 그러나 노동과 상품 시장 사이를 연관 짓다 보니 책의 다른 곳에서도 노동 할당에 관해서 유사한 결론에 이르고, 결국 또 다른 오류인 노동 가치설로 들어선다. 그래도 스미스는 우리의 영웅이다. 그러나 진정한 인간 영웅이라면 허점도 있는 법이다.

13. Peart, Sandra J. and Levy, David M. eds., *The Street Porter and the Philosopher: Conversations on Analytical Egalitarianism*. University of Michigan Press, 2008.

14. 스미스, 전게서, 1976, pp.233-34.

15. 1759년 10월 10일 애덤 스미스가 길버트 엘리엇(Gilbert Elliot)에게 쓴 서신이다. 출처는 Smith, Adam. *Correspondence of Adam Smith*, Glasgow ed., ed. E. C. Mossner and I. S. Ross. Clarendon Press of Oxford University Press, 1977, p.52.

16. Taylor, Charles. *Sources of the Self: The Making of Modern Identity*. Harvard University Press, 1989, p.503; cf. Wierzbicka, Anna. *English: Meaning and Culture*. Oxford University Press, 2006, pp.80-82(한국어판: 찰스 테일러, 《자아의 원천들》, 새물결, 2015).

17. 스미스, 전게서, 1904, p.1:142.

18. Smith, Adam. *Lectures on Jurisprudence*, Glasgow ed., ed. Meek, R. L., Raphael, D. D. and Stein, P. G. Clarendon Press of Oxford University Press, 1982(원 출간연도: 1762-1766), p.352(한국어판: 애덤 스미스, 《애덤 스미스의 법학강의》, 자유기업원, 2002).

19. Smith, Adam. *Essays on Philosophical Subjects*, Glasgow ed., ed. Wightman, W. P. D. and Bryce, J. J. Clarendon Press of Oxford University Press, 1980, p.262.

어떻게 자유주의는
풍요로운 세상을 만들었는가

당신이 모르는 자유주의

제1판 1쇄 인쇄 | 2024년 9월 5일
제1판 1쇄 발행 | 2024년 9월 20일

지은이 | 디드러 낸슨 매클로스키, 아트 카든
옮긴이 | 임경은
펴낸이 | 김수언
펴낸곳 | 한국경제신문 한경BP
책임편집 | 이혜영
외주편집 | 이근일
저작권 | 박정현
홍 보 | 서은실·이여진
마케팅 | 김규형·박정범·박도현
디자인 | 이승욱·권석중
본문디자인 | 디자인 현

주 소 | 서울특별시 중구 청파로 463
기획출판팀 | 02-3604-590, 584
영업마케팅팀 | 02-3604-595, 562   FAX | 02-3604-599
H | http://bp.hankyung.com   E | bp@hankyung.com
F | www.facebook.com/hankyungbp
등 록 | 제 2-315(1967. 5. 15)

ISBN 978-89-475-4970-7 03320